DER HEILIGE
VERBRECHER

DER HEILIGE VERBRECHER

ROMAN

Anto Krajina

IDEOS

NEW YORK • LONDON • ZURICH • HONG KONG

For general information on our other products and services please visit: *ideospublications.com*

All books published by Ideos Publications are also available as e-books.

The CIP Catalogue record for this book is available from the British Library.

ISBN: 978-3-9524742-1-1

DER HEILIGE
VERBRECHER

Ob es irgendwelche Neuigkeiten gebe, fragte Saul seinen Hausgehilfen. Dulos – so hiess der Diener – hatte vom Richter den Auftrag erhalten, Sauls Haushalt zu besorgen, ihn aber auch zu bespitzeln.

Dulos stammte aus Griechenland und war als Kleinkind mit seinen Eltern in die Kaiserstadt gekommen. Sie mussten mit vielen anderen ihre Heimat verlassen und nach Rom ziehen; das verlangten die römischen Eroberer. Er war ein strammer junger Mann, intelligent, strebsam und freundlich, hatte alles, was sein Auftrag erforderte. Seine Aufgabe war, genau darauf zu achten, von wem Saul besucht wurde, was er tat, wohin er ging und mit wem er sich traf. Einmal wöchentlich musste er seinem Auftraggeber einen kurzen Bericht darüber erstatten.

Für den Staat stellte Saul keine Gefahr dar, denn er war ein loyaler Bürger, stolz auf sein römisches Bürgerrecht. Dass er eine neue Religion predigte, wollte nichts besagen, denn im Reich gab es bereits unzählige religiöse Richtungen, und das passte gut in das Konzept der höchsten Behörde. Sauls Lehre war nur eine der vielen Möglichkeiten, das Volk einzulullen und davon abzuhalten, sich gegen die Obrigkeit aufzulehnen. Zu diesem Zweck schien sie sogar geeigneter zu sein als alle anderen, denn sie sagte unmissverständlich, dass man Gott geben sollte, was Gott und dem Kaiser, was dem Kaiser gehörte. Sie vertröstete die Unglücklichen und Elenden auf ein seliges Leben im Jenseits, das ewig dauern sollte und das sie verdienten, weil sie hier leiden mussten. Wo sich das Jenseits befand und was das Wort ‚dauern' überhaupt für einen Sinn hatte, wenn von der Ewigkeit die Rede war, erklärte Saul in seinen Predigten nie. Er selbst dachte auch nie darüber nach, denn solche einfachen Fragen abzuklären war nicht sein Ziel. Das war auch verständlich, denn er hatte Wichtigeres im Sinn.

Und doch war sich ein jeder Reichsbeamter, insbesondere jeder Richter dessen bewusst, dass die Obrigkeit immer und vor jedem auf der Hut sein musste, mochte er auch noch so harmlos erscheinen. Dies war verständlich, denn im ganzen Reich gärte es in der Bevölkerung. Fast täglich musste die Obrigkeit Legionen einsetzen, um die Aufstände niederzuschlagen, die ebenso fast täglich ausbrachen. Das geschah immer mit äußerster Härte, was die Wut der Unterdrückten noch steigerte und immer neue Unruhen auslöste, statt ihnen vorzubeugen.

Daher herrschte in der Reichshauptstadt eine Spannung, die man überall und in allen Gesichtern spürte, jedoch sprach kaum jemand davon. Um diese Spannung und die ständig anwesende Gefahr eines Bürgerkrieges zu bemänteln und herunterzuspielen, bediente sich die Obrigkeit allerlei Mittel und Tücken. Nebst Gladiatorenkämpfen und Wagenrennen hatten religiöse Riten und Praktiken in dieser Beziehung einen besonders hohen Stellenwert, denn sie erwiesen sich als außerordentlich geeignet und wirksam.

*

Mehr als zwei Jahre waren bereits vergangen, seit Saul in die Reichshauptstadt gekommen war. Er hatte es getan, um der Todesstrafe – wahrscheinlich durch Steinigung – zu entgehen. Gleichzeitig nutzte er die Gelegenheit, seine Glaubensgenossen zu besuchen und ihnen Trost und Mut zuzusprechen. Dessen bedurften sie in der Tat, denn der Kaiser hatte befohlen, dass alle Anhänger der aus Galiläa stammenden Glaubenslehre unverzüglich aus der Reichshauptstadt vertrieben werden mussten. Fast alle Anhänger dieser Glaubenslehre waren Juden, die nach der Eroberung der Provinz Judäa durch kaiserliche Legionen ihre alte Heimat verlassen und in den verschiedenen Teilen des riesigen Reiches ihr neues Zuhause gefunden hatten. Viele von ihnen waren der alten Tradition ihrer Vorfahren treu geblieben; einige jedoch sahen in der plötzlich aufgetauchten neuen Lehre, die nun auch von Saul gepredigt wurde, die Antwort auf alle ihre Lebensfragen und in der Ankunft dessen, auf den sich Saul berief, eben jenes, wonach sich alle Unterdrückten seit Menschengedenken sehnten, nämlich die endgültige Errettung durch das göttliche Eingreifen. Diese Errettung sollte nach der Vorstellung der Hoffenden durch den wahren Messias, den Gesalbten Gottes, erfolgen. Darin waren sich alle Einwanderer aus Judäa einig. Was sie entzweite, war die Frage, ob der Messias, der Gesalbte, bereits gekommen, gestorben, auferstanden und weggegangen war und am Ende der Zeit wieder kommen sollte, wie es Saul predigte, oder aber ob er noch nie gekommen war und erst kommen sollte, wie es die Anhänger der alten Lehre glaubten.

Für jene war das wichtigste Ereignis des Weltgeschehens bereits geschehen, bereits ein Bestandteil der Vergangenheit.

Für diese lag der ersehnte Augenblick in der Zukunft.

Für die Anhänger der von Saul gepredigten neuen Glaubensrichtung gehörte also der wichtigste Augenblick schlechthin der Vergangenheit an, der Zeitebene des Gewesenen, jener, von der man lediglich sprechen, in der man jedoch nichts unternehmen konnte, denn welchen Sinn hätte es, für die Vergangenheit Pläne zu schmieden? Für sie lag der entscheidende Augenblick eben in dieser Zeitebene, die man als das Nicht-Mehr bezeichnen könnte.

Für die Anhänger der alten Glaubensrichtung dagegen war der entscheidende Augenblick noch nicht gekommen, war also noch immer der ersehnte, lag noch immer in der Zukunft, gehörte der Zeitebene des Noch-Nicht an.

Die einen versuchten also verzweifelt zu beweisen, dass der wichtigste aller Augenblicke auf dem Wege der Menschwerdung, jener der Welterlösung, bereits gekommen war, jedoch von den meisten als solcher nicht erkannt worden sei, da ihre Herzen und ihr Geist offensichtlich noch nicht bereit waren, dessen Wucht und Bedeutung zu begreifen.

Aber was sie selbst anbelangte, schien ihnen ebenso ein wichtiger Zug der Welt unbekannt, nämlich der, dass die Dinge nur dann von Bedeutung sein können, wenn es jemanden gibt, der sie für bedeutend hält.

Die Anhänger der alten Glaubensrichtung hielten die Überzeugung, der Messias sei schon gekommen, für die schlimmste Gotteslästerung und den größten denkbaren Unsinn, angesichts der Grausamkeit der Zeit, in der sie lebten. Daher waren ihre Blicke in die ungewisse Zukunft gerichtet, die immer Zukunft bleiben musste und blieb und die bloß jenes brachte, was sich aus dem Zusammenspiel aller Kräfte sowieso ergeben konnte und ergab.

Die Anhänger der neuen Lehre schöpften Zuversicht aus der erstarrten, toten, im Grunde genommen völlig unbekannten Rumpelkammer der Vergangenheit, hofften, dass derselbe Messias, der bereits da gewesen sein sollte, wieder einmal kommen werde, um seiner treuen Anhänger willen es noch einmal tun werde, denn sie wussten nichts von der Einmaligkeit eines jeden Ereignisses und dem trügerischen Charakter des Wortes ‚wieder‘.

Die Anhänger der alten Lehre bemühten sich, die Ankunft des versprochenen Erlösers zu beschleunigen, indem sie durch Gebete und rituelle Handlungen ihren unberechenbaren Gott milde zu stimmen und dazu zu bewegen suchten, den ersehnten Messias bald zu senden.

Die Anhänger der neuen Lehre flehten den bereits gekommenen und nicht erkannten Messias an, er möge sie, seine treuen Anhänger, von ihren Leiden befreien und ihnen bei der Vergabe von Belohnung und Strafe gewogen sein, wenn er am Ende der Zeit zum zweiten Mal komme, um alle und alles zu richten und die aus den Fugen geratene Welt in die endgültige, ewige Ordnung zu bringen.

*

In dem Spalt zwischen diesen beiden Lehren befand sich die Religion der Obrigkeit im Kaiserreich. Diese konnte sich nicht auf bloß eine Gottheit festlegen, denn sie wusste um die Buntheit und Mannigfaltigkeit der Wünsche und Begehren, Befürchtungen und Erwartungen der Menschenkinder. Daher sorgte sie dafür, dass auch unter den Gottheiten eine ähnliche Art der Arbeitsteilung herrsche, wie sie im Staat gepflegt wurde, wo es Herren und Sklaven, Reiche und Arme, Vorgesetzte und Untergebene gab.

Sie sorgte dafür, dass auf Erden wie im Himmel der Name des Mächtigen geehrt werde und dass sein Wille geschehe.

Eben dasselbe machten auch die Anhänger der neuen Lehre zu ihrem Hauptanliegen in ihrem ersten und wichtigsten Gebet.

Die angebeteten Gottheiten – für die Flehenden jeweils die einzig wahren – schienen ihren flehenden Verehrern gewogen zu sein, denn sie schienen beschlossen zu haben, den Zustand auf Erden wie im Himmel für immer unverändert zu belassen, und zwar so, dass sie die Rollen auf Erden für immer festlegten, die Rollenträger dagegen ständig auswechselten; dadurch beugten sie vor, dass sich bei den Anhängern eine Gewohnheit und Trägheit einstelle. Dank diesem Umstand konnte jedes neue Geschlecht mit frischer Inbrunst beten und opfern und somit dafür sorgen, dass die Erinnerung an die Himmlischen nicht ausgehe.

*

Trotz aller Ähnlichkeit unterschied sich die Situation im Himmel wesentlich von der irdischen: Dort wechselten weder die Rollen noch die Rollenträger. Aus dieser himmlischen Beständigkeit schöpften die leidenden Anhänger auf Erden ihren Trost und ihre Zuversicht, denn auf jedes neue Geschlecht warteten treu immer dieselben Himmlischen. Dadurch erhielt jedes neue Geschlecht dasselbe Recht zu flehen, zu warten und zu hoffen.

So lebten sie und unterwiesen – immer nach der eigenen Art und so gut sie es vermochten – ihre Nachkommen in der Kunst der Götterverehrung und sanken alle, eines nach dem anderen, im Einklang mit dem festgelegten Rhythmus hinter der scharfen Kante des Zeitabgrunds, wartend und hoffend.

*

Somit konnte jeder im Reich – gemäß seinen Wünschen und Bedürfnissen – diese oder jene Gottheit zu seinem Beschützer und Helfer wählen, ihr nach Kräften huldigen und mit ihr eine innige Beziehung und eine fruchtbare Symbiose aufbauen. Im Gespann mit seiner persönlichen Gottheit ließ sich der schwere prakti- sche Alltag leichter bewältigen, denn der Erfolg beziehungsweise Misserfolg hing immer von den beiden Partnern ab. Dabei musste sich der Mensch anstrengen, um sein Ziel zu erreichen, und falls seine Opfer und Bemühungen genügten, war die Gottheit bereit, dem Flehenden zu helfen. Und in der Tat geizte die angeflehte Gottheit nie mit ihrer Unterstützung, falls der Flehende erfolgreich war. Verpflichtet dazu war sie natürlich nicht, denn dem Einsatz des Menschen konnte immer irgendein Makel anhaften, dessen war sich jeder Sterbliche bewusst. War der Flehende trotz seiner Anstrengung nicht erfolgreich, konnte er mit der Unterstützung der Gottheit nicht rechnen. Er wusste, dass seine Bemühung unzurei- chend war und dass er sich einfach noch mehr anstrengen musste.

*

Die von der Obrigkeit festgelegten Gottheiten waren also weder irgendwann in der Vergangenheit als Erretter gekommen, noch soll- ten sie dereinst in der Zukunft als Erretter oder Richter kommen. Sie waren vielmehr immer und überall dort, wo der Mensch sich gerade befand, konnten jederzeit angebetet werden, und es bestand immer die Möglichkeit, dass sie das Flehen der Menschen erhörten. Das geschah auch jedes Mal, wenn es den Menschen gelang, ihr Vorhaben zu verwirklichen. Da sie aber Gottheiten waren, hatten sie keine Verpflichtungen den leidenden Irdischen gegenüber, denn nur als solche waren sie ernst zu nehmen. Die flehenden Sterblichen ihrerseits verlangten von ihren Gottheiten keine Begründung für den Charakter deren Entscheide. Somit sorgten sie dafür, dass ihre Gottheiten immer und bedingungslos Recht hatten und ernst genommen werden mussten.

Falls die Gottheiten gaben, so gaben sie, wem sie geben wollten. Gleicherweise nahmen sie, von wem sie nehmen wollten. Jene, denen sie gaben, hatten meistens bereits mehr als genug. Jene, von denen sie nahmen, waren ebenso meistens die Schwächsten, denen es an allem fehlte. Darüber, warum sie so oder so handelten, durfte kein Wort vergeudet werden. Den Sterblichen mussten die göttlichen Gerichte für immer unerforschlich bleiben. Und weil sie Gottheiten waren, durfte in ihren Beschlüssen kein Fehler gesucht werden, denn ihnen fehlte nichts. Sie hatten immer Recht, auch dann, wenn der Mensch das nicht begreifen konnte, dann erst recht. Der Fehler war ausschließlich beim Menschen zu suchen, da ihm immer etwas fehlte und da er daher ständig bitten und betteln musste.

Der Mensch hatte sozusagen die Dauerpflicht, sich immer von neuem zu bemühen und anzustrengen und unermüdlich trotz aller Rückschläge und Misserfolge aufs Neue zu versuchen, denn kein Opfer konnte so groß und so vollkommen sein, dass es den Erfolg hätte garantieren können. Ein jeder Misserfolg zwang den Flehenden dazu, sich noch mehr anzustrengen. Andererseits verpflichtete jeder Erfolg dazu, aus Dankbarkeit der Gottheit gegenüber das Gleiche zu tun, nämlich sich noch mehr anzustrengen.

So war die von der Obrigkeit festgelegte Religion ein ausserordentlich wirksames und geeignetes Instrument, das die Ausübung der staatlichen Macht beträchtlich erleichterte – eine äußerst strenge und überaus erfolgreiche Erzieherin, die im Namen der Himmlischen die Belange der Sterblichen regelte.

*

Es lag auf der Hand, dass in den Augen der Obrigkeit eine jede Lehre, die das Heil von einem Erlöser erwartete, den jetzigen Augenblick, die konkrete Lage, nicht ernst nahm und deswegen den eigenen Willen und den Mut, die Verantwortung und die Bereitschaft, sich noch mehr anzustrengen und aufzuopfern, schwächte, und dies bedeutete zugleich die Schwächung des ganzen Reiches.

Daher beschloss die Obrigkeit in der Kaiserstadt, alle Juden, ungeachtet dessen, welcher der beiden neuen Glaubensrichtungen sie angehörten, aus der Stadt zu vertreiben.

Die Anhänger der alten Lehre waren nicht schwer zu erfassen, denn sie trafen sich regelmäßig alle sieben Tage in ihren Versammlungshäusern. Außerdem trugen alle männlichen Mitglieder der alten Lehre ein Zeichen an ihrem Fleisch, und ihre Essvorschriften unterschieden sich von denen der übrigen Bevölkerung. Sie konnten daher leicht ausfindig gemacht werden.

Etwas schwieriger dagegen war es, die Anhänger der neuen Lehre von den übrigen freien Bürgern im Reich zu unterscheiden. Sie fielen nämlich durch kaum etwas auf, denn sie waren noch viel zu wenige und konnten daher keine Forderungen stellen oder Machtansprüche haben; ebenso schmiedeten sie keine umstürzlerischen Pläne, rächten sich nie und vergaben allen alles.

Gerade deswegen jedoch schienen sie den Ersten unter den Höchsten im Reich zu reizen, nur ihn. Vermutlich spürte er persönlich, dass gerade von ihnen die größte Gefahr für das ganze Reich ausgehen konnte. Die Gefahr witterte der seltsame Kaiser in der Furchtlosigkeit der Anhänger der neuen Lehre und in deren Bereitschaft, jederzeit auf ihren eigenen Willen sowie das irdische Dasein schlechthin zu verzichten, wenn das der Preis war, den man zahlen musste, um das ewige Leben zu verdienen. Diese Furchtlosigkeit ließ sich nicht einmal durch eine so grausame Strafe wie die Kreuzigung schwächen.

Der Erste der Weltmacht fühlte sich machtlos vor der Ohnmacht der Schwächsten. Es machte ihn rasend, dass ihm jene kostbare Zuversicht fehlte, die den Ärmsten und Schwächsten offenbar ungeheure Kraft verlieh, die Zuversicht nämlich, dass ihr Leben trotz aller Qualen heilig und sinnvoll war und dass in der Zukunft trotz schlimmster Omen das ewige Leben in göttlicher Herrlichkeit, das sich keine Phantasie ausmalen, kein Wort beschreiben konnte, auf sie wartete.

Zwar war er der Mächtigste, das wusste er, aber heimlich wusste er auch um die Nichtigkeit der Macht, die er besaß; jenes, was ihm das Gefühl der Sicherheit und Zuversicht hätte schenken können, besaß er nicht. Dass man ihn öffentlich als Abgott verehrte, bedeutete ihm nichts, denn er wusste, dass das Unsinn war. Von keiner der Staatsgottheiten, die dem Volk zur Verehrung empfohlen wurden, hielt er etwas. Mit dem einzigen Gott, von dem die neue Religion redete, konnte er ebenso nichts anfangen. Vor allem bereitete ihm große Schwierigkeiten die neue Lehre mit der Behauptung, der alleinige wahre Gott habe keine Gestalt und keine vorstellbaren Eigenschaften. Er spürte, dass ihm an etwas fehlte, was von größter Bedeutung war und was die Ärmsten und Schwächsten offensichtlich besaßen, und das führte ihm seine eigene Nichtigkeit vor Augen und machte ihn wahnsinnig.

*

Die Behörden wussten, dass Saul ein Anhänger der neuen Lehre war, sogar ein besonders aktives Mitglied, aber einen direkten Anlass, ihn zu bestrafen, hatte man nicht. Es gab keine Anzeichen, dass er etwa das Volk gegen den Staat aufwiegeln könnte, denn er predigte eben Friedfertigkeit und Vergebung. Das forderten sowohl die alte Lehre seiner Vorfahren als auch die neue Glaubensrichtung, die er nun mit all seinem Eifer und seiner ganzen Energie verbreitete. Jene Gefahr, die der Kaiser persönlich in den beiden eingeführten Glaubensrichtungen witterte, konnten die Behörden nicht merken.

Die Gefahr schlummerte in der grundsätzlichen Friedfertigkeit und in der Tatsache, dass in den eingeführten Glaubenslehren jegliche Bereitschaft fehlte, seinen Artgenossen, seinen Mitmenschen zu töten. Die Grundregeln dieser beiden Lehren forderten unter anderem auch, dass man sich unter keinen Umständen räche und dass man jedem und alles vergebe. Eine Lehre, welche die freien, sonst immer kampfbereiten Bürger so weit hätte beeinflussen können, dass sie unter keinen Umständen bereit gewesen wären, einen Artgenossen zu töten, wäre für einen Staat, der seine Macht mit immer neuen Eroberungen mehrte und sicherte, die größte denkbare Gefahr gewesen, unvergleichlich viel grösser als jene, die von den noch unbefriedeten, unzivilisierten Völkerschaften drohte, mit denen das Reich in ständigem Krieg stand.

Die Phantasie der Obrigkeit ging aber nicht so weit, das zu begreifen. Nur der Höchste der Obrigkeit, der einsame Kaiser, spürte, welche Gefahr für die Bereitschaft der Bürger zu kämpfen und zu töten in der Milde und Friedfertigkeit der neuen Lehre schlummerte.

*

Jene Anhänger der neuen Lehre, die sich bereits vor Sauls Ankunft in der Reichshauptstadt niedergelassen hatten, waren nicht von ihm zur neuen Lehre bekehrt worden; sie kannten ihn nur vom Hörensagen.

Bereits damals, als er noch ein erbitterter Gegner der Nazaräer – so nannte man die Anhänger der neuen Glaubensrichtung – war, als er sie noch unbarmherzig verfolgte und umbringen ließ, waren viele von ihnen aus Angst vor seiner Unbarmherzigkeit aus ihrer alten Heimat geflüchtet und hatten sich in verschiedenen Teilen des riesigen Reiches angesiedelt.

Durch das Spiel der Umstände wurden einige von ihnen in die Hauptstadt selbst verschlagen und waren dort geblieben.

*

Und nun war er gekommen, um sie zu trösten und im Glauben zu festigen, war dem Rhythmus jenes Gottes gefolgt, der seine Kinder zeugend verschlang und der im Spiel mit sich selbst das scheinbar felsenfest Beständige auflöste und ebenso unfehlbar das unvorstellbar Flüchtige, nur für die Phantasie Vorhandene zum greifbar Festen verdichtete und somit die ganze Welt ohne Unterbruch entstehen ließ, indem er sie ebenso ohne Unterlass zerstörte.

***

An billigen Arbeitskräften mangelte es in der Kaiserstadt nicht, denn die Sklaven waren zahlreicher als die Freien, so dass jeder Freie mindestens einen persönlichen Sklaven hatte. Die Sklaven kosteten den Staat nichts, denn sie erhielten keinen Lohn, obwohl sie alle beschwerlichen Arbeiten verrichten mussten. Das einzige, was sie für ihre harte Arbeit erhielten, war das Essen, das ihnen die erforderliche Kraft verlieh, die Arbeit zu verrichten und für ihre Herren immer verfügbar zu sein. Ihr ganzes Leben hatte nur einen Zweck, nämlich jenen zu dienen, für die sie lediglich sprechendes Werkzeug waren. Sie durften nur eines, hatten nur eine Freiheit, in der sie aufgehen konnten – ihren Herren vollkommen untertan zu sein. Das erforderte die irdische Arbeitsteilung der Zeit, und selbst der vorsichtigste Versuch der Ausgebeuteten, die Billigkeit und Gerechtigkeit dieser Arbeitsteilung in Frage zu stellen, konnte mit dem Tod am Kreuz bestraft werden, was unzählige Male auch geschah.

Die Behörden hatten also keine Mühe, Saul lückenlos beschatten zu lassen. Zu diesem Zweck wurde ihm sein Diener Dulos, der Sohn eines gebildeten griechischen Sklaven, als persönlicher Gehilfe zugeteilt, der für ihn Einkäufe tätigte, kochte und den ganzen Haushalt besorgte.

Einen Gehilfen in dem Haushalt brauchte Saul in der Tat, denn er war schon betagt, schwacher Gesundheit und spürte umso stärker die Spuren der langen anstrengenden Reisen, mit denen sein ganzes vorheriges Leben ausgefüllt worden war.

Es gab aber noch etwas, was ihn dazu zwang, immer jemanden bei sich zu haben, niemals allein zu reisen und sich niemals allein in der Nähe des Wassers und des Feuers aufzuhalten. Er litt nämlich bereits seit seiner frühesten Kindheit an einem tückischen Leiden, das ihn immer völlig unerwartet heimsuchte. Bei solchen Anfällen wurde er jedes Mal bewusstlos, gab seltsame Schreie von sich, schlug mit Armen und Beinen wild und unkontrolliert um sich, und aus dem Mund drang ihm etwas Schaum hervor.

Er wusste ausserdem, dass er noch etwas Bedrückendes in sich trug, etwas, was ihn in seiner Jugend daran gehindert hatte, jene Freude auszukosten, nach der ein jeder gesunder Körper verlangte und die durch nichts anderes zu ersetzen war, denn es war die Lebensfreude an sich, da sie mit der Erschaffung frischen, neuen Lebens zu tun hatte. Wurde das Verlangen nicht gestillt, verwandelte es sich sehr leicht in Hass auf denjenigen, den man nicht haben durfte, und auf sich selbst, weil man etwas haben wollte, was einem verwehrt bleiben musste.

Bei Saul war das bereits in seiner frühesten Jugend geschehen.

Sauls Mutter wusste schon seit dem ersten Tag, dass seinem Körper etwas sehr Wichtiges fehlte. Was es war, wusste sie genau, denn jedes Mal, wenn sie ihn damals als Säugling badete, tastete sie ihn dort zärtlich ab, wo die Quelle seiner Nachkommen hätte sein sollen, und jedes Mal stellte sie mit Tränen in den Augen fest, dass in seinem kleinen Hautsäckchen nur zwei kaum tastbare Knötchen waren. Am Anfang hegte sie noch eine leise Hoffnung, das Fehlende werde später doch noch kommen, irgendwie wachsen, denn er war noch ein Kleinkind, und bei Kleinkindern konnte sich, weiss Gott, alles schnell ändern. Die Zeit verging langsam, die Hoffnung schwand schnell.

***

Als Saul zehn war, hörte er immer wieder seine Altersgenossen mit der Grösse ihres grossen Nabels oder ihres elften Fingers prahlen, je nach dem wie sie jenes nannten, was sie meinten. Dabei lachten sie das sorglose natürliche Lachen der Heranwachsenden, die in sich bereits jene Regung verspürten, die jeder gesunde Knabe erlebt, wenn er die Kindheit langsam verlässt und zum Jüngling wird. Fragte ihn einer seiner Kameraden etwas in dem Zusammenhang, schrie er meistens laut, er habe etwas vergessen, müsse gleich nach Hause, die Eltern warteten auf ihn, rannte davon und wich somit jedes Mal der unangenehmen Frage aus.

Sauls Mutter war sich dessen bewusst, dass ihr Sohn keine Nachkommen haben werde, fand sich damit ab, dass sie und ihr Mann die letzten auf ihrer Lebensbahn waren, dass ihre Körper die Endstation erreicht hatten.

Um ihrem Sohn und sich selbst die schmerzhaften Unannehmlichkeiten zu ersparen, beschloss Sauls Mutter, ihren Sohn nach der Hauptstadt der Hellenen zu schicken, damit er dort im geistigen Zentrum des Reichs die Weisheit studiere und sich somit mindestens die hohe Bildung aneigne. Sie hatte nämlich einmal von einem fahrenden Hellenen, der einige Jahre zuvor, als Saul noch ganz klein war, bei ihnen übernachtete, gehört, die hohe Bildung sei einem glücklichen Menschen der schönste Schmuck. Und als sie ihn fragte, ob sie auch dem Unglücklichen helfen könnte, sagte er, dem Unglücklichen könne sie das fehlende Glück zwar nicht ersetzen, biete ihm jedoch immerhin Trost und Zuflucht, mache für ihn das Leben trotz allem erträglich und lebenswert. Sie hatte ihre Gründe, die Worte des Hellenen nie zu vergessen.

*

So geschah es, dass sie nicht wie die anderen Mütter in Tarschisch langsam daran denken musste, eine geeignete Frau für ihren Sohn zu suchen. Wurde sie von einer ihrer Bekannten gefragt, ob sie für Saul schon jemand in Aussicht hatte, sagte sie jedes Mal, Saul wolle zuerst einmal nach der hellenischen Hauptstadt gehen und an der dortigen Akademie studieren, die Heirat könne noch etwas auf sich warten lassen. Sie sagte es mit einer Mischung aus Stolz und Trauer, was ihren Worten eine ungewohnte Schwere verlieh und die neugierigen Bekannten davon abhielt zu fragen, was er dort eigentlich treiben werde, denn die Wörter „Akademie" und „studieren" klangen für sie schon fremd genug, als dass sie weitere Fragen hätten stellen können. Schon allein die Tatsache, dass er weit weg von Zuhause, und zwar nicht irgendwo, sondern in der Hauptstadt der Weisheit etwas zu tun hatte und tun konnte, genügte, dass sie vor Ehrfurcht schwiegen. All das bewirkte ebenso, dass seine Altersgenossen immer mehr zur Ansicht neigten, Saul sei doch irgendwie etwas Besonderes und seine eigenartige Verhaltensweise müsse daher von der ihrigen, eben der üblichen Art abweichen und seiner Besonderheit zugeschrieben werden.

***

So wurde die Hauptstadt der Hellenen für Saul und seine Mutter zum gewählten Zufluchtsort. Sauls Vater war mit allem einverstanden, was seine Lebensbegleiterin tat. In die Frucht, die sie genommen hatte, biss er auch, ohne auch ein wenig zu zögern.

Sauls Mutter tat es umso leichter, als sie selbst ein neugieriges und nachsinnendes Wesen war und im Stillen den Wunsch hegte, auch selbst an der hohen Schule der Weisheit in der hellenischen Hauptstadt zu studieren, dort, wo angeblich auf alle Fragen des Lebens, mochten sie noch so heikel und seltsam sein, eine zufriedenstellende Antwort erhalten werden konnte. Von mehreren aufgeweckten Kaufleuten und Hirten, die sich bei ihrem Mann besonders gute Zelte anfertigen liessen, hatte sie viele Geschichten über die Gottheiten der Hellenen gehört. Von dem Erzählten war sie so mitgerissen, dass sie in ihrer Phantasie überzeugt war, in der Stadt der Weisheit könnte man einigen Himmlischen direkt begegnen, denn sie waren sehr menschlich, obwohl sie sich durch etwas Wesentliches von den Irdischen unterschieden – sie waren unsterblich und alterten nicht.

Dass Saul den einzigen, alleinigen Gott seiner Väter vergessen und dem Reiz der vielen schillernden Gottheiten der Hellenen erliegen könnte, befürchtete sie nicht, denn sie wusste, dass er viel zu intelligent war, als dass er die einzelnen Splitter mehr als das Ganze hätte verehren können. Aber selbst wenn das geschehen sollte, hätte es in ihren Augen keine Bedeutung gehabt, weil auch keine Folge, da ihr Sohn keine Nachkommenschaft erwarten konnte, und in der Tora war weder von der Hölle noch vom Paradies nach dem Absterben die Rede, sondern lediglich davon, dass nach dem Tode ein jeder zu den Seinigen eingesammelt wurde, dorthin also ging, wo er hingehörte, mit jenen Werten verschmolz, die er während seines Daseins in sich gesammelt und gehegt hatte.

Für eines musste sie jedoch sorgen, nämlich dass Saul nicht allein reise und lebe, denn sein heimtückisches Leiden liess das nicht zu.

*

So beschloss sie nach sorgfältiger Überlegung, einen entfernten Verwandten ihres Mannes als Sauls Begleiter zu nehmen, damit er ihrem Sohn immer beistehe. Ariel hiess der Verwandte, ein starker junger Mann, den abstrakte Fragen und Probleme nicht im geringsten interessierten, dafür umso mehr der praktische Alltag. An alles, was der Augenblick erforderte, dachte er immer, vergass keine Kleinigkeit, alles darüber hinaus war für ihn belanglos. In Ariel sah Sauls Mutter den richtigen Begleiter für ihren Sohn.

***

Erst als sich Sauls Eltern von ihm und Ariel verabschiedeten, spürte Sauls Mutter plötzlich, dass ihr Sohn nicht bloss körperlich die Welt seiner Eltern verliess, um von nun an woanders zu wohnen, sondern dass er zugleich die geistige Welt seiner Herkunft für immer aufgab.

Saul seinerseits spürte auch etwas Ähnliches, denn er erwartete von der Welt, in die er sich begab, etwas völlig Neues, vor allem aber hoffte er, im Land der Hellenen die Antwort auf allerlei heikle Fragen zu finden, die er sich heimlich immer wieder stellte und auf die er keine Antwort wusste, denn dort waren – so erzählte man – die Weisesten der Erde zu finden.

*

Nach einer kurzen Verabschiedung von den Eltern bestiegen Saul und sein Begleiter die bepackten Reittiere und ritten davon, ohne sich umzudrehen.

Aus der Schrift hatte Saul gelernt, dass es lebensgefährlich war, sich umzudrehen. Zur Salzsäule konnte man werden, stand dort geschrieben, wenn man sich beim Verlassen des Früheren umdrehte. Das bedeutete, wenn man den Zeitrhythmus, die unbedingt einseitige Ausgerichtetheit des Geschehens, diese einzige, vergängliche Welt, in der das praktische Leben möglich war, nicht ernst nahm. Das hatte ihm sein ehrwürdiger Lehrer, ein grosser Kenner der heiligen Unterweisung, erzählt. Warum aber Salzsäule und nicht etwa Steinsäule, verstand er nicht. Später lernte er von seinem Tora-Lehrer in der Stadt der vollkommenen Schau, der ihn in die höheren Zusammenhänge der in der Tora geschilderten Welt einweihte, warum es eben so und nicht anders sein musste.

***

Sauls Vater ging gleich nach der Verabschiedung in die Werkstatt zurück, da ein Hirte aus Lystra bereits Wochen davor zwei grosse Zelte bestellt hatte und nun gekommen war, um sie abzuholen. Der Mann war ungeduldig, denn er wusste, dass die ganze Karawane ebenso ungeduldig auf ihn wartete.

Sauls Mutter begleitete ihn mit ihrem Blick, ohne sich zu rühren und ohne ein einziges Mal mit den Augen zu blinzeln, bis er mit seinem Begleiter hinter dem Olivenhain verschwand. Dann ging sie zu ihrem Mann in die Werkstatt, um ihm zu helfen.

„Halte diesen Rand fest", sagte er zu ihr, ohne sie anzusehen.

„Hast du den stärkeren Faden genommen?", sagte sie, bevor sie am Rand des groben Tuches kräftig zog.

Er hatte den Eindruck, dass ihre Stimme gelassener als sonst klang, fast fröhlich. Plötzlich schien alles irgendwie ähnlich wie damals, unmittelbar nach ihrer Hochzeit, denn sie waren wiederum allein, nur sie zwei, ganz füreinander. Für einen Augenblick hatten sie beide das Gefühl, dass ihnen noch alles bevorstand, dass alles erst noch kommen sollte, was kommen musste. Aber das Gefühl dauerte eben nur einen Augenblick, bevor es im Wissen erstarrte, denn es war doch ganz anders. Damals begegneten sich immer ihre Augenblicke, wenn sie einander etwas sagen wollten, und in keinem Blick fehlte das Lächeln. Jetzt sagten sie zwar gelegentlich etwas und hörten einander zu, jedoch ohne einander anzusehen.

***

Schon als kleiner Knabe hatte Saul auch selbst gemerkt, dass er irgendwie anders war als seine Altersgenossen. Er lernte schneller als sie, kannte den Inhalt der Tora viel besser als irgendjemand von ihnen, beherrschte ausserdem noch ein sehr nützliches Handwerk, dass er von seinen Eltern gelernt hatte, nämlich die Anfertigung von Zelten. Zu alledem sprach er und schrieb mit Leichtigkeit ausser seiner Muttersprache ebenso die beiden wichtigsten Sprachen im Reich. Er war dünn und blass, und seine Muskeln waren schlaff und schwach. Sein Haupthaar war seit seiner frühesten Kindheit äusserst dünn und schütter und kaum sichtbar, weil von gleicher Farbe wie seine Haut. Die beim männlichen Geschlecht übliche Körperbehaarung fehlte bei ihm völlig. All das hatte er sehr früh gemerkt, seine Altersgenossen in der Nachbarschaft auch. Als er in das Alter gekommen war, in dem sich die Jugendlichen für das andere Geschlecht zu interessieren beginnen, sprachen seine Altersgenossen häufig von Mädchen und machten bestimmte Bemerkungen dazu. Er aber schwieg immer während solcher Gespräche, ging meistens gleich weg. Er tat es, weil sie von etwas sprachen, was für ihn ohne Bedeutung war und in ihm das Gefühl schuf, ausgeschlossen zu sein. Er wusste, dass Menschen bei den männlichen Tieren bestimmte Körperteile zu zerstören oder zu entfernen pflegten, um sie unfruchtbar zu machen. Ebenso wusste er, dass die Männer entsprechende Körperteile besassen, ohne die weder die körperliche Vereinigung zwischen den Geschlechtern noch die Fortpflanzung möglich war. Sehr früh hatte er gemerkt, dass die entsprechenden Körperteile bei ihm viel weniger entwickelt waren als bei seinen Kameraden. Er versuchte an bestimmte Mädchen zu denken, für die andere Knaben schwärmten, aber er spürte, dass ihn deren Körperform und alles an ihnen, was die anderen lobten, kalt liessen. Er wusste aber bereits damals, dass nur durch die Beziehung der beiden Geschlechter zueinander und deren Vereinigung die Kinder zur Welt kommen konnten, der künftige Körper der Menschheit. Er wusste, dass es ihm verwehrt war, sich an der Erschaffung dieses künftigen Menschheitskörpers zu beteiligen, dass sein Lebenszweig bereits am Anfang trocken und unfruchtbar war, und es war nur dieses Wissen, was ihn mit einer Trauer erfüllte, die einem üblichen Leben unbekannt war. Seine Kameraden merkten seine Andersartigkeit, konnten jedoch nicht wissen, was in ihm vor sich ging.

Die ehrwürdige Heilige Schrift seines Volkes hatte er mehrere Male gelesen, kannte viele Stellen auswendig, aber das herrliche Gedicht *Schir-ha-Schirim*, das berühmte Hohelied, das dort einen ganz besonderen Platz einnimmt, nur ein einziges Mal. Er kam auch nie in Versuchung, das grossartige Gedicht noch einmal zu lesen, denn dort war vom Tränken mit Küssen die Rede, von betörenden Körperdüften, von prächtigen Mädchenbrüsten, schön wie Zwillingsböcklein einer Gazelle, und davon, wie die Rechte des Geliebten den Körper der Geliebten umfängt, vom Schoss der Freundin, schön wie ein Garten mit Granatbäumen und vielen anderen Herrlichkeiten, die den weiblichen Körper schmückten.

Kein Element der betörenden weiblichen Schönheit vermochte in ihm jedoch die Lust zu wecken, sich mit dem weiblichen Körper zu vereinigen, sondern es bewirkte sogar das Gegenteil, schuf in ihm eine Abneigung gegen den Körper der Frau. So musste ihm auf immer jenes verwehrt bleiben, was bei den anderen seines Geschlechtes eine an Wahnsinn grenzende Entzückung auslöste.

Das Gedicht der Gedichte, das Hohelied, sprach auch davon, dass bestimmte Eigenschaften des männlichen Körpers eine ähnliche Begeisterung bei Frauen bewirkten. Er wusste, dass er eben die Eigenschaften nicht besass und für das weibliche Geschlecht völlig uninteressant sein musste. Für die Pracht des weiblichen Körpers empfand er also nichts, weswegen ihm die Begeisterung der Frau für den männlichen Körper auch nichts bedeutete; und doch schwelte bei ihm ein abgründiger Neid auf alle Männer, bei denen er jene Züge des Geliebten im Hohelied festgestellt zu haben glaubte und denen das Geniessen der Schönheit des weiblichen Körpers mehr als sonst etwas, was die Welt zu bieten hatte, bedeutete.

Er spürte bereits damals, dass es ihm beschieden war, die Erfüllung seines eigenen Daseins ganz woanders zu suchen.

***

Vor Saul und seinem Begleiter lag ein langer, langer Weg – mehrere Monate, vielleicht ein ganzes Jahr sollte ihre Reise dauern, aber daran wollten sie gar nicht denken. Den Weg kannten sie zwar nicht, aber trotzdem konnten sie sich kaum verirren, denn durch Tarschisch führte eine einzige Strasse, auf der man sich in einer Richtung dem Sonnenaufgang entgegen bewegte, in der entgegengesetzten Richtung dagegen folgte man der Sonne. Sie wussten, dass sie westwärst gehen, das heisst der Sonne folgen sollten, und das war alles, worauf sie achten mussten, mehr brauchten sie nicht zu wissen.

Der Schäfer, der zu Sauls Eltern gekommen war, um die bestellten Zelte abzuholen, hatte Saul mündlich erklärt, dass er einfach den einzigen Weg nehmen müsse, den, der Richtung Westen führte, und weil es der einzig mögliche war, werde er ihn sicher dorthin bringen, wohin er möchte.

*

Die Strasse führte beharrlich entlang der Meeresküste. Das unendliche Blau der Meeresoberfläche zu ihrer Linken blickte zwischen den Zypressen und Pinien hindurch und versicherte ihnen, dass sie auf dem richtigen Weg waren.

Nun folgte Saul mit seinem Begleiter dem steinigen Weg, der unter ihren Füssen ruhte und jeden Reisenden mit Geduld und Bereitschaft trug, gleich ob einen Heiligen oder einen Verbrecher. Stellenweise führte der Weg zwischen senkrechten Felswänden und war so schmal, dass gerade noch zwei Reiter nebeneinander her reiten konnten.

Zu ihrer Rechten wechselten ab ebenes, mit duftenden Kräutern bedecktes Gelände, das sich in bestimmten Abständen buchtartig in den Körper des gewaltigen Bergmassivs hinein-schmiegte, mit den Ausbuchtungen desselben Bergmassivs, die drohend hervortraten und hoch gegen den Himmel emporragten.

„All diese Kräuter duften bloss, wenn ein Fremder – wie ich jetzt – vorübergeht, der ihren Duft sonst nicht kennt. Die Bewohner dieser fast menschenleeren Gegend merken den herrlichen Duft möglicherweise gar nicht, wissen nicht, was sie einatmen dürfen, denn sie atmen ihn mit der Luft als die einzige Möglichkeit, können ihn mit nichts anderem vergleichen", dachte er, indem er seine schmale Hühnerbrust gezielt stärker als üblich mit der reinen, balsamartigen Luft zu füllen versuchte.

„Ebenso sind sie sich des Zaubers dieser Landschaft wahrscheinlich gar nicht bewusst, obwohl sie in ihr wohnen, denn sie kennen sie nur als harten, kargen Boden, auf dem lediglich Unkraut gedeiht und jede nützliche Pflanze verwelkt, falls man sie nicht tagtäglich begiesst", überlegte er weiter.

In den Dornbüschen, geschmückt mit unzähligen wilden Rosenblüten, schliefen, zusammengerollt in ihren Nestern, und kümmerten sich um nichts giftige Schlangen, bedrohten jedoch nicht die Vorbeigehenden, weil sie sich von ihnen nicht bedroht fühlten. Eigentlich merkten sie einander nicht.

*

Ein Tag nach dem anderen verging, und ein jeder bot fast dasselbe Bild links, und ebenso fast dasselbe Bild rechts. Das Bild der Landschaft ähnelte einem Musikthema, das sich in unzähligen Variationen wiederholte, immer anders war und immer gleich blieb.

Tagsüber hing ein zarter bläulicher Dunstschleier aus zitternder Luft über der ganzen Landschaft; vor allem die Berge schienen eingehüllt und weiter weg, als sie es eigentlich waren.

Sie ritten nebeneinander her, machten nur selten kurze Bemerkungen, die Landschaft betreffend, die meiste Zeit schwiegen sie.

Das tiefe Blau des Meeres zu ihrer Linken reizte das Auge und beruhigte es zugleich. Kerzengerade Zypressensäulen schnitten unermüdlich in das ferne Blau ein, gliederten es und verschwanden gelassen mit gleicher Geschwindigkeit – jedoch in die entgegengesetzte Richtung – wie die gemächlich vorbeiziehenden Reisenden, die ihnen ihre Aufmerksamkeit schenkten. Gelegentlich versteckte sich das Meeresblau hinter den graugrünen Olivenhainen, deren uralte, knorrige Stämme jederzeit bereit waren, jedem, der ihnen einen Blick mit etwas Phantasie schenkte, ihre bewegte Lebensgeschichten schweigend zu erzählen. Dadurch sorgten sie dafür, dass die Herrlichkeit nicht zur Gewohnheit werde.

*

Immer wieder überquerten sie dünne Wasserrinnsale, die von den Bergen herunterkommend zum Meer flossen und durch ihre unermüdliche Rastlosigkeit den Anfang und das Ende miteinander verbanden und somit verschwinden liessen, ohne sie abzuschaffen. Dann stiegen sie meistens ab, vertraten die Beine, liessen ihre Tiere trinken und füllten die Bälge mit frischem Wasser.

Die ganze Gegend schien äusserst dünn bewohnt zu sein, denn nur sehr selten sahen sie winzige Herden Schafe oder Ziegen grasen oder an den Sträuchern äsen; Hirten sahen sie keine, ebenso kein einziges Haus.

*

Wie weit sie noch von der Eulenstadt entfernt waren, wussten sie nicht, aber sie wussten, dass ihnen noch ein sehr langer Weg bevorstand. Gelegentlich begegneten sie Karawanen; überholt wurden sie jedoch von niemandem, obwohl sie sehr gemächlich ritten, da sie keinen Grund zur Eile hatten. Zwar hatte Saul nicht vor, einen Wallfahrtsort zu besuchen, und doch hatte das, was er unternahm, mit einer Pilgerreise etwas gemeinsam; er wenigstens empfand es so, denn jeder Pilger erwartete von seiner Pilgerreise etwas, und von dieser Reise erwartete Saul viel, sehr viel, vielleicht sogar die Antwort auf all die Fragen, die er sich heimlich stellte und auf die er keine Antwort finden konnte.

*

Aus Angst, ihre Tiere könnten gestohlen werden, übernachteten sie nicht an den Raststätten, wo Karawanen zu rasten pflegten, sondern suchten sich noch bei Tag einen geeigneten Platz abseits des Weges, wo sie niemand vermutet hätte, und übernachteten dort. Sie trugen mit sich ein kleines Zelt, gerade gross genug für zwei erwachsene Personen und angefertigt nach der hohen Kunst des Handwerks, das Saul in seinem Elternhaus erlernt hatte – weder Schlangen noch irgendwelches Ungeziefer konnten hineingelangen.

An den Raststätten deckten sie sich mit Fladenbroten, Hartkäse, geräuchertem Hammelfleisch, getrockneten Feigen und frischen Orangen ein.

Ein Tag nach dem anderen verging; viele waren es, aber Saul zählte sie nicht.

Wozu auch, denn wie viele es waren, tat nichts zur Sache. Der Weg führte treu und beharrlich weiter, immer weiter, genau dem Ziel entgegen, das Saul erreichen wollte. Das Meer war noch immer blau, gleich blau wie am Anfang; die Berge ragten gleich hoch empor, lockten immer wieder, dass man hinaufschaue, den menschlichen Blick werfe, und die Landschaft war gleich bunt und duftend, genau so, wie sie ihnen erschien, bot alles, was sie hatte, um den Reisenden den Weg genau so zu gestalten, wie sie es erleben konnten. Das Einzige, was sie tun mussten, war, dem Weg zu folgen, und Saul tat es gern, denn mit jedem Tag, mit jedem Schritt war er weiter weg von Tarschisch entfernt, von dem Ort, der in der Überlieferung seines Volkes als Inbegriff der Ferne galt, weit weg von allem Bekannten. Und nun entfernte er sich von dem entferntesten Unbekannten, so dass er sicher sein konnte, auf dem Weg zu sein, der ihn dem Zentrum des Bekannten näher brachte. Morgens standen sie immer sehr früh auf und ritten während der morgendlichen Frische, um während der Hitze ruhen zu können. Spät nachmittags suchten sie sich schon eine geeignete Stätte zum Übernachten.

Sie ritten gemächlich, ohne ein einziges Mal zu traben oder zu galoppieren, denn sie hatten es nicht eilig, und was dadurch hätte gewonnen werden können, hatte für sie keine Bedeutung.

Saul wollte einfach weit weg von Tarschisch sein, weit weg von all seinen Kameraden und allen, die ihn kannten und alles über ihn wussten, deren Schweigen ihn nicht weniger reizte als ihre Bemerkungen.

Nun entfernte er sich von ihnen mehr und mehr; das war entscheidend und nicht, ob er etwas früher oder später in der Stadt der Philosophen, Dichter und Denker ankommen sollte. Der Weg dorthin, die Erwartung, das Vorgefühl – dessen war er sich bewusst – war vermutlich nicht weniger wert als die Ankunft selbst.

Täglich begegneten sie Karawanen, die – von ihren Zielen und Belangen angespornt und geleitet – in die entgegengesetzte Richtung zogen und nun, dem Rhythmus der Welt entsprechend, sich in der umgekehrten Reihenfolge das verkehrte Bild dessen ansahen, was Saul und sein Begleiter hinter sich gelassen hatten, die fremde Vergangenheit sozusagen in die eigene Gegenwart verwandelten und auf eine völlig andere Weise als frisch und neu erlebten.

Saul und sein Begleiter wiederum verwandelten sozusagen die Vergangenheit der ihnen begegnenden Karawanen in ihre eigene Gegenwart.

Jedes Mal, wenn sie einer Karawane begegneten und dicht an Maultieren, Pferden und Kamelen der unbekannten, meistens bärtigen Männer vorbei ritten, die schweigend und mit ernster Miene auf ihren Tieren sassen und zur Begrüssung lediglich kaum bemerkbar die Hand erhoben und – für Saul wenigstens

– schon im selben Augenblick verschwanden, in dem sie aufgetaucht waren, kam Saul jenes Gesicht in den Sinn, das der Überlieferung nach Jakob, dem dritten und letzten Erzvater seines Volkes, im Schlaf auf der Flucht vor seiner eigenen sichtbaren Seite zuteil wurde.

Das Gesicht soll das wichtigste aller gewesen sein, der Menschheitstraum sozusagen, weil es die nahtlose Fortsetzung jenes Traumes war, den der erste Erzvater eingeleitet hatte und in dem nichts Geringeres geschehen war als die gleichzeitige, gegenseitige Erschaffung von Gott und Mensch. Die Geschichte hatte Saul von seinem Lehrer in Tarschisch gehört.

Jakob sah im Traum eine Leiter, auf der die greifbare, irdische Seite des Menschen emporstieg und zum luftigen Engelhaften wurde, die irdische Botschaft gegen den Himmel trug, dorthin, wo es weder räumliche noch zeitliche Schranken gab, da alles überall und gleichzeitig war, und wo alle Fragen, einerlei ob leicht oder schwer, mit gleicher Leichtigkeit beantwortet wurden, denn dort gab alles Dingliche seine schmerzhafte, würgende Form ab und löste sich im Prinzip auf.

Gleichzeitig stieg auf derselben Leiter das formlose, engelhafte Prinzip auf die Erde herunter und nahm die vergängliche, körperliche Form und alles, was sie begleitet, an, denn nur in der beschränkten, leidenden Form konnten das ewige Prinzip sowie die Sehnsucht danach geboren werden.

Auf der Lebensleiter, die Jakob in seinem Traum erblickte, begegneten sich also die beiden Lebensströme.

In einem Strom, dem hinaufführenden, verwandelte sich die greifbare, jedoch vergängliche Form in das nicht wahrnehmbare, ewige, nur denkbare Prinzip, um fortzubestehen.

Im anderen wiederum, dem herunterführenden, nahm das ewige Prinzip die greifbare vergängliche Form an, denn nur in der vergänglichen Form konnte es geboren werden.

Die beiden Seiten des Ganzen also entfernten sich ununterbrochen voneinander, das heisst von sich selbst, um sich nacheinander sehnen, um einander und zugleich sich selbst finden zu können. Und sie fanden sich auch ununterbrochen dort, wo die beiden Ströme einander ununterbrochen begegneten und sich ebenso ohne Unterbruch voneinander entfernten, das heisst genau auf der Sprosse, auf der sich das menschliche Bewusstsein befand – im Jetzt.

*

Jakob war auf der Flucht vor seiner körperlichen Seite, weil er sie für minderwertig hielt, und er, Saul, flüchtete vor der Mangelhaftigkeit seiner Körperlichkeit. Er wähnte daher, in einer ähnlicher Lage zu sein wie sein grossartiger Erzvater, und ein zartes Gefühl tauchte plötzlich in ihm auf, einen würdigen Ersatz für jenes gefunden zu haben, was ihm fehlte und was ihn letzten Endes bewogen hatte, eine so lange und anstrengende Reise zu unternehmen. Jetzt musste er sich noch genau überlegen, wie er jenem, was sich in ihm erst als vager Gedanke gemeldet hatte, eine Form geben und erst danach, ob er daraus einen persönlichen Nutzen ziehen könnte.

Auf der Flucht war er wie einst Jakob, das stand ausser Zweifel; was ihm noch fehlte, war eine gewaltige Vision, deren Inhalt dem menschlichen Dasein trotz aller Unzulänglichkeiten den Sinn zu verleihen vermochte. Er suchte fleissig nach einer Möglichkeit, eine solche Vision herbeizuführen, jedoch schien nichts von allem, was er kannte, einen geeigneten, würdigen Stoff dazu bieten zu können.

***

In der Nacht, als Jakob seinen Menschheitstraum träumte, erschien ihm die sonst unsichtbare Gottheit. Sie hielt sich jeweils auf der Sprosse, die er soeben betrachtete, also auf der Ebene, die weder gegen diesen noch gegen jenen Holm geneigt war, sondern beide unter dem gleichen Winkel berührte; dort stand die ganze Welt im Lot, obwohl jeder der beiden Holme – getrennt betrachtet – noch so schief erscheinen mochte.

Jakob war damals die Bedeutung seines Menschheitstraumes bewusst und, was ihm als vergänglichem, nichts bedeutendem Staubkorn zuteil geworden war: Es war nichts mehr und nichts weniger als die im erschaffenden Augenblick, *jetzt* genannt, verdichtete Ewigkeit. Den Ort, an dem er das Ewige im Augenblick schauen durfte, erkannte und benannte er als Beth-El, die Wohnstätte der ewigen Kraft, jener Kraft, in der alle Kräfte zusammenflossen und aufgingen. All das geschah, weil er unter sein Haupt, den Sitz seiner Gedanken, den Stein Ewen als Stütze gelegt hatte.

*

Eine alte, kaum bekannte Sage will wissen, dass Jakob zuerst sein Bündel mit dem Proviant, als Kissen unter das Haupt gelegt hatte, denn er empfand den Stein Ewen zu hart und zu schwer. Nun hatte er als Stütze unter dem Haupt jenes, was vorgesehen war, nur eine kurze Zeit zu dauern und den Körper am Leben zu erhalten, und war sofort eingeschlafen. Er schlief so tief, dass er gar nichts träumte, die Pforte war zu fest verriegelt, liess keinen Traum herein. Sein Verfolger merkte das und wurde besorgt, denn der Traum hatte keinen Zugang zu dem Leben der beiden. Edom, der rote Verfolger seines Zwillingsbruders, wusste, dass nur Jakob, seine verborgene Seite, träumen konnte. Während Jakob schlief, war sein Bruder wach und wusste, dass er etwas unternehmen musste. Er war ein hervorragender Jäger, sah nachts genauso gut wie tags, konnte daher selbst bei tiefster Dunkelheit jeder Spur folgen; und so fand er seinen Zwillingsbruder, das Jenseitige seines eigenen Wesens. Jakob schlief tief und hörte nichts. Esau zog das Proviantsbündel unter Jakobs Haupt behutsam hervor und legte an dessen Stelle den Stein Ewen, auf das der Menschheitstraum geträumt werde und der Mensch sich selbst erkenne und dank eben der Erkenntnis ewig lebe. Darauf ging er wiederum geräuschlos zurück, damit der nötige Abstand zwischen den beiden nicht verschwinde und die Welt somit erlebbar bleibe, wenn die Sonne scheint, damit es die nötige Spannung gebe, damit alles laufe und geschehe. Im Namen des Steins Ewen – weiss die Legende zu erzählen – waren zugleich der Name Aw und der Name Ben enthalten, und sein Name wurde seit Jakobs Traum als Ewen ausgesprochen, denn die beiden Namen waren so miteinander verschmolzen, dass ein neuer daraus entstanden war, der alles auf einmal benannte, das Erzeugende und das Erzeugte, das Erschaffende und das Erschaffene. Jene, die die beiden Namen nur als getrennt kennen, müssen sich immer voreinander fürchten und kennen keinen Frieden. Jene, die die Verschmelzung der beiden Namen zu einer neuen, unzertrennlichen Einheit begriffen haben, kennen den Frieden, haben voreinander keine Angst.

*

Diese Sage steht in Verbindung mit einer anderen, in der davon die Rede ist, dass eben dieser selbe Stein Ewen für die Bestimmung der Wassertiefe der Sintflut von jenem ausgesucht worden war, der die Ruhe kannte und mitten im wilden Treiben der Welt ruhen konnte, und gerade deswegen dazu für geeignet befunden und bestimmt worden war, ein vollkommen abgedichtetes, unsinkbares Schiff, eine Arche namens Tewa, zu bauen, in dem das Leben vor der nie endenden Sintflut der alles verschlingenden Zeit bewahrt werden sollte.

Als sich die Arche der Welterrettung auf den Fluten befand, ruhte Noah und lotete die Wassertiefe aus. Er band einen starken

Faden, geflochten aus feinsten Fasern reinster Zuversicht, um einen der Steine, die er mitgebracht hatte, fest herum und liess ihn langsam in das Formlose sinken. Der Stein sank immer tiefer und tiefer, jedoch spürte der Ruhende das volle Gewicht des Steines noch immer in der Hand und wusste, dass er den Grund noch nicht berührt hatte. Das Resultat seines Unterfangens war ungewiss, aber er war zuversichtlich, dass die Länge des Fadens reichen werde, denn sein Fadenknäuel übertraf an Grösse jede Einzelerscheinung, füllte den riesigen Bauch des errettenden Schiffes aus, umfasste eigentlich dessen ganzen Inhalt, war also deckungsgleich mit seiner eigenen Vorstellungskraft.

Noah, der Ruhende, sorgte nur dafür, dass der Faden, an dem der Lotstein hing, sich nicht verschlinge, und schaute sich daher nie um. Daher merkte er nicht, dass von dem riesigen Knäuel bloss noch ein winziger Knoten von der Grösse einer Olive übrig war.

*

Unmittelbar bevor der Faden ganz aufgebraucht wurde – die letzten Ellen des Fadens glitten gerade zwischen Noahs Fingern – kam Leviathan, der lebendige Begleiter in den abgrundtiefen Wassern der Zeit, genannt ‚jetzt‘, und biss den Faden durch, so dass der Stein auf den Grund fiel und dort stehen blieb – genau dort, wo dereinst das Zusammenspiel der Kräfte bestimmte, dass Jakob auf seiner Flucht übernachte und mit seinem Menschheitstraum beschenkt werde. Es war eben jener Stein Ewen, den Noah, der Ruhende, zum Ausloten der immer währenden Zeitflut verwendet hatte, den Edom seinem Bruder Jakob, seinem eigenen unsichtbaren Selbst als Kopfstütze unter das Haupt schob, was den Menschheitstraum auslöste und den Menschen von dem eigentlichen Tod befreite.

*

Noah spürte kein Lotgewicht mehr und wusste, dass der Stein sein Ziel erreicht hatte. Den schwerelosen Faden brauchte er nicht mehr zu halten. Es war gerade Mitternacht geworden, und er konnte unbesorgt schlafen gehen, denn der gestrige Tag war vollbracht, war aufbewahrt, und der folgende klopfte an, war da, alles war da, die Welt war vollständig. Er drehte sich nun um und sah, dass der Knäuel gleich gross wie am Anfang war – es fehlte nichts.

Kaum eingeschlafen, sah Noah im Traum einen Stein im tiefen Wasser an einem dünnen Faden hängen. Den Meeresgrund sah er nicht. Ein riesiger, formloser Fisch kam und biss den Faden durch. Darauf verschwand der Stein in der Dunkelheit der Tiefe, und der Fisch löste sich im Licht auf.

Das Zeugende und das Gezeugte trennten sich voneinander. Die Welt konnte erlebt werden.

***

Saul ritt auf seinem Maultier, nahm von Zeit zu Zeit einen Schluck Wasser aus dem Balg an seinem Sattel und liess sich allerlei Gedanken durch den Kopf gehen. Er versuchte sie nicht zu ordnen, sondern gestattete einem jeden freien Zutritt und ebenso freien Abgang.

Sein Begleiter ritt auf seiner Stute neben ihm her.

Die meiste Zeit schwiegen sie, denn alles um sie herum redete, sagte alles, was gesagt werden sollte, forderte zur Besinnung auf.

Das Wort „Besinnung" beschäftigte Saul seit langem. Immer wieder fragte er sich, was „sich besinnen" eigentlich zu bedeuten hatte. Es hatte zweifellos etwas mit Sinn zu tun, aber was war der Sinn? Waren Sinn und Zweck ein und dasselbe? Kaum, denn jeder Zweck im Leben diente immer einem anderen Zweck, war immer bloss ein Element der Hierarchie; der Sinn des Lebens dagegen konnte unmöglich einem noch höheren Inhalt dienen. Also musste der Sinn des Lebens irgendwie der höchste aller Werte sein. Aber was war der eigentliche Inhalt des höchsten Wertes?

An dem Punkt blieb er in seinen Überlegungen immer stehen, kam nicht weiter.

Nun war er unterwegs nach jener Stadt, in der vor Jahrhunderten einige Menschen gelebt hatten und einige noch immer anzutreffen waren, die – so hatte er es vernommen – solcherlei Fragen zufriedenstellend beantworten konnten. Er freute sich darauf, solchen Menschen zu begegnen.

*

Einmal hörte er einen Besucher seines Vaters sagen, dass die ersten Weisen der Hellenen nicht in der Hauptstadt selbst gelebt hatten, sondern weiter östlich, an der Küste des Festlandes, der er nun entlang reiste. Eine Stadt soll es dort vor langer Zeit gegeben haben, und die stand dort möglicherweise noch immer, in der die erste Zelle der hellenischen Weisheit entstanden war. Warum das nicht in der Hauptstadt geschehen war, sondern in einem dynamischen Hafenstädtchen im westlichsten Teil der östlichen Welt, konnte er sich nicht erklären. Jetzt war er auf der Strasse, die ihn unter anderem auch dorthin bringen sollte, wo der erste Funke der Weisheit gesprungen war, wo er geboren wurde. Aber war er wirklich dort geboren? Er neigte zur Ansicht, dass er dort lediglich sichtbar wurde, aber dass die Spannung, die Ladung, der er entsprungen war, woanders gelegen sein musste. Dort musste sich lediglich eine Denkweise, eine Schau, ein Gefühl so sehr gestaut und verdichtet haben, dass es zu einer geistigen Eruption kommen musste. Dazu hätte es jedoch nicht kommen können, wenn nicht gleich daneben, nur einen Schritt weiter westlich, ein Vakuum, eine Leere geherrscht hätte, dem weiten Meer gleich, das dort den ganzen Westen ausmachte. Diese Leere mit ihrer Einfachheit fing den Blick, weckte die Sehnsucht und zwang zum reinen Denken. Die gestaute Fülle aus Gedanken und Gefühl auf der einen und die Leere auf der gegenüber liegenden Seite mussten sich sozusagen suchen und anziehen, wie das bei einem Blitzschlag geschieht, wo der vom Blitz getroffene Gegenstand und die Wolke, die sich entladen muss, einander aussuchen; die eine Seite möchte etwas abgeben, die andere Seite möchte gerade das empfangen. Aus diesem doppelten Wunsch wird der Blitz geboren, der beide Wünsche gleichzeitig erfüllt.

Solche und ähnliche Überlegungen beschäftigten ihn, während er und sein Begleiter schweigend nebeneinanderher ritten.

*

Der erste Ort, an dem sie sich einige Zeit aufhalten wollten, war Milet, das Städtchen, in dem das Spekulieren über die Natur der Welt angeblich begonnen hatte. Dort sollte der allererste Weise unter den Hellenen gelebt haben. Seine Zeitgenossen und Schüler berichteten, dass er ziemlich dunkle Haut hatte, schwarze Augen und schwarzes, lockiges Haupthaar. Ein besonderer Mensch soll er gewesen sein, wissend und erfindungsreich. Besonders viel über ihn wusste man aber nicht, jedoch das Wenige, das man wusste, war eindrücklich, liess sich gut merken und weitergeben. Er soll behauptet haben, dass alles aus dem Wasser stamme. Die Behauptung war zwar sehr einfach, und doch gestattete sie verschiedenste Deutungen, je nach dem, wo man selbst stand. Was meinte Thales – so hiess er – wohl in erster Linie mit „Wasser"? War es das flüssige Nass, in dem man schwimmen konnte, das man jeden Tag trinken musste und das in der Tat die allererste Notwendigkeit für jenes war, was man so üblich als Leben bezeichnete? Oder war Wasser vielleicht nur ein geeignetes, sichtbares und erfahrbares Bild, eine Entsprechung für etwas, was man auf keinerlei Weise wahrnehmen, sondern lediglich denken und erahnen konnte? Da das Wasser keine feste Form hatte, eine beliebige jedoch mühelos annehmen konnte, schien es ihm geeignet, damit jenes zu bezeichnen, was sich zwar nicht wahrnehmen, sondern lediglich denken liess und worauf man nicht hinweisen konnte, obwohl eine jede Einzelerscheinung daraus bestand. Thales sollte also als erster unter den Hellenen die Frage nach dem Stoff der Welt gestellt und zugleich darauf eine interessante Antwort gefunden haben. Er selbst schien zwar kein Hellene gewesen zu sein. Seine Frage nach dem Stoff der Welt schien bei den Hellenen jedoch auf einen fruchtbaren Boden gefallen zu sein.

Er scheint den Samen gebracht und gesät zu haben, und die Hellenen ihrerseits sorgten für das Wachsen und Gedeihen der seltsamen Pflanze, die nun seit bereits sechs Jahrhunderten unter dem Namen ‚Weisheitsliebe' unterbrochen geblüht und gediehen hatte.

Saul war unterwegs dorthin, fest entschlossen, die Früchte dieser merkwürdigen Pflanze zu kosten.

***

Dulos war feinfühlig und etwas schüchtern. Er war interessiert an philosophischen Fragen und las viel, vor allem die Schriften der griechischen Denker. Insbesondere schätzte er jene unter ihnen, die ganz am Anfang des philosophischen Spekulierens lebten und wirkten und die man oft Naturphilosophen nannte. Es waren jene hellenischen Weisen, die nach seiner Meinung für alles, was nach ihnen folgen sollte, für das gesamte Denkgebäude der späteren Welt, irgendwie eine Grundlage schufen. So dachte er am Anfang. Später lernte er, die Dinge auch anders zu sehen, dass nämlich jede Zeit und ein jedes Geschlecht zwangsläufig zugleich das Ergebnis aller vergangenen und die Grundlage aller künftigen Geschlechter sein mussten.

Zwei von jenen Philosophen verehrte er über alle Massen, denn bei ihnen fand er jene zwei Gedanken, in denen er den Kern der Weisheit, die wesentliche Einsicht schlechthin gefunden zu haben glaubte.

Der eine der beiden Weisen lehrte, die Welt sei ein ununterbrochenes Fliessen, und was wir als Welt erleben, sei nichts anderes als unsere Art, das Fliessen, das heißt den Wandel zu erleben.

Der andere behauptete, der Wandel sei eine Täuschung, eigentlich ruhe alles. Diese Täuschung sei unsere Art, das Ruhen zu erleben.

Diese beiden Gedanken bildeten den Rahmen seines Weltbildes, beschäftigten ihn täglich. Und je mehr er darüber nachdachte, umso mehr neigte er zur Ansicht, dass die beiden Denker Recht hatten und dass die beiden Gedanken zwei Arten waren, unser Erleben desselben Einen zu beschreiben, daher eine unzertrennliche Einheit bildeten, die dem Menschen die Welt einerseits als fließend, das heißt vergänglich, anderseits als ruhend, das heißt unvergänglich erscheinen ließ.

Das Fliessen, die Vergänglichkeit, war erlebbar, nicht denkbar.

Das Ruhen, die Beständigkeit, dagegen war bloß denkbar, nicht erlebbar.

Der menschliche Körper war etwas Fließendes, Veränderliches, und als solcher erlebte er und konnte erlebt werden. Und es war gerade dieser fließende, veränderliche Körper, der den Gedanken von der Unveränderlichkeit und Beständigkeit sowie von der Veränderung als Illusion hervorbrachte.

Beschäftigung mit solchen Fragen schützte Dulos vor Langeweile. Immer wieder wälzte er ähnliche Gedanken im Kopf, und jedes Mal erschienen sie ihm neu.

Nicht bloß spekulative Fragen beschäftigten ihn, sondern er war in jeglichem Sinne wissbegierig und an allem interessiert. Immer wieder bat er Saul – er nannte ihn schon seit längerer Zeit Magister –, er möge ihm dies oder jenes erklären oder ihm etwas beibringen, so etwa, wie man Zelte anfertige, so dass Saul ihm jeden Tag etwas zu erläutern hatte. Jedes Mal nutzte er aber zugleich die Gelegenheit, seinem Diener etwas über die wichtigsten Ideen der neuen Lehre, die er mit seiner ganzen Energie verbreitete, zu erläutern. In dieser Hinsicht war Saul unermüdlich.

*

Bevor Dulos als Sauls Diener eingesetzt wurde, stellte er sich keine Fragen, die sich auf das ewige Leben nach dem Tod bezogen. Seine bevorzugten Denker waren daran kaum interessiert. Durch Sauls Erläuterungen verlagerte sich langsam jedoch sein Interesse von den Fragen nach dem Stoff der Welt auf die Fragen im Zusammenhang mit dem Sinn des menschlichen Daseins und dem ewigen Leben.

Saul wusste wohl, dass intelligente, überzeugte Anhänger von besonderer Bedeutung waren, denn ein jeder von ihnen war mehr als bloß einer von vielen; er war immer zugleich ein neuer Prediger und Missionar, ein möglicher Kristallisationskern einer neuen künftigen Zelle. Daher bemühte er sich sehr, seinem Diener alles im Zusammenhang mit seiner Lehre genau zu erklären und aus ihm einen fähigen Prediger und Missionar zu machen.

*

Die meiste Zeit seines bewegten Lebens hatte Saul wie ein Löwe gekämpft, um für seine Lehre möglichst viele überzeugte Anhänger zu gewinnen. Am meisten Zeit und Energie widmete er jenen besonders feurigen, die mit ihm wild stritten und sich nicht leicht bekehren ließen, denn er wusste, dass gerade sie zu Säulen werden konnten, auf denen dereinst sein Denkmal stehen sollte. Nur dank solchen Anhängern konnte er hoffen, das Leben und Denken der künftigen Geschlechter zu gestalten und zu bestimmen und von ihnen als bei weitem größter, ja einzig wahrer Heiliger verehrt zu werden.

Um solche Anhänger zu gewinnen, benötigte er weder Speere noch Schwerter, sondern einzig und allein geschickt gewählte, überzeugende Worte. Er musste also reden, und er tat es auch trotz seiner körperlichen Schwäche mit einer Begeisterung, die nur jemand besitzen konnte, der um eine Sache kämpfte, die ihm weitaus mehr bedeutete als sonst etwas auf der Welt.

Saul hatte eine solche Sache. Es war etwas, was er um jeden Preis während seines irdischen Lebens verwirklichen musste, was aber seine volle Wirkung und Bedeutung erst nach seinem Ableben, jenseits der entscheidenden Grenze, jener zwischen Hier und Dort, entfalten sollte. Er war sich der Bedeutung seines Wirkens bewusst, wusste, dass er mit jedem Wort, das er sprach, und mit jedem Schritt, den er unternahm, eine ganz besondere Geschichte schrieb, deren Inhalt dereinst in den Körper der Welt, in die Herzen und das Bewusstsein aller künftigen Geschlechter eingepflanzt und eingeritzt und der ganzen Menschheit wie ein ewiger Stempel aufgedrückt werden sollte. Er arbeitete sozusagen an seinem eigenen Siegel, das nach seinem Hinscheiden als das höchste Gut und der wirksamste Trost von Geschlecht zu Geschlecht weitergegeben werden sollte, vermacht allen, die in der Zukunft würden leiden müssen, damit sie auch hoffen können. Sein Siegel sollte aber nicht weniger die privilegierte Minderheit ansprechen, die auf Kosten der leidenden Mehrheit lebte und so viele Tränen verursachte; für sie musste er unbedingt sorgen, denn sie brauchte ein einfaches Mittel, mit dem sich auch das schlechteste Gewissen zuverlässig rein waschen ließ. Er wusste, dass gerade diese privilegierte Minderheit dafür sorgen würde, dass die leidende Mehrheit, der Hauptteil seiner Anhänger, nie verschwinde. Deswegen hatte er keinen Grund, daran zu zweifeln, dass seine Anhänger immer den bei weitem größten Teil der Menschheit ausmachen würden. Eben diese hoffenden Leidenden sowie all die parasitär Lebenden für seine Lehre zu gewinnen war daher seines Lebens Ziel. Er bemühte sich also mit allen Kräften, wenn nicht allen, so doch mindestens den meisten jenes zu vermachen, was sie je nach der Lebensweise immer benötigen würden. Der Mehrheit sollte also jenes versprochen werden, was im Diesseits zwar nie verwirklicht werden konnte, was den Leidenden jedoch den Trost zu spenden vermochte, dass es sich im kurzen irdischen Dasein alles zu erdulden lohnte, um eben dadurch im Jenseits das ewige Leben in Seligkeit zu verdienen. Die parasitär lebende, privilegierte Minderheit wiederum konnte dank seiner Lehre für immer von Gewissensbissen befreit werden. Und weil seine Lehre jedem genau das schenkte, was er unbedingt benötigte, war an seiner Lehre auch nichts auszusetzen.

*

Die Lehre seiner Vorfahren, jene, die er in seiner Jugend von seinen Eltern und seinen ehrwürdigen Lehrern im Haus der Versammlung gehört hatte, forderte auch – deren Begründer befahl das ausdrücklich und unmissverständlich –, dass man das Gelernte seinen Nachkommen in Kopf und Herz einpräge und ihnen einschärfe, dasselbe bei deren Nachkommen zu tun, auf dass es nie ausgehe. All das wusste er bereits nur zu gut, aber er hatte eben keine Nachkommen, und Schöpfer jener Lehre, die er hätte weitergeben sollen, war er auch nicht. Zweifelsohne schätzte und bewunderte er jenen großen Mann, der – gemäß der Überlieferung – das Volk, dem er – ebenso der Überlieferung nach – auch angehörte, aus der Knechtschaft und durch die Wüste des banalen Alltags bis vor die Pforte des Gelobten Landes geführt hatte, denn von jenem hatte er eine Menge gelernt. Er fühlte sich jedoch nicht verpflichtet, die Lehren anderer Leute den fremden Nachkommen einzuschärfen.

*

Ganz plötzlich war nun in ihm selbst der Gedanke aufgekommen, dass er nicht bloß einer der Pfleger, Vorkämpfer und Vollstrecker im Dienste jenes legendären Führers sein sollte, von dem die Überlieferung zu allen Zeiten behauptete, dass ein solcher nie mehr aufkommen konnte. Das Überlieferte wollte doch besagen, dass sich der Lebenssinn aller kommenden Geschlechter lediglich darin erschöpfen sollte, die Lehre des großen Führers durch die Wüste des Daseins weiter zu unterhalten, ohne auch nur einen einzigen Buchstaben daran zu ändern.

*

Nein, bloß die untergeordnete Rolle eines Anhängers genügte ihm plötzlich nicht mehr.

Er hatte sich genau überlegt, was sich machen ließe, damit sein eigenes Siegel nicht bloß einer kleinen auserwählten Schar aufgedrückt werde, sondern möglichst vielen, am besten allen, die eine Sprache hatten und die auf sich hielten, ungeachtet dessen, welcher Hautfarbe sie waren, welche Gottheiten sie vorher verehrt und wo sie gelebt hatten.

Die Verwirklichung dieses Planes war sein Hauptanliegen, das wichtigste und einzige Ziel seines Lebens seit dem Tag, an dem er den Schluss gefasst hatte, sich von seinen Herren und Auftraggebern zu trennen und seinen eigenen Weg zu gehen.

*

Nun war er bereits betagt, müde, schwach, beinahe am Ende seines Lebensweges, der im Grunde eine einzige lange Reise gewesen war. Fast alle Reisen, die er unternehmen wollte, hatte er bereits gemacht. Tausende von Meilen hatte er zurückgelegt, zu Land und zu Wasser. Ein anstrengender und mühsamer Lebensweg war es gewesen, voller Entbehrungen und Gefahren, in denen sich Hoffen und Bangen die Waage hielten.

Nur noch eine einzige Reise wollte er unternehmen, die ihn in den äußersten Westen des Reichs führen sollte, dorthin, wo das Festland aufhörte und wo - gemäß der Sage – das Ende der Welt lag, natürlich nicht das Ende der Welt überhaupt, sondern der so genannten bekannten Welt, jener, die sich befahren und umfahren, daher eben erfahren und erforschen ließ. Es war dort, wo einst die Säulen jenes sagenumwobenen Helden gestanden haben sollen, der eine ganze Reihe von außerordentlich schweren Aufgaben erledigte, um die Menschheit von großen Gefahren zu befreien und das menschliche Leben angenehmer zu gestalten. Trotz seiner großartigen Leistungen blieben die Welt und das menschliche Leben gleich problematisch und voller Bedrohungen und Gefahren wie immer.

Zwar tötete er Menschen fressende Löwen, aber es blieben andere Lebewesen, unvorstellbar klein und unvorstellbar zahlreich, so winzig, dass sie auch für das schärfste Auge unsichtbar waren, jedoch unendlich gefährlicher als alle Löwen und alle sonstigen reißenden Bestien zusammengenommen; ausserdem verwandelten sich jene winzigen Geschöpfe andauernd wie Proteus, hatte ihm einmal ein hellenischer Arzt erzählt, so dass man schon deswegen gegen sie kaum etwas unternehmen konnte. Wieso wisse man, dass es solche Wesen gebe, wenn man sie unmöglich sehen könne, fragte er damals den Arzt. Direkt wisse man die gewöhnlichen Dinge, die delikatesten jedoch nur indirekt, lautete die Antwort des Arztes. Was er meinte mit direkt und indirekt, fragte Saul den seltsamen Arzt, denn er verstand die Antwort nicht. Der Arzt war aber eilig, musste unverzüglich zu einer Gebärenden und hatte keine Zeit für Geschwätz mit müßigen Neugierigen.

*

Jener sagenumwobene Held erwürgte gewaltsame Straßenräuber, aber ihre Nachkommen blieben, ganze Scharen von ihnen; schmächtig und dünn waren sie nun zwar, jedoch wendig und durchtrieben, sowie im Besitze von Mitteln und Stellungen, die einen noch so starken und tapferen Helden jederzeit und ohne Mühe lächerlich erscheinen lassen und vernichten konnten.

Im Auftrag seines Königs reinigte er die dreckigsten Ställe und warf den Dreck in die Welt hinaus. Nun war der Dreck nicht mehr nur in den Ställen des Königs, sondern überall verteilt. In der neuen Lage war der gute Wille aller erforderlich gewesen, wenn man das Menschenhaus sauber halten wollte. Der gute Wille aller blieb aber lediglich ein frommer Wunsch und ein schöner Traum jener wenigen, die bereits immer guten Willens waren, die jedoch von der gewaltigen Mehrheit eben deswegen zu allen Zeiten für dumm und naiv gehalten wurden.

Er bezwang die kämpferischsten aller Frauen – kühne Reiterinnen waren es, unübertroffen in der Kunst des Bogenschiessens – mit der Absicht, sie auf alle Zeiten seinem Geschlecht gehorsam zu machen. Sie vergaßen die Demütigung nie und wandten sich mit der Zeit immer mehr vom anderen Geschlecht ab. Die Folge dessen war, dass die beiden Geschlechter des Menschen sich immer stärker auseinander lebten und immer weniger fähig waren, zwischen ihnen jene Brücke zu bauen, die man Liebe nennt. Stattdessen suchten fortan die beiden Geschlechter immer häufiger das Glück und Befriedigung an ihrem eigenen Ufer, mit den Gleichgeschlechtlichen.

*

Auch die Äpfel der ewigen Jugend soll er in einem fernen Land gefunden haben und wollte sie in seine Heimat bringen. Es blieb jedoch unbekannt, wo er sie auf seiner langen Reise verloren hatte. Jahrhundert um Jahrhundert verging, und die tapfersten Helden und die tollkühnsten Abenteurer bereisten unermüdlich auch die entferntesten Ecken der Welt in der Hoffnung, die verschollenen kostbaren Früchte vielleicht doch noch aufzuspüren; sie blieben jedoch hartnäckig unauffindbar.

Später übernahmen außerordentlich fähige Hochgeschulte die Suche nach diesen besonders begehrten Früchten, aber jenes, was sie fanden und immer wieder verbesserten, züchtete nur das Alter und vernichtete die Jugend, erlaubte dieser nicht einmal zu erscheinen, sondern tötete sie, bevor sie geboren werden durfte. Weh dem, der dagegen etwas sagte oder darauf hinwies, dass man am falschen Ende abschnitt und ebenso am falschen Ende züchtete, dass man weder züchten noch abschneiden sollte, denn er lief Gefahr, für dumm erklärt zu werden, weil er den Geist der modernen Welt und die Zeichen der Zeit nicht verstehen konnte.

***

Dort also, im äußersten Westen des großen Reiches, lag die Reichsprovinz, deren Bewohner Saul für die neue Religionslehre, seine Lehre, und dadurch auch zugleich für ein neues Gottesverständnis gewinnen wollte.

Die Gewinnung der dortigen Bevölkerung für seine Lehre schien ihm von besonderer Bedeutung zu sein, denn nur dort konnten die Heiden von der heißen Welt Hams auf das milde, fruchtbare, wasserreiche Festland des begnadeten Kontinents übergreifen, sich schnell und mühelos ausbreiten und somit alle seine Bemühungen, sein Lebenswerk, zunichte machen und ihn persönlich des Lebenssinnes berauben. Nichts schien ihm dringender als diese größte denkbare Tragödie zu verhindern.

Jeden Tag sann er darüber nach, wie sich sein großes Vorhaben verwirklichen und dadurch sein Lebensweg mit einem glänzenden Abschluss krönen ließe. Er musste also für das Fortbestehen und Gedeihen der Religion sorgen, die er geschaffen hatte, dadurch auch zugleich für seinen Platz im Gedächtnis der kommenden Geschlechter.

Die dortigen Bewohner für die neue Lehre zu gewinnen bedeutete zugleich, im äußersten Westen des Reichs eine sichere Mauer zu errichten, die zusammen mit jener, die er im Osten bereits errichtet hatte, einen sicheren Schutzwall bilden sollte.

Der Zweck der beiden lebendigen Mauern aus Fleisch und Blut sollte in erster Linie darin bestehen, sein Lebenswerk, somit seinen Lebenssinn zu beschützen und für immer zu bewahren. Alles andere, was dadurch zugleich erreicht werden sollte, gehörte zwar auch dazu, war jedoch nebensächlich.

Die Wichtigkeit dieser letzten Aufgabe und sein hohes Alter drängten, dass er unverzüglich aufbreche; sein Zustand unter Hausarrest gestattete aber nicht, dass er die Stadt verlasse.

***

Wie üblich lag Saul auch an diesem späten Vormittag noch immer im Bett und dachte darüber nach, wie gut, wie hilfreich und wie besonders wichtig es wäre, auch die westlichste Reichsprovinz für seine Glaubenslehre zu gewinnen.

Er lag auf dem Rücken und rührte sich nicht. Seine Augen waren geschlossen, und alles deutete darauf hin, dass er friedlich schlief.

Und doch schlief er nicht, war aber auch nicht ganz wach, sondern befand sich in einer Art Dämmerzustand, in dem sich Ereignisse und Wünsche leicht vermischten und vermengten. Daher hatte er seinen Diener nicht den Raum betreten hören. Dulos war gerade vom Markt zurückgekehrt und hatte etwas Essbares gebracht. Er wusste, dass der Magister um diese Zeit noch im Bett zu sein pflegte, und daher öffnete er die Tür immer sehr leise, um ihn nicht zu wecken.

*

Diesmal tat er das nicht. Kaum eingetreten, stellte er den aus Weidenruten geflochtenen Korb in die Ecke und ging – anders als sonst – gleich an Sauls Bett, weckte ihn, indem er ihn sanft schüttelte und mit milder Stimme „Magister" sagte. Zweimal brauchte er ihn nicht zu rufen.

Saul öffnete die Augen, schaute dem Diener gerade ins Gesicht und strengte sich gleich an aufzustehen, als wollte er sofort aufbrechen, denn in seinen Überlegungen und Träumen war er gerade dort angekommen, wo für den Aufbruch nach dem letzten seiner Ziele alles bereit war. Dulos half ihm aufzustehen und brachte ihm die warme wollene Decke, die Saul sich jedes Mal gleich nach dem Aufstehen um den Körper wickelte, wenn er noch etwas zu sitzen beabsichtigte. Selbst an wärmsten Tagen brauchte Saul die Decke, dazu noch dicke wollene Socken sowie Wärmer für die Handgelenke, denn seine Hände und Füße waren immer kalt und schmerzten hartnäckig schon beim leisesten Wetterwechsel. Die Ärzte konnten ihm nicht helfen. Sie sprachen von einem *Syndrom*, wenn sie von Sauls Beschwerden redeten, denn, sagten sie, bei ihm seien viele negative Ursachen auf vielen Wegen zusammengelaufen und hätten die Störungen verursacht, an denen er litt, Die Altersschwäche sei aber doch in erster Linie verantwortlich, meinten sie, und rieten ihm, die Gelenke immer warm zu halten.

Darauf setzte sich Dulos üblich auf einen niedrigen Schemel dem Magister gegenüber, und sie unterhielten sich, während Saul in großen Zeitabständen und kleinen Schlucken aus einer Porzellanschale warme Ziegenmilch trank.

*

Das wiederholte sich zwar täglich, wenn Dulos vom Markt zurückkehrte, jedoch immer wesentlich später. Dulos unterrichtete den Magister regelmäßig über die Neuigkeiten, die er auf dem Forum erfahren hatte. Jedes Mal konnte er ihm manches erzählen, denn es kochte wuchtig im Reichstopf, so dass dieser jeden Augenblick zu explodieren drohte. Während Dulos Saul die Neuigkeiten mitteilte, erledigte er gleichzeitig noch etwas Praktisches; manchmal rüstete er das Gemüse, ein andermal strickte er oder besserte er Kleidungsstücke aus.

*

Nun saß Dulos wie üblich dem Magister gegenüber, jedoch stand vor ihm weder das große Tongefäß mit Gemüse und Messer, noch hielt er etwas zum Stricken oder zum Ausbessern in den Händen. Sein Gesicht war blass, und man konnte ihm gleich ansehen, dass er besorgt war.

„Vieles habe ich gehört", antwortete er auf die Frage des Magisters, ob es irgendwelche Neuigkeiten gab, „und der Inhalt dessen, was ich gehört habe", fuhr er fort, „ist sehr unerfreulich, erschütternd."

„Erzähl doch", forderte ihn Saul neugierig auf. Er war aber nicht nur neugierig, denn seine Stimme und sein Blick verrieten, dass auch er das Schlimmste befürchtete. Was mit ihm selbst geschehen sollte, war völlig ungewiss, dessen war er sich bewusst, denn er war unter einer Art Hausarrest. Dass Dulos von den Behörden den Auftrag erhalten hatte, für ihn nicht bloß zu kochen und seinen Haushalt zu besorgen, sondern ihn auch zu bespitzeln, wusste er genau. Dulos hatte ihn nämlich über alles ausführlich unterrichtet. Daher brauchte er nicht zu befürchten, Dulos könnte einen schlechten Bericht über ihn erstatten oder sonst etwas gegen ihn unternehmen. Dulos war nämlich kurz nach seinem Stellenantritt bei Saul von der neuen Glaubenslehre des Magisters so sehr beeindruckt gewesen, dass er sich fortan immer mehr dafür interessierte und sich dann von Saul auch taufen ließ. Was ihn an der Lehre des Magisters besonders beeindruckt hatte, war das Versprechen, als Belohnung für den Glauben an die unendliche Gnade Gottes nach dem Tode im Himmel ewig leben zu dürfen. Das mit der Gnade verstand er zwar nicht, aber die Aussicht auf einen Platz im Himmel hatte auf ihn eine so wuchtige Wirkung, dass er sich um Nebensächlichkeiten nicht im Geringsten kümmern wollte, denn, war man einmal im Gnadenhimmel, so war man im Himmel, und zwar für immer – noch mehr konnte man wahrlich nicht verlangen. Das bedingte, dass zwischen Saul und seinem Diener eine Art Vater-Sohn-Beziehung herrschte. Die Behörden, deren Spitzel Dulos war, konnten von alledem natürlich nichts ahnen.

Jener, dessen Lehre Saul angeblich verbreitete, soll bei einer Gelegenheit unter anderem auch gesagt haben, dass weder der Sohn des himmlischen Vaters, noch die Engel im Himmel in alles eingeweiht seien, was der himmlische Vater wusste und vorhatte. Daher glaubte Saul, es sich mit gutem Gewissen erlauben zu können, selbst seinem treuen Diener und ergebenen Freund, seinem Glaubensgenossen und geistigen Sohn seine tiefsten persönlichen Geheimnisse nicht anzuvertrauen. Davon also, was Saul tief im Herzen trug, durfte Dulos nicht mehr erfahren als ein beliebiger von Saul getaufter tüchtiger Anhänger.

Worauf es in seinem Leben eigentlich ankam, vertraute Saul also niemandem. Sein unsichtbarer Begleiter, der nie von seiner Seite wich und mit dem sich Saul nur schweigend und für andere unbemerkt unterhielt, erfuhr auch jenes, was Saul allen anderen streng verheimlichte.

*

Es geschah jedoch einmal auf einer seiner langen Reisen, dass ihn sein ständiger unsichtbarer Begleiter verließ, weil er gemerkt hatte, dass Saul alle, die er für die neue Religion gewonnen hatte, sowie alle seine Begleiter und Mitarbeiter lediglich für seine eigenen Zwecke ausnutzte, dass er persönlich aber von alledem, was er ihnen erzählte, eigentlich nichts hielt. Damals hatte Saul auch einen sichtbaren Begleiter, einen Arzt von Beruf.

*

Saul war wieder einmal mit seinen Überlegungen beschäftigt und war sich dessen nicht bewusst, dass er leise ein Selbstgespräch führte. Sein unsichtbarer Begleiter hörte ihn sagen: „Niemand dürfe es erfahren. Niemand." Was sei so heimlich, dass es niemand erfahren durfte, hörte Saul eine Stimme fragen und öffnete die Augen. Offensichtlich verärgert wegen der dreisten Neugier sah er seinen Begleiter, der von Beruf Arzt war, mit finsterem Blick an, sagte aber nichts.

Der Arzt war mit etwas Wichtigem beschäftigt, außerdem an Sauls häufiges halblautes Gemurmel gewohnt, so dass er nicht hörte, was dieser leise und unverständlich vor sich hin redete.

Gleich darauf verließ der andere Begleiter Saul. Der Arzt kannte den anderen Begleiter nicht, hatte nie seine Anwesenheit gespürt, daher auch nicht, dass er fehlte.

Seit dem Tag hatte Saul keinen ruhigen Schlaf mehr. Der andere Begleiter, der ihn für immer verlassen hatte, war seit dem ersten Tag, seit dem Augenblick, da Saul seinen geheimen Schluss gefasst hatte, sein ständiger Begleiter gewesen und hatte jede Zeile seiner Briefe mitgeformt und mitgeschrieben, aber Saul war sich dessen nicht bewusst. Wie er damals die Anwesenheit des anderen Begleiters nicht merkte, konnte ihm später auch dessen Abwesenheit nicht bewusst sein.

Nun war der unsichtbare Begleiter verschwunden, einfach nicht mehr da. Er hatte keinen Grund, weiter bei Saul zu bleiben, denn über Sauls geheimen Plan wusste er alle Einzelheiten. Was er über Saul nicht wusste, erschien ihm belanglos.

Saul war überzeugt, dass der Arzt ihm die Frage nach seinem geheimen Plan gestellt hatte. Die Frage verärgerte ihn zwar sehr, aber er sagte dem Arzt nichts, um ihn nicht zu beleidigen. In seinem schlechten gesundheitlichen Zustand war er nämlich froh, einen Arzt bei sich zu haben.

Der Arzt seinerseits wusste nichts von der Frage.

*

Plötzlich beschlich Saul die Angst, sein geheimes Vorhaben, sein Lebensziel könnte seinem sichtbaren Begleiter, dem Arzt, vielleicht doch noch irgendwie bekannt sein. Die Angst, der Arzt könnte der Welt enthüllen, welch einen frechen Streich er, Saul, der ganzen Menschheit gespielt hatte, zermürbte ihn. Und weil er überzeugt war, dass sein geheimer Plan von größter Bedeutung war, zweifelte er nicht daran, dass der Arzt nicht zögern würde, alles jemandem anzuvertrauen, der schön erzählen konnte, und es somit der ganzen Welt mitzuteilen, damit jenes, was immer gelten muss, von neuem bestätigt werde, nämlich dass alles, was geschieht und somit zum Teil der Welt wird, nur eine Geschichte vom Verborgenen ist.

*

Und es geschah in der Tat, dass Sauls großes persönliches Geheimnis, sein verborgener Plan, natürlich nicht durch seinen Leibarzt, sondern durch jenen seinen unsichtbaren Begleiter, der ihn unbemerkt begleitet und ebenso unbemerkt verlassen hatte, einem zeitlich und räumlich weit entfernten Leser, anvertraut wurde. Dieser hatte Sauls mahnende und unterweisende Briefe mit Begeisterung gelesen und deren ungeheuere Bedeutung und Folgen für die ganze Menschheit bemerkt. Als geborener Erzähler empfand er das ihm Anvertraute als Aufforderung, unverzüglich der ganzen Welt darüber zu berichten, auf dass Sauls gewaltiges Werk besser erkannt werde, denn Saul war kein Geringer.

***

„Heute habe ich Rufus getroffen. Er war auf dem Markt, musste für den Kaiser einkaufen", sagte Dulos.

„Für den Kaiser einkaufen, sagtest du? Wer ist Rufus?", fragte Saul recht erstaunt und neugierig.

„Genau", erwiderte Dulos. „Er ist der persönliche Sklave und der Leibarzt des Kaisers."

„Das ist spannend, erzähle weiter."

„Er und sonst niemand wäscht morgens den Kaiser. Seit einem halben Jahr darf nur er die Mahlzeiten für den Kaiser zubereiten, und nur er darf ihm Wein einschenken, sonst niemand. Er ist Arzt, stammt von Peloponnes. Die Heilkunst hat er von seinem Vater gelernt. Alle seine Vorfahren waren Ärzte. Mein Vater und sein Vater kannten einander seit ihrer Kindheit und waren dicke Freunde bis ans Ende. Damals waren Rufus und ich noch sehr klein, eigentlich Säuglinge, wussten voneinander nichts …"

„Aber warum schickt der Kaiser ihn zum Markt, hat er keine anderen Sklaven?", unterbrach Saul seinen Diener.

„An Sklaven und Beamten mangelt es dem Kaiser bestimmt nicht, aber er traut niemandem mehr, hat Angst vor allen, denn er weiß, dass sehr viele sich vor ihm fürchten, und er weiß wohl, dass die Gefürchteten zugleich die Verhassten sind. Dass man ihn hasst, muss er wissen, denn er ist sich seiner Taten bewusst."

„Aber wieso traut Kaiser Rufus, sind sie etwa von der gleichen Sorte?"

„Eben nicht, Rufus ist das reine Gegenteil, und der Kaiser weiß es. Er weiß, dass alle seine Beamten irgendwo zwischen ihm und Rufes stehen, zwischen äußerst wild und äußerst mild, und dass sie, von den Umständen abhängig, plötzlich in diese oder jene Richtung rutschen könnten, viel leichter in seine Richtung als in die von Rufus. Er und Rufus stehen am weitesten voneinander entfernt; der Kaiser weiß das und braucht deswegen keine Angst zu haben, Rufus könnte ihm etwas antun."

„Bist du mit Rufus eng befreundet?"

„Das kann man wohl sagen. Er hatte mich sogar zu seinem Helfer bestimmt."

„Das hast du mir noch nie erzählt, wie war das?"

„Ich war einer der Soldaten im kaiserlichen Palast, zuständig für die Sauberkeit in den persönlichen Gemächern des Kaisers. Ich kontrollierte die Diener, Rufus kontrollierte mich."

„Und wer kontrollierte Rufus?"

„Ihn kontrollierte niemand."

„Niemand?"

„Niemand."

„Erzähle weiter!"

„Eines Tages ging er an mir vorbei, wollte zum Kaiser. Er trug ein feines Porzellantöpfchen, gefüllt mit irgendwelcher Salbe. Wie durch ein Wunder glitt ihm das Gefäß aus der Hand, fiel auf den steinernen Boden, zersprang dabei und verstreute den kostbaren Inhalt überall herum. Ich eilte herbei und half ihm die Scherben aufzulesen. Ich weiß nicht wieso, aber beim Auflesen von Scherben bemerkte ich laut, dass ein Gefäß sehr leicht und ungewollt zu Splittern und Staub wird, die Splitter und Staub dagegen könnten unmöglich zum selben Gefäß zurückkehrten."

„Und was sagte er dazu?"

„Er sagte nichts, schaute mich bloß an, sein Gesichtsausdruck, in dem sich Freude und Traurigkeit mischten, sagte alles. Seit dem Tag war er auch weiterhin mein Vorgesetzter, ich jedoch nicht mehr sein Untergebener", sagte Dulos.

*

„Und was hast du heute von ihm erfahren?", fragte Saul etwas ungeduldig, denn an Dulos Geschichte von den Porzellantöpfchen, die sich so leicht in winzige Scherben zerschlagen ließen, sich jedoch dagegen sträubten, wenn man sie in die frühere Form zurückführen wollte, war er nicht interessiert. Sein Diener verhielt sich anders als sonst, daher spürte er, dass er ihm etwas anderes zu berichten hatte, was für ihn in seiner Lage von größerer Wichtigkeit sein musste als ganze Gefäße und deren Splitter.

„Der Kaiser wird noch in dieser Nacht überall in der Stadt Brände stiften lassen und wird dann alle unsere Brüder und Schwestern der Brandstiftung beschuldigen. Alle Oberhäupter der Gemeinde, die kein römisches Bürgerrecht besitzen, hat er verhaften und einige bereits hinrichten lassen, unter ihnen auch Bruder Petrus; viele andere sollen noch in dieser Nacht hingerichtet werden. Morgen gibt es einen kurzen Scheinprozess für alle Oberhäupter der Gemeinde, die römische Bürger sind, dann werden auch sie verhaftet und hingerichtet werden", sagte Dulos.

*

„Hast du es richtig verstanden; ich meine, ist Petrus wirklich hingerichtet worden?", fragte Saul und streichelte sich dabei mit den Fingerkuppen seiner rechten Hand die Spitze seines bartlosen Kinns, ohne Dulos anzusehen; sein Gesichtsausdruck verriet große Besorgnis, jedoch keine Spur von Trauer.

„Ich habe gut zugehört, und er hat es klar gesagt", antwortete Dulos.

„Kann man sich auf die Information verlassen?", fragte Saul.

„Gewiss, denn er ist mit allen Plänen des Kaisers vertraut, ist er doch der Einzige, mit dem der Kaiser überhaupt noch redet. Er ist der erste, der erfährt, was geschehen soll, und ebenso der erste, der erfährt, was bereits geschehen ist. Sein besonderes Amt zwingt ihn sozusagen, mit allen Gräueltaten vertraut zu werden, aber er hat keine Macht, sie zu verhindern", antwortete Dulos.

„Und warum hat er dir all das erzählt; für ihn ist es nicht ganz ungefährlich?", fragte Saul.

„Damit er weiterlebt, damit du mir diese Frage stellen kannst, damit du, ich, wir alle, Bekannte und Unbekannte, weiterleben, ewig leben und damit die künftige Welt uns allen gerecht werde, denn nur was geschieht, macht die Welt aus, die dann jeder nach seiner Art erleben kann und erlebt. Dass er deswegen gekreuzigt werden kann, ist klar, aber das ändert nichts an der Hauptsache, ist bloß eine Bagatelle", erwiderte Dulos.

„Und warum tut der Kaiser, was er tut?", fragte Saul.

„Auch er möchte nicht vergessen werden, möchte in der Erinnerung der Welt weiterleben, ewig leben; wenn nicht als ein großer Mann, dann mindestens als ein großes Ungeheuer. Das Wichtigste für ihn ist einfach, nicht vergessen zu werden; das ist das Ziel all seiner Taten. Am liebsten wäre er ein Künstler, und zwar ein großer Dichter wie jener Hellene, dessen Dramen so gewaltig sind, dass sie immer und überall aufgeführt werden, auch von denen, die weder von ihm noch von seinen Dramen etwas gehört haben, denn überall und immer sind Angst vor dem Vergehen, das Bestreben, den Tod zu überwinden sowie die Missverständnisse und Verwechslungen die sich daraus ergeben müssen, die wichtigsten treibenden Kräfte, die jedes menschliche Streben und Wirken lenken. Die ganze Welt ist ein herrliches Theater, in dem es von echten Schauspielern wimmelt. Sie sind so echt, dass sie sich ihres Spielens nicht einmal bewusst sind. Ihr Spielen ist im wahrsten Sinn des Wortes ihr eigenes Leben. Der Charakter der Rollen, in die sie während ihres Spielens schlüpfen können, ist oft auch für den besten Verstand unverdaulich und selbst für die kühnste Phantasie zu viel. Eine solche unvorstellbare Rolle spielen jene Eltern, die nicht davor zurückschrecken, ihre Kinder zu töten, bevor jene geboren werden. Dadurch zerstören sie eigentlich ihre Zukunft, bloß um vorläufig den gewohnten Lebensstil oder einen bestimmten sozialen Status zu bewahren. Nicht anders tun es die Kinder, wenn sie ihre Eltern wie faule Kartoffeln in Heime abschieben. Sie wollen nicht wissen, wie sie einmal selbst sein werden. Um im Konkurrenzkampf, in der sozialen Hierarchie aufzusteigen, nicht gestört zu werden, entledigen sie sich der Altersschwäche ihrer Erzeuger. Dann haben sie ein einziges Anliegen, nämlich herauszufinden, welche Kleider,

Frisuren, Nagellackfarbe, Schminke sie attraktiv machen und ewig jung erhalten könnten. Die Strategie sollte – so hoffen sie – den Alterungsprozess aufhalten oder wenigstens in eine ferne Zukunft hinausschieben.

*

Nur zu spät – wenn sie selbst betagt sind – merken sie den Irrtum, und so geschieht es, dass sie sich mit der glitzernden Spange blenden, die ja bloß als Schmuck des Haupthaares dient, welches wiederum nur Schmuck des Körpers ist, des herrlichen Gewandes, das den Menschen umhüllt und das man ob der mangelnden Einsicht für Menschen hält. Ja, von dem Schmuck des Schmucks, von dem Schein des Scheins, der den Stoff ihres Körpers, den weiblichen Aspekt ihrer Herkunft und ihres Wesens, ihre Mutter und Gattin zugleich, geschmückt hat, werden sie geblendet. Das hat mir Rufus erzählt", sagte Dulos.

Saul schwieg.

*

„Da der Kaiser aber in keinerlei Hinsicht kreativ ist, da er nichts zu errichten, nichts hervorzubringen vermag, muss er etwas zerstören, denn auch so kann man berühmt werden, möglicherweise noch berühmter."

„Noch berühmter, sagst du?", fragte Saul erstaunt, fast besorgt.

„Gewiss, ist doch selbst das hölzerne Pferd des Odysseus bestimmt berühmter als der Begründer von Troja", sagte Dulos.

„Warum ist dem so?"

„Weil bei der Gründung in der Regel wenige dabei sind; ebenso wenige bringen große Ideen hervor – nicht selten ist es nur ein einziger. Daher wird der Gründungsakt nur von wenigen erlebt, so dass wenige davon wissen. Erst später, wenn das

Gegründete an Größe und Bedeutung gewinnt, bedeutet es vielen etwas. Dann geht das Verschwinden des Gegründeten viele an und wird eben von vielen, wenn nicht als ein großer Verlust, dann mindestens als ein großes Ereignis empfunden. Deswegen haben allerlei Zerstörer und Ungeheuerliche einen mindestens so sicheren Platz in den Köpfen der Nachwelt wie die größten Schöpfer und Wohltäter", antwortete Dulos.

„Das ist verblüffend", bemerkte Saul leise.

„Gewiss, aber noch verblüffender ist es, dass die Schöpfer und Zerstörer sogar aufeinander angewiesen zu sein scheinen, denn je mehr sich die einen anstrengen, um so mehr zu tun haben die anderen."

„Der redet wie alle griechischen Weisen, denen ich begegnen durfte. Ich darf ihm nicht erzählen, dass ich in Griechenland gewesen bin; es ist besser, er weiß es nicht", dachte Saul. Seine Lippen bewegten sich zwar, aber kein Wort war zu vernehmen.

Einige Augenblicke schwiegen sie beide.

„Also Petrus ist sicher tot?", stellte Saul zum zweiten Mal dieselbe Frage.

Dulos kam die Wiederholung derselben Frage seltsam vor, denn er wusste, dass Saul trotz seiner körperlichen Schwäche geistig sehr wach und frisch war.

„Ja, er ist tot, und zwar nicht geköpft wurde er, sondern an den Pfahl geschlagen", fügte Dulos hinzu.

„An den Pfahl geschlagen?", fragte Saul. In seiner Stimme schwang etwas wie Besorgnis und Befürchtung mit.

„Ja, und zwar nicht üblich, sondern mit dem Haupt nach unten."

„Mit dem Haupt nach unten?", fragte Saul mit noch mehr Ernst im Gesicht.

„Ja, das war sein Wunsch. Er wollte nicht wie der Herr getötet werden. Der Henker gewährte ihm gern die Bitte; für ihn war es wohl eine kleine, erfrischende Abwechslung; dabei soll er sogar gelächelt haben", sagte Dulos.

Beide schwiegen. Saul machte kaum bemerkbar nickende Kopfbewegungen.

*

„Hm, Petrus hat sich schon tüchtig bemüht. Nicht schlecht, nicht schlecht für seine Intelligenz. Eigentlich das einzige, was er machen konnte", dachte Saul. „Er hat alles getan, was ein Gewöhnlicher zu tun vermag. Wer etwas auf sich hält, muss so etwas verwerfen, verschmähen, ja verabscheuen. Die Gescheiten sterben nie für ihre eigene Lehre. Sie lassen die anderen dafür sterben. Von meiner Lehre müssen Massen, ganze Völker so erfasst werden, dass sie nicht bloß jederzeit bereit sind, für sie zu sterben, sondern dass sie es immer wieder auch tun in der Überzeugung, ihr irdisches Dasein für Gottes Ehren zu opfern und somit das ewige Leben zu verdienen. Ob ich persönlich davon, was ich ihnen erzähle, etwas halte, ist belanglos. Wichtig ist einzig und allein, dass sie anbeißen und an der Angel hängen bleiben, bis alles zur unabdingbaren Gewohnheit geworden ist. Dann werden sie mit ihrem ganzen Wesen dafür sorgen, dass man meiner auf immer in Ehrfurcht gedenke, denn Gewohnheit ist die sicherste Schutzmauer gegen die Angriffe der Vernunft. Dass sie sich auf die Lehre des kleinen Rabbis als ihre Religion und auf ihn als ihren Gott beziehen sowie dass sie von ihm einen Lohn nach dem Ableben erwarten, ist mir einerlei, jedem das Seine. Er soll sie alle nach ihrem Ableben haben. Hier aber, solange sie atmen, sollen sie nach den Regeln meiner Lehre leben und nach meiner Pfeife tanzen. Beklagen können sie sich nicht, denn, was ich ihnen biete, ist bereits jetzt eine recht verfeinerte Religion; hier soll, was ich in meinen Briefen darlege, den Inhalt und den Sinn ihrer Tage bestimmen. Nur solange sie kämpfen und hoffen, sind sie für mich brauchbar. Wenn sie einmal weg sind, haben sie für mich keine Bedeutung mehr. Dann sollen andere für ihre Unterkunft im Paradies sorgen. Petrus wäre kein schlechter Türsteher. Barnabas sagte mir, dass der Meister Petrus die Schlüssel des Himmelreiches versprochen hatte. Dass er ein solches Versprechen machte, erstaunt nicht, denn von Petrus hatte er genau das gehört, was er sich wünschte und von seinen Jüngern zu hören erhoffte, als er sie fragte, für wen sie ihn hielten. Als Fischer war Petrus immer mit dem Boot gefahren, kann tüchtig rudern, hat schon Übung, könnte dem Harry über den Styx als Ruderer helfen; Harry würde natürlich immer persönlich das Boot steuern, denn der Weg ist entscheidend; ob man etwas früher oder später ankommt, ist belanglos", überlegte er.

*

Dulos glaubte zu sehen, dass Sauls Kaumuskeln sich spannten und dass seine Lippen sich leicht bewegten, aber er hörte nichts.

„Und das alles ist bereits geschehen?", fragte Saul zum dritten Mal. Keine Spur von Trauer war in seinem Gesichtsausdruck oder in seiner Stimme zu spüren.

„Ja, all das ist schon geschehen. Viele sind bereits tot, und noch viele andere werden sterben, vielleicht die ganze Gemeinde", antwortete Dulos voller Besorgnis. In seiner Stimme mischten sich Trauer und Sorge. Eine Weile schwiegen beide.

„Wir müssen dringend handeln", sagte Saul ruhig.

„Genau", erwiderte Dulos. „Weil du römischer Bürger bist, hast du zwar Anrecht auf ein rechtliches Verfahren, aber in einer Zeit wie dieser gelten die üblichen Regeln nicht viel", sagte Dulos.

„Du hast Recht. Was schlägst du vor?", fragte Saul.

„Du kannst wählen", sagte Dulos.

„Zwischen?"

„Du kannst hier bleiben und als Märtyrer sterben, oder du kannst rechtzeitig fliehen, irgendwohin, weit weg von hier", sagte Dulos.

Saul schwieg.

„Bleibst du hier, wirst du als Märtyrer sterben und einen sicheren Platz im Himmel haben", sagte Dulos.

Eine Weile schwiegen sie beide.

„Du sagst, ich könnte fliehen, aber wie?", fragte Saul.

„Ich kann schnell alles besorgen, und wir können bei Einbruch der Dunkelheit verschwinden", antwortete Dulos.

„Ich verstehe", erwiderte Saul.

„Soll ich jetzt das Mittagessen kochen, oder soll ich gleich …?", fragte Dulos.

„Koche zuerst das Mittagessen, ich habe Hunger, und zwar einen so großen wie noch nie in meinem bisherigen Leben; doch, doch, koche zuerst das Mittagessen. Währenddessen schlafe ich noch ein wenig", erwiderte Saul.

„Jawohl, Magister", sagte Dulos, stand auf, nahm den Korb mit Eingekauftem, verließ Sauls Schlafraum und schloss die Türe hinter sich. Er tat es ganz leise, denn er wusste, dass Saul jegliche Form von Lärm verabscheute.

***

Saul blieb im Bett liegen. Eigentlich hatte er keinen Hunger und dachte nicht an das Mittagessen, aber er wollte, dass Dulos sich zu Hause aufhalte, während er sich noch alles genau überlege.

„Was in der Stadt noch geschehen sollte, ist für mich belanglos; was für mich von Bedeutung ist, habe ich bereits erfahren.

Jetzt darf ich keinen Fehler machen, muss es mir gut überlegen, wie ich die gefährliche Lage in der Stadt am besten nutzen soll", dachte er.

„Der Augenblick für die wichtigste Entscheidung ist gekommen. Gäbe es in der Stadt keine Spannung und kein Durcheinander, könnte ich bestimmt nichts mehr unternehmen, so aber wird sich niemand darum kümmern, was mit mir geschehen ist, und der Verwirklichung der letzten Etappe meines Plans steht nun das größte Hindernis nicht mehr im Weg. Dass für die Verwirklichung meines Plans viele sterben müssen, ist verständlich, denn große Taten und Ereignisse erfordern immer große Opfer und viele Tote. Es ist richtig und gerecht, dass jeder die ihm angemessene Aufgabe hat und erfüllt. Es ist gut, dass Petrus nicht mehr lebt. Aufrichtig ist er schon gewesen, aber einfältig und unbeweglich, hat deswegen immer gestört. Ich bin natürlich froh, dass er ein solcher war. Wäre er schlauer und wendiger gewesen, gäbe es mich nicht, denn er hätte genau dasselbe getan, was ich getan habe, und ich wäre überflüssig gewesen, ein Niemand, ein Nichts. Zwar ist die Arbeit im östlichen Teil praktisch abgeschlossen, und eine Spaltung hätte er kaum mehr bewirken können, aber sicher ist sicher. Zum Glück ist es mir gelungen, Dulos zu bekehren und zu taufen. Natürlich ist die Taufe eine reine Formalität, aber auf die kleinen naiven Menschen hat sie eine gewaltige Wirkung; sie fühlen sich dadurch innerlich verwandelt, in etwas Geheimes eingeweiht. Vor allem ist es wichtig, dass Dulos tief in den Apfel gebissen hat und daher restlos ergeben und zuverlässig ist. In diesem Augenblick brauche ich genau einen solchen. Mein Glück, dass er die ersten griechischen Philosophen genau so verstanden hat, wie er sie verstanden hat; sonst hätte ich ihn für meine Lehre wahrscheinlich nicht gewonnen. Aber eben, keiner der hellenischen Weisen war schlau genug, den Elenden die ewige Seligkeit im Himmel als Belohnung für ihr leidvolles irdisches Dasein auf eine naive, allgemein verständliche Weise zu versprechen, genau jenes, was die Ärmsten dieser Welt als Trost benötigen, und sie sind immer die gewaltige Mehrheit. Mein Glück, dass dem so ist. Hätte nur einer von ihnen für alle Leidenden die ewige Glückseligkeit im Himmel als verdiente Belohnung erfunden, gäbe es mich nicht. Gut haben sie gehandelt, die hellenischen Weisen, sehr gut, dass sie nur für jene etwas Angenehmes gebracht haben, die ohnehin alle Vorteile genießen. Diese sind aber eine kleine Minderheit, und nur die wenigsten von ihnen wiederum können mit dem, wovon die Weisen reden, etwas anfangen. Selbst für solche ist das Philosophieren bloß ein Zeitvertreib. Wenn sie das nicht hätten, hätten sie stattdessen etwas anderes. Für meine Lehre sind sie aber unbrauchbar, wie meine Lehre für sie unbrauchbar ist. Nur jene sind für mich geeignet, die seit immer den größten Teil der ganzen Menschheit ausmachen, die auf ihrem Buckel alles tragen, ihre Ausdauer aus dem Warten und ihre Hoffnung aus bloßem Versprechen schöpfen müssen.“

***

Nach längerer Zeit erblickten Saul und sein Gefährte einen Hirten. Dieser stand, umgeben von seiner kleinen Herde, an einem Hang unweit der Straße. Sie hielten an. Sauls Begleiter stieg von seinem Tier ab, gab Saul den Zügel und ging zum Hirten hinüber, um ihn zu fragen, wie weit Milet noch entfernt sei.

Der Hirte sagte etwas, aber Sauls Begleiter verstand kein Wort. Unverrichteter Dinge kehrte er zu Saul zurück und sagte, mit den Achseln zuckend: „Er versteht mich nicht." Saul sagte nichts, stieg von seinem Tier ab, gab seinem Begleiter die Zügel beider Tiere und ging zum Hirten hinüber. Sein Begleiter schaute ihm etwas neugierig nach. Vor der Abreise hatte er Saul nämlich nie getroffen, obwohl sie verwandt waren. Daher wusste er nicht, dass Saul fließend Griechisch sprechen konnte. Nun sah er, dass Saul mit dem Hirten ein richtiges Gespräch führte, denn beide gestikulierten und lachten fröhlich.

„Dein Begleiter verstand mich nicht", sagte der Hirte.

„Das habe ich mir gedacht, denn ein guter Hirte weiß, was seine Tiere brauchen, aber sie wissen nicht, dass er es weiß, sondern folgen ihm einfach, ohne es zu wissen", erwiderte Saul.

„Du bist auf dem richtigen Weg, denn es ist der einzige, den du für dich wählen kannst. Um Sorgen und schwere Augenblicke brauchst du dich nicht zu kümmern, sie melden sich von selbst, sind ständige Begleiter; bemühe dich um die angenehmen Stunden. Vor allem vergiss nicht, dass wir jetzt in einer spannenden Geschichte sind, die gut erzählt sein will", sagte der Hirte lächelnd.

*

Saul kehrte zu seinem Begleiter zurück. Dieser suchte etwas in einem Sack an seinem Sattel und sah nicht auf. Saul nahm den Zügel in die Hand, bestieg sein Tier, und sie setzten den Weg schweigend fort.

Sie ritten wiederum nebeneinander her, und die Zeit schien gleich zu fließen wie vorher.

Die Sonne näherte sich bereits dem Höhepunkt ihrer Scheinbahn, als sie in eine schmale Schlucht eintauchten. Zu beiden Seiten waren nur steile, hohe Felswände und über ihnen ein schmaler hellblauer Streifen zu sehen, aus dessen Mitte das himmlische Auge sein grelles Licht hinunterwarf. Das Stück Weges verlief gerade in Ost-West-Richtung, so dass die Sonnenstrahlen senkrecht auf sie fielen und sie ihre eigenen Schatten nicht sehen konnten.

*

Nach der Schlucht erblickten sie von der Anhöhe aus, auf der sie sich soeben befanden, eine Stadt. Sie lag an einer kleinen malerischen Bucht, als würde sie sie umarmen. Die winzigen, weiß getünchten Wohnbauten hingen dicht übereinander gereiht am steilen Hang des Berges, an dessen Fuß sich der Meeresstrand, eingenistet wie Spitzen zwischen dem Hellblau des Meeres und dem makellosen Weiß der Stadt, in fein geschwungenem, regelmäßigem Bogen tief in das Festland hineinschmiegte. Das ganze Bild erinnerte stark an den Neumond.

Einen Augenblick hielten sie inne. Saul betrachtete das Bild, das vor ihm ausgebreitet lag. Ein Bild war es in der Tat, denn nichts schien sich darin zu regen. Nur ein dumpfes, kaum hörbares Rauschen schien aus allem zu dringen und die Luft zu erfüllen. Es waren die Chöre von Grillen, die nun um die Mittagszeit vom himmlischen Feuergefährt zu ihrem Freudenkonzert der Unschuld angehalten wurden.

*

„Da hat es also angefangen", sprach er leise vor sich hin, dachte vielmehr. Sein Begleiter hörte jedenfalls nichts. Er war angehalten, weil es Saul getan hatte. Die Stadt, in der die Liebe zur Weisheit die allerersten Wurzeln geschlagen hatte, lag ihnen buchstäblich zu Füssen. Im Hafen sah man keine Schiffe. Nur einige winzige Boote lagen nebeneinander, zur Hälfte im Wasser, zur Hälfte am Strand. Die Wasseroberfläche in der Bucht war glatt, und in der Stadt war keine Regung zu spüren. Alles schien verschlafen; der Abstand sorgte für die Gültigkeit des Scheins. Der blaue Bogen des winzigen Meerbusens füllte nahtlos die tiefe Eindellung der weißen Mondsichel aus, so dass diese – jener himmlischen ähnlich – im Blau zu schwimmen schien. Was dort oben in regelmäßigen Zeitabständen zu sehen war, lag nun auf der Erde, nur einen Katzensprung von ihm entfernt. Am liebsten wäre er dort geblieben, hätte sich dem Bild nicht mehr genähert, aus Angst, das Wunder zu zerstören.

„Gibt es vielleicht doch eine Beziehung zwischen den Bildern dort oben und diesen hier unten?", fragte er sich stillschweigend.

„Sehen es auch andere Reisende so, wie ich es sehe, wenn sie nach der schmalen Schlucht diese Anhöhe erreichen? Oder ist es bloß mein eigenes Bild, das Produkt meiner eigenen Einbildung? Aber was für Gedanken sind das, bin ich wahnsinnig? Ist doch alles, was ich je gesehen habe und je sehen werde, bloß ein Bild, ein Produkt meiner Einbildung. Es nimmt mich wunder, was die Weisen dazu zu sagen haben."

Er warf einen Blick auf seinen Begleiter. Dieser war damit beschäftigt, einen Knoten an seinem Sattel zu lösen. Saul sagte ihm nichts, sondern schüttelte leicht den Zügel. Das Tier unter ihm setzte sich in Bewegung, und er setzte seinen Weg fort. Sein Begleiter folgte schweigend nach.

„Der Neumond hier unten und der Neumond dort oben – sind es bloß Bilder?", fuhr er mit seinen Gedanken fort, während sie gemächlich auf dem schmalen Weg den Hang hinunter ritten. Der Weg führte gerade zum Meer, dorthin, wo einige winzige Boote teilweise im Wasser, teilweise auf dem verträumten Kieselstrand lagen.

Dort begegneten sie einem Mann, der neben einem Boot stand und ihnen entgegenschaute, als hätte er auf sie gewartet, um ihnen etwas mitzuteilen. Ein Fischer schien der Mann nicht zu sein, denn in seinem Boot gab es weder Netze noch Angelruten noch sonst etwas, was Fischer zum Fischfang benötigten. Außer einem einzigen Ruder gab es im Boot keine Gegenstände. Nur ein Hund saß auf den Hinterbeinen in jenem Teil des Bootes, der auf dem Strand lag. Mit hoch erhobenem Kopf beobachtete das Tier aufmerksam die Umgebung und drehte dabei den Kopf abwechselnd weit nach rechts und links, auf dass ihm nichts unbemerkt bleibe. Dabei wackelte der Hals des Hundes so schnell hin und her, dass seine riesige Schnauze andauernd auf etwas anderes gerichtet zu sein schien und den Eindruck erweckte, das Tier hätte mindestens zwei Hälse und mehrere Köpfe.

*

Saul begrüßte den Mann, und dieser erwiderte den Gruß. Saul wollte ihn fragen, wie die Ortschaft heiße, um sich zu vergewissern, dass er auf dem richtigen Wege war, aber der Mann war schneller.

„Seid ihr das erste Mal hier in Milet?", fragte er Saul.

„So ist es", erwiderte dieser.

„Seid ihr schon lange unterwegs?", fragte der Mann weiter.

„Das kann man wohl sagen", antwortete Saul.

„Und wie ist euer erster Eindruck?", wollte der Mann wissen.

„Sehr interessant. Von der Anhöhe dort drüben", sagte Saul, drehte sich dabei um und wies mit der Hand in die Richtung, aus der sie gekommen waren, „ähnelt die Ortschaft dem Neumond."

„Das stimmt, muss stimmen, denn in allem Hiesigen ist alles Dortige enthalten. Wir stammen von den Sternen, und wir bringen sie hervor. Nur wenn man die Dinge so sieht, geht die Rechung auf. Natürlich ist dem so, aber nur, falls man merkt, dass dem so ist. Es scheint jedoch nicht immer leicht festzustellen, dass dem so ist", sagte der Mann.

„Genau so sprach jener Hirte zu meinem Vater", dachte Saul.

„Die Aufgabe der Philosophie soll sein zu belehren", fuhr der Mann – noch immer in seinem Boot stehend – fort, „dass das so genannte Hiesige und das so genannte Dortige ineinander enthalten und voneinander abhängig sind. Nur wer merken kann, dass der irdische Schlamm den Himmel enthält und der Himmel vom irdischen Schlamm lebt, denkt voraus, in den Begriffen der künftigen Welt, ist immer voraus der Welt, in der er lebt, braucht nie über sie nachzudenken, denn sie ist immer eine vergangene. Über das Vergangene nachdenken heißt in der Vergangenheit leben, nur das Tote kennen. Dieses nachhinkende Denken, diese Trägheit ist daran schuld, dass der Mensch immer wieder versagt und als Strafe dafür von allen denkbaren Leiden und Beschwerden befallen wird. Der schlimmste Teil der Strafe trifft aber den Fähigen, Vorausdenkenden, denn er muss unablässig die Fehler seines langsamen, nachdenkenden Bruders verbessern, wie jener sie ebenso unablässig immer machen muss. Der Vorausdenkende weiß, dass eigentlich er selbst die Fehler seines nachdenkenden Bruders macht, da er selbst in seinem träge nachdenkenden Bruder im Zustand des Unwissens lebt. Ebenso weiß er, dass sein nachdenkender Bruder in ihm als ein Fähiger lebt und vorausdenkt. Sein nachdenkender Bruder weiß nichts davon."

*

„Wo bin ich? Was höre ich da?", dachte Saul und rieb sich die Stirn.

„Ach ja, ich erinnere mich, ich erinnere mich genau. Auch das hat jener Hirte meinem Vater erzählt", murmelte er vor sich hin.

„Die schwerste Last, die der Mensch tragen muss, ist", fuhr der Mann im Boot fort „das Wissen, dass die Welt in jedem Augenblick nur so sein kann, wie sie eben in dem Augenblick ist, so und nicht anders."

„Und warum ist gerade das die schwerste Last?", fragte Saul.

„Weil dieses Wissen nichts anderes ist als tiefe Vertrautheit mit der Notwendigkeit und gleichzeitig der Verlust der Sache, für die man kämpfen kann. Und sobald diese Vertrautheit in das Leben des Menschen einzieht, verschwinden gleichzeitig der Glaube und die Hoffnung sowie jede Möglichkeit des Gebetes und der Reue. Deswegen bemüht sich der Vorausdenkende lediglich darum, die Welt so mitzugestalten, wie sie ohnehin gerade sein kann. Dabei kann er auch kein persönliches Ziel verfolgen, sondern muss schweigend essen, was die Ewigkeit auftischt – den Wandel."

Der Mann im Boot sagte es ruhig und, während er sprach, schaute er die ganze Zeit Saul gerade ins Gesicht.

„So viel zur Begrüßung in der neuen Welt", fügte er noch zum Schluss hinzu. Dann drehte er sich um und glitt in seinem Boot davon. Saul schaute ihm nach. Er wusste nicht, was es war, aber das Bild des wegtreibenden Bootes fesselte seinen Blick. Es gab etwas Seltsames im ganzen Bild, das sich ihm in dem Augenblick bot, aber er konnte es sich nicht erklären.

Das Boot bewegte sich zuerst sehr langsam, dann aber immer schneller und verwandelte sich schon nach wenigen Augenblicken in einen grell leuchtenden Ball und löste sich daraufhin im grau-blauen Dunst über der Meeresoberfläche auf. Der Mann im Boot ruderte nicht, und das Boot verursachte keine Wellen.

Saul schloss die Augen und rieb sich einen Augenblick die Stirn.

„Dass der Mann ähnliche Gedankengänge hatte wie jener Hirte, braucht nicht besonders zu überraschen, kommen sie doch beide aus derselben Welt, hörten in ihrer Kindheit möglicherweise dieselben Geschichten, aber dass er genau über dieselben

Dinge sprach, über die ich mir gerade in demselben Augenblick Gedanken gemacht hatte, ist verblüffend", dachte er.

*

„Geht es dir besser? Hast du Schmerzen?", fragte ihn sein Begleiter und wusch ihm das Gesicht mit dem Wasser aus dem Balg, den er unter seinem linken Oberarm hielt.

Erst jetzt merkte Saul, dass er auf dem Boden lag und dass sein Begleiter neben ihm kniete.

„Ist jemand soeben mit dem Boot davongefahren?", fragte er seinen Begleiter.

„Kann sein, aber ich habe nicht darauf geachtet", antwortete dieser.

Saul schwieg einen Augenblick und sagte dann: „Wir müssen einen geeigneten Platz suchen, wo wir unser Zelt aufschlagen können; die Nacht kommt schneller, als man denkt."

***

Sauls Begleiter half ihm beim Besteigen. Ohne sich umzuwenden und ohne ein Wort zu sagen, verließen sie den Ort ihrer ersten Begegnung mit Milet.

Es dauerte nicht lange, bevor sie in einem Weinberg am Rand der Siedlung einen geeigneten Platz zum Übernachten fanden.

Der Boden im Weinberg war nicht umgegraben und strahlte wegen der Nachlässigkeit eine Art Trauer aus, als sehnte er sich nach Arbeitern. Von der Anhöhe aus, wo der Weinberg lag, bot sich ein herrlicher Blick auf die ganze kleine Bucht. Es war ein ähnliches Bild wie jenes, das Saul bewundern konnte, bevor er mit seinem Begleiter in der Ortschaft selbst ankam. Jetzt sah man jedoch die Bucht von der anderen Seite her, und daher ähnelte sie dem letzten Viertel des abnehmenden Mondes.

*

Sauls Begleiter schnitt etwas frisches Gras und gab es den Tieren. Dann stellten sie das Zelt auf. Das dauerte nicht lange, denn sie hatten Übung, machten keine überflüssigen Handlungen. Sie waren müde, und nach einem kleinen Abendbrot legten sie sich schlafen, ohne einander etwas zu sagen. Kurz darauf schnarchte Sauls Begleiter schon. Saul konnte nicht einschlafen, obwohl er recht erschöpft war.

*

Bereits während des Abendessens kam ihm jene alte Geschichte seines Volkes in den Sinn, die er von seinem Vater gehört hatte und mit der sein Vater die Frage beantwortete, wer eigentlich das ewige Leben verdiene.

Das ewige Leben, erzählte ihm sein Vater, ähnele der Arbeit in einem Weinberg, in einem *Kerem*, um den man sich ständig anstrengen und bemühen müsse, damit er genügend süßen Rausch spende, da nur dank dessen Rausch die Schwere des

Daseins vergessen werden könne. Nur wer sich unaufhörlich mit all seiner Kraft bemühe, den Weinberg zu pflegen, gewinne gerade genug süßen Rausch, um der Bitterkeit des Daseins begegnen zu können. Werde man nur ein wenig träge, so sei das Gleichgewicht dahin, und das Leid melde sich, gekleidet in das Gewand der Frage: „Wozu die ganze Qual?" Dabei sei es einerlei, ob man zur Einsicht, dass dem so ist, zur frühen Stunde oder aber am späten Abend, unmittelbar vor der endgültigen Nacht gelangt. In allen Fällen erhalte man den gleichen Lohn. Wem diese Gerechtigkeit nicht gefalle, der verdiene weder, frei zu sein noch überhaupt zu leben, einfach nichts. Und warum nicht, fragte er damals den Vater. Weil die Zeit – so lautete die Antwort – nichts bedeute, sondern lediglich jenes, was geschehe. Das ewige Leben, so erzählte ihm sein Vater, sei von allem Vergangenen abgekoppelt, in allem Künftigen enthalten und daher nur und immer mit dem Jetzigen identisch. Solche Gedanken wiegten Saul dann doch in den Schlaf ein.

*

Im Traum sah er ein Boot mit einem Mann und einem Hund darin. Der Hund hatte zwei Hälse und sechs Köpfe. Der Bootsfahrer erzählte ihm von seiner Fahrt über einen Fluss, den er ständig überqueren musste, sowie davon, dass er nur in einer Richtung Fahrgäste habe und niemals welche zurück bringe, da das Weltgeschehen, das Fliessen des Wassers im Fluss, den er überquerte, die Zeit selbst sei, die der Mensch als den Wandel seiner Welt erlebe. Und warum es eigentlich nicht möglich sein sollte, auf dem Fluss der Zeit aufwärts zu fahren, fragte ihn Saul. Eine Fahrt in die entgegengesetzte Richtung würde bedeuten die Zeitumkehrung und diese wiederum das Verschwinden der Welt, erklärte ihm der Mann im Boot. Daher sei ein jedes Geschehen – mag es noch so zerstörerisch sein – immer ein unerlässlicher Beitrag zur Weltgestaltung.

*

Im Traum fragte er aber trotzdem den Bootsfahrer, ob dieser vielleicht doch eine Ausnahme machen und ihn zurück mitnehmen könnte, ob er eben doch ausnahmsweise den bitteren Kelch an ihm vorübergehen lassen würde, wenn es einmal soweit sein sollte. Jener schüttelte aber bloß den Kopf, als hätte er sagen wollen: „Du hast es wohl doch nicht begriffen."

*

Saul konnte dem Mann im Boot keine weiteren Fragen stellen, denn er wurde von seinem Begleiter geweckt.

„Du solltest aufstehen, ein Herr ist da."

Saul öffnete die Augen, ein herrlicher Morgen begrüßte ihn. Die Zikaden zirpten schon emsig, und das Vogelgezwitscher erinnerte ihn an den Traum. Sie alle, verborgen im dunklen Geäst und in der rauen Borke der alten knorrigen Bäume, wurden im Boot des Fährmanns über den Fluss des fleischlichen Vergnügens in die Welt der Erscheinungen gelockt und in den Überlebenskampf gestürzt; nun taten sie alles, was sie konnten und so gut sie es konnten, um ein ihrer Natur entsprechendes Dasein zu haben, bevor sie – ohne Fährmann – in dieselbe Stille eintauchen, aus der sie aufgetaucht waren.

*

Saul stand auf. Einige Schritte vom Zelt entfernt stand ein kleiner, zerbrechlicher Mann, nicht sehr alt, jedoch durch die schwere Arbeit entkräftet und erschöpft. Sein Gesicht war von unzähligen Falten zerfurcht, aber seine Augen waren lebendig. Auf dem Kopf trug er einen alten, breitkrempigen Strohhut. Nun stand er neben einem Weinstock, hielt in einer Hand ein Blatt und rieb sachte mit den Fingerbeeren der anderen Hand auf der Blattoberfläche, als suchte er nach etwas Winzigem.

Als Saul aus dem Zelt kam, ließ der Mann das Blatt aus der Hand gleiten und begrüßte ihn.

„Wir müssen dich um Vergebung bitten", sagte Saul, „wir sind hier im Weinberg ohne Erlaubnis abgestiegen."

„Das macht nichts, man steigt eigentlich immer in einem Weinberg ab. Dieser kleine Weinberg befindet sich innerhalb des großen Weinbergs, in dem alle je nach Kraft und Vermögen wirken. Das Blatt macht es uns allen vor", sagte der Mann.

Dabei wies er mit dem Zeigefinger auf den Rebstock hin, bei dem er einen Augenblick davor gestanden hatte.

„Warum das Blatt?", fragte Saul erstaunt.

„Es macht das Unmögliche möglich und aus etwas von uns sehr Verschiedenem etwas uns sehr Ähnliches. Dadurch ermöglicht es uns, von dem zu leben, was uns sehr ähnlich ist", sagte der Mann.

Saul schwieg. Er verstand nicht, was der Weinbergbesitzer sagen wollte, aber die seltsamen Worte blieben ihm wie eingeschnitten im Gedächtnis. Später würde er alles verstehen, wenn er mit der Denkweise der Weisen im Zentrum der Weisheit vertraut geworden ist, dachte er.

„Kommt ihr von weit her?", fragte der Weinbergbesitzer.

„Das kann man wohl sagen, von Tarschisch", antwortete Saul.

„Der Name kommt mir bekannt vor. Und wie lange bleibt ihr bei uns hier?", fragte der Mann.

„Wir können kaum bleiben, müssen gleich weiter gehen. Hier ist nicht unser Ziel. Wir sind unterwegs nach der Hauptstadt", antwortete Saul.

„Nach der Hauptstadt? Das ist noch sehr weit. Was gibt es so Interessantes in der Hauptstadt, dass ihr eine so lange Reise unternehmt? Was seid ihr von Beruf?", fragte der Mann.

„Wir sind Zeltmacher", antwortete Saul.

„In der Hauptstadt, erzählt man, sind alle Bauten aus Stein. Wollt ihr dort die Einwohner unterrichten, wie man Zelte anfertigt?", fragte der Mann.

„Das nicht unbedingt, aber auch das, falls nötig. Wir wollen dort Weisheit lernen", sagte Saul.

„Weisheit sagst du?", fragte der Mann.

„Genau. Wir haben gehört, dass dort die größten Weisen zu finden sind", bestätigte Saul.

„Das ist bestimmt nicht falsch. Weise kann es nämlich überall geben, und die Hauptstadt ist in dieser Hinsicht keine Ausnahme. Die Schwierigkeit ist, dass man die Weisen als Lebende nicht kennt. Solange sie leben, gelten sie als Störenfriede. Manchmal werden sie wegen ihrer Weisheit sogar zum Tode verurteilt. Daher gibt es sie als Lebende nicht. Wenn sie sterben, erfinden andere über sie Geschichten. So werden sie gemacht", sagte der Mann.

Saul hörte dem kleinen dünnen Mann aufmerksam zu, sagte jedoch nichts.

„Ich bin allein und nicht mehr stark; ein paar fleißige Hände könnte ich im Weinberg gut gebrauchen. Es gibt viel zu tun. Bleibt doch eine Weile hier. Es gibt genug Haferbrot, Ziegenkäse und Feigen, und an Wein fehlt es auch nicht", sagte der Mann und wartete auf die Antwort.

*

„Du sagtest, du seiest allein", bemerkte Saul.

„Ja, ich bin allein. Meine Frau ist gestorben, und meine Tochter ist weggegangen, in die weite Welt gezogen, um die Kunst des Schiffbaus zu studieren", sagte der Mann.

„Die Kunst des Schiffbaus, sagtest du, nicht wahr?", fragte Saul erstaunt.

„Ja, die Kunst des Schiffbaus. Hier könnte sie so etwas nicht lernen. Kleine Boote zu bauen ja, aber nicht große Schiffe", bestätigte der Mann.

Einen Augenblick schwiegen beide.

„Ich komme noch auf deinen Vorschlag zurück, bei dir zu bleiben und im Weinberg zu helfen. Das wird leider nicht gehen, wir müssen uns beeilen, vor uns liegt noch ein langer Weg", sagte Saul und ging auf sein Tier zu, ohne auf die Antwort des Mannes zu warten; sein Begleiter half ihm beim Besteigen.

„Leb wohl", sagte Saul, wendete sein Tier und verließ mit seinem Begleiter den Weinberg.

Der Weinbauer schaute den beiden nach, bis diese auf dem gewundenen, steinigen Weg hinter den Bäumen verschwanden. Dann nahm er den Spaten und begann, den kargen, rötlichen Boden seines Weinbergs umzustechen. Die Grillen in den Borken und die Bienen in der Luft wurden wieder vernehmbar.

*

Saul und sein Begleiter brauchten den richtigen Weg nicht zu suchen; er lag unter den Hufen ihrer Tiere. Verfehlen konnten sie die Richtung nicht, denn sie mussten nur auf eines achten – sie durften denselben Weg nicht gehen, den sie gekommen waren. Saul wusste, dass er sich nicht umdrehen und rückwärts, nach dem Vergangenen schauen durfte. Er wusste das, denn er kannte die Geschichte seines Volkes. Was mit Lots Frau geschehen war, war ihm vertraut. Sie hatte sich umgedreht und nach dem Früheren geschaut. Sein Vater und sein Lieblingslehrer hatten ihm erklärt, dass die Geschichte nur dann einen Sinn habe, wenn sie dem Menschen zur Einsicht verhelfe, dass er aus ihr nichts lernen könne. Sie meinten also, die Geschichte habe nur dann einen Sinn, wenn sie zur Einsicht verhelfe, dass das Wühlen in der Vergangenheit, die Suche nach der verlorenen Zeit, nichts anderes sei als verlorene Zeit.

*

Das wusste Saul. Jetzt befand er sich auf der Landstrasse, die von Milet in Richtung Ephesos führte. Die Strasse war zwar sehr gewunden, aber die Grundrichtung war Norden. In der Weisheit seines Volkes war der Norden dort, wo die Füße stehen, dort, wo die Berührung mit der vulgären Seite des Materiellen am stärksten gespürt wird, wo man vom Kopf, dem Sitz der Gedanken, am weitesten entfernt ist.

Nun reiste er in die nördliche Richtung und war unterwegs nach dem Mittelpunkt der Weisheit und des Denkens. Es ging also offenbar um einen anderen Norden.

Der Weg von Milet nach Ephesos war unvergleichlich kürzer als jener von Tarschisch nach Milet und sollte nicht länger als drei Wochen dauern, wenn sie während der Tageshitze rasteten und nur während der kühlen Morgenstunden reisten. Genau das hatten sie vor.

*

Bald lag Milet weit zurück, war nicht mehr zu sehen, gehörte zu ihrer Vergangenheit, und sie befanden sich auf der schmalen Landstrasse, die sich in unzähligen kleinen Windungen vor ihnen hinzog und die sich durch kaum etwas von der unterschied, die sie nach Milet geführt hatte. Der einzige Unterschied bestand eigentlich darin, dass sie sich damals der Stadt Milet näherten und nun sich von ihr entfernten.

Auch jetzt begegneten sie nur einzelnen Karawanen, die ihnen mit dem fließenden Strom der Zeit entgegenkamen und ebenso an ihnen vorbeizogen. Sie sprachen niemanden an und wurden von niemandem angesprochen. Nur ein flüchtiges Handheben wie vorher war das Einzige, was sie mit den anderen austauschten, das einzige Zeichen, dass sie einander überhaupt beachteten.

An den kurzen, steilen Hängen, unweit der Straße erblickten sie gelegentlich kleine Herden Schafe und Ziegen, aber die

Hirten, die wahrscheinlich auch immer in der Nähe sein mussten, waren nur selten zu sehen.

*

Einige Tage, nachdem sie Milet verlassen hatten, begegneten
sie einem kleinen Mann. Der Mann ging zu Fuß, und auf der
Schulter trug er einen Holzstock, an dem ein Bündel hing.

Ob Ephesos noch weit entfernt sei, fragte ihn Saul.

„Wie man's nimmt: Wenn ihr viel Zeit habt, ist es nicht weit.
Falls ihr's aber eilig habt, ist es noch ziemlich weit. Eilet nicht,
Ephesos wartet geduldig auf euch", antwortete der Mann.

Der kleine Mann sagte nichts mehr und ging seines Weges.
Auch Saul schwieg.

Einen Tag später erreichten sie eine Raststätte mit einem
kleinen Markt. Dort ruhten sie aus, deckten sich mit Haferbrot,
Ziegenkäse, Orangen und Trockenfeigen ein, füllten die Bälge mit
frischem Wasser, tränkten die Tiere und setzten ihren Weg fort.

*

Während der nächsten zwei Tage begegneten sie vielen Menschen
und überholten ebenso viele. Es waren vor allem Bauern und
Hirten aus der Umgebung. Die meisten von ihnen gingen zu
Fuß und schoben vor sich her kleine zweirädrige Karren voll beladen mit Obst und Gemüse, mit Ölkrügen und Weinbehältern.
Andere hatten Lämmer, Zicklein, Ferkel, Geflügel und sons-
tige Kleintiere. Wiederum andere transportierten ihre Ware
auf Eseln, deren Körper unter den riesigen Körben und Ballen
kaum zu sehen waren. Einige unbarmherzige Eselbesitzer saßen
sogar selbst zuoberst. Nur die wenigsten ritten auf Pferden und
Maultieren. Auch einige Kamele waren zu sehen. Und wie sie
weiterzogen, wurden die Menschen auf der Strasse immer zahlreicher, ganze Scharen waren es.

Es war offensichtlich, dass sie alle irgendwohin eilten, dass niemand von ihnen der Letzte sein wollte, denn es war von entscheidender Bedeutung, rechtzeitig zu kommen und auf dem großen Markt einen bevorzugten Platz zu ergattern. Dort galten nur und ausschließlich die von der Zeitgottheit bestimmten Regeln. Dort stand sie – zwar unsichtbar, jedoch unfehlbar anwesend – und teilte jedem Ankommenden schweigend den ihm gebührenden Augenblick, seinen *Kairos*, zu. Der Augenblick war zwar für jeden einzelnen eigens bestimmt, obwohl jeder einzelne persönlich von allen anderen immer abhängig sein und mit allen anderen zusammenhängen musste. So wollte es die gerechte Gottheit, damit niemand sagen könne, er sei nicht gerecht behandelt worden.

Saul erkundigte sich bei einigen von ihnen, warum plötzlich so viele Leute auf der Strasse waren und warum es alle so eilig hatten. Alle seien unterwegs in die Stadt, zum Markt wollten sie alle, gab man ihm zur Antwort.

Auch fragte er noch viele andere, zu welchem Preis dies und jenes verkauft werde, und sie hielten ihn und seinen Begleiter für tüchtige fremde Kaufleute, die ebenso unterwegs zum großen Markt waren, dorthin, wo sonst alles zusammenlief und wo sich alles traf, wo der allumfassende Sinn sich in unzählige persönliche Ziele und Zwecke aufspaltete, manchmal angenehme und erfreuliche, manchmal schmerzhafte und erschütternde, damit jeder etwas vom großen Brotlaib des Lebens mitbekomme und damit jeder spüre, auch er habe gelebt, wenn auch nur für einen Augenblick. Fehlte aber selbst dieser eine Augenblick, übernahmen die Lebenden für die Toten die Aufgabe des bewussten Seins. Somit lebten diese im Bewusstsein der Lebenden, gehörten trotz allem zur bewussten Welt, waren ein Teil davon. Dadurch war ihr Leben erfüllt, auch wenn es eigentlich gar nicht dauerte und völlig unbedeutend zu sein schien.

*

Auf dem Markt versuchten alle, möglichst viel und möglichst vorteilhaft zu kaufen und zu verkaufen, und ihr Bestreben war bloß ein winziger Teil, das blendende Bild und das berauschende Echo des grandiosen, allgemeinen Strebens und Austauschens, Leben genannt.

Saul betrachtete all die vielen Menschen, die vor ihm, neben ihm und hinter ihm zu Fuß liefen, auf ihren überbelasteten Tieren ritten oder aber auf den Karren fuhren, die er überholte und die ihn überholten. Er glaubte, ein seltsames Wollen zu spüren, das den vielen Körpern um ihn herum entströmte, sowie eine treibende Kraft, die zweifelsohne in ihnen steckte, jedoch seiner Meinung nach von anderswoher stammen musste. Oft fragte er sich, was wohl mit dem Streben und Wollen, von denen doch jedes Lebewesen geleitet und angetrieben wurde, geschehe, wenn ein Lebewesen zu leben aufhörte und sich in Formlosigkeit auflöste. Vergeblich versuchte er in dem, was er von seinen Eltern und Lehrern gelernt hatte, eine zufriedenstellende Antwort zu finden. Dort hieß es lediglich, der Verstorbene wurde zu seinem Volk eingesammelt, mit jenen also vereinigt, zu denen er gehörte. Was bedeutete das aber, wenn nicht, dass das Dortige für jeden Einzelnen hier bestimmt wurde. Man musste also hier, während des Lebens in der Erscheinung das Dortige errichten. Eine unmissverständliche Aufforderung an jeden Einzelnen war das, sein Denken und seine Taten, also sein ganzes Leben so zu gestalten, um den gebührenden Lohn zu verdienen. Was war aber der Lohn? Was war das, womit eine bestimmte Lebensweise nach dem Ableben belohnt werden konnte? War eine solche Belohnung überhaupt denkbar? Falls es sie gab, dann musste es auch eine Bestrafung geben, denn sie setzten sich gegenseitig voraus? Oder war alles bloß ein menschliches Konstrukt, ein Selbsthilfeprodukt des denkenden Wesens, das sich seiner Lage bewusst geworden war und nicht mehr in den Zustand des Unwissens und der Zufriedenheit im tierischen Paradies zurückkonnte? Darüber schwieg sich die Heilige Schrift

seines Volkes aus. Ihm schien es wenigstens so. Eine Antwort
hatte er jedenfalls nicht.

*

Nun näherte er sich einer Stadt, die nicht mehr allzu weit von
jenem Ort entfernt sein durfte, der das Ziel seiner langen Reise war.

Und je mehr er sich mit seinem Begleiter inmitten eines
Menschenstromes der Stadt näherte, umso gewaltiger wurde das
Gedränge und umso schneller und aufgeregter wurde alles. Die
Schreie der Tiere mischten sich mit denen der Menschen zu
unvorstellbarem Lärm. Alle schrieen, weil sie alle etwas benötigten, und niemand kümmerte sich um die Bedürfnisse des anderen.
Jene, die die beladenen Karren zogen, hatten es schwer. Stöhnend
und schwitzend versuchten sie durchzukommen und schrieen
jene vor ihnen an, weil sie sich von ihnen am Vorwärtskommen
gehindert fühlten. Die Tiere schrieen aus Gründen, über die
Menschen nur rätseln können, und die Menschen schrieen aus
Gründen, über die sich die Tiere keine Gedanken machten, weil
sie sich wahrscheinlich gar keine Gedanken machen.

Die eilende Menschenmenge ähnelte einem seltsamen
Haufen von Pilgernden nach einem Ort, der kein Wallfahrtsort
war, denn dort sollten keine Wunder geschehen. Keiner der eilen-
den Besucher erwartete dort die Vergebung seiner Sünden oder
etwa die Genesung von einer unheilbaren Krankheit. Sie alle
eilten hin, um sich am Zusammenspiel der Kräfte zu beteiligen
und sich zu bemühen, daraus das Beste und Günstigste heraus-
zuholen. Der Ort des großen Spieles, an dem sie sich beteiligen
wollten, war der Ort, auf den sie zustrebten. Die Ungewissheit
lag in allem und bei jedem. Niemand konnte sicher sein, Erfolg
zu haben, aber jeder glaubte, dass auch er wie alle anderen mit
Erfolg und Glück rechnen durfte, und das beflügelte alle.

***

Die erste Hälfte des Vormittags war bereits verstrichen, als Saul und sein Begleiter das Stadtzentrum von Ephesos erreichten. Was Saul zuerst auffiel, war das Artemision, ein prächtiges Gebäude, das jeden Besucher beeindrucken musste.

Sie verließen den Menschenstrom, stiegen ab, führten ihre Tiere zu einem Olivenbaum und banden sie dort an.

„Bleib hier bei den Tieren, ich schaue mir unterdessen dieses Gebäude an", sagte Saul zu seinem Begleiter.

Saul musste noch einmal den Menschenstrom durchqueren, der jetzt noch mächtiger zu sein schien als einige Augenblicke zuvor. Langsam näherte er sich dem prächtigen Gebäude. Im ersten Augenblick kam ihm der mächtige Bau leicht vor, fast durchsichtig, ähnelte eher einem Gemälde. Wie er sich aber langsam dem gewaltigen Bauwerk näherte, nahm alles seinen irdischen Charakter an, wurde massiv und schwer. In der unmittelbaren Nähe des Baus änderte sich Sauls Eindruck dann aber noch einmal. Die Säulen verloren ihre Schwere, obwohl sie außerordentlich massiv waren, und vermittelten den Eindruck, sie seien nur die unbedingt notwendige Verbindung zwischen dem Boden, dem Diesseitigen, und der luftigen, jenseitigen Ebene. Plötzlich hatte er den Eindruck, dass die ganze Wucht des beeindruckenden Bauwerks oben, im oberen Teil lag, der durch die Säulen vom Boden abgehoben war. Ganz zuoberst war das Üppige, ganz zuunterst bloß das Dürftige. Jenes wurde jedoch von diesem getragen. Das Detail allein war bereits eine großartige Mitteilung.

*

Einige wenige Menschen saßen oder lagen auf den breiten Stufen, die zum Eingang führten. Sie alle waren zerlumpt und schienen auch in schlechter gesundheitlicher Verfassung zu sein. Saul ging an ihnen vorbei. Oben angekommen, begegnete er einem Mann, der eine große Papyrusrolle in der Hand trug. Die Erscheinung des Mannes und dessen selbstbewusste Haltung veranlassten Saul, ihn anzusprechen.

„Ich bitte um Verzeihung, dass ich dich mit meinem Unwissen störe, bin Fremder, zum ersten Mal in dieser Stadt ...“

Er konnte nicht ausreden, denn der Mann mit der Rolle unter dem Arm hielt gleich an und unterbrach ihn mit freundlicher Stimme.

„Du störst überhaupt nicht, kann ich dir behilflich sein?“

„Dieses Gebäude ist beeindruckend, könntest du mir vielleicht sagen, welchem Zweck es dient?“

„Ich bin Architekton, einer der obersten Baumeister, die von der Stadtverwaltung beauftragt sind, die sämtlichen Arbeiten an diesem Bauwerk zu leiten und zu beaufsichtigen.“

„Ich habe Glück gehabt, dass ich im richtigen Augenblick gekommen bin, dir zu begegnen“, sagte Saul lächelnd.

„Dieser Bau ist der Tempel der Artemis, der Lehrerin und Beschützerin aller Jäger, unabhängig davon, wann, wo und wie sie jagen. Entscheidend ist lediglich, dass sie nach dem größten und rarsten Wild – Glück genannt – jagen; nur solche unterweist und beschützt sie. Sie können Artemis jederzeit um Hilfe anflehen. Auch sie ist immer unterwegs, immer auf der Jagd. Zur Seite als ständige Begleiter stehen ihr schnellste Jagdhunde und zur Unterhaltung zahlreiche junge Frauen“, sagte der Baumeister mit überzeugender Stimme.

„Falls jemand kein Jäger ist, darf er trotzdem Artemis um Schutz und Beistand bitten?“, fragte Saul.

„Jeder darf sie um Schutz bitten, auch ein Nichtjäger, aber das wäre nicht angebracht, und keiner tut das“, erwiderte der Architekt.

„Und warum nicht?“, fragte Saul erstaunt.

„Weil ein Nichtjäger nichts erjagen kann. Das Jagen erfordert ein Wollen. Man muss wollen und nach Erfolg streben können. Das absichtliche, gewollte Jagen nach dem Glück ist das Wesen des Jägers“, erklärte der Architekt.

„Aber wenn jemand Glück hat, ohne es zu wollen?" fragte Saul, jetzt noch mehr erstaunt.

„Nicht gesuchtes, nicht gewolltes, nicht erstrebtes Glück ist keines. Artemis kümmert sich um solche Fälle nicht; die Glück Habenden interessieren sie nicht, sondern nur die Glück haben Wollenden. Jetzt muss ich gehen, auf mich wartet viel Arbeit", sagte der Mann mit der Rolle unter dem Arm, machte noch eine kleine Handbewegung zum Abschiedsgruss und setzte seinen Weg fort, hüpfte die Treppe hinunter und verschwand bald im strebenden Menschenstrom, den Saul kurz davor verlassen hatte.

*

Saul stand nun auf dem Sockel des Tempels, dort, wo die Stufen, die zum Tempel hinaufführten, aufhörten. Noch höher steigen konnte er nicht. Er war auf der gleichen Ebene wie der Tempel, und doch draußen. Er stand so, dass der Tempel sich nicht mehr vor ihm und der Menschenstrom nicht mehr hinter ihm befand, sondern rechts und links von ihm zu sehen waren. Er brauchte nur den Kopf nach rechts und links zu drehen, um beides ins Auge zu fassen.

„Es ist in der Tat ein atemberaubendes Gebäude, jedoch völlig absurd", dachte er. Dass es auch woanders Jäger und Jagen nach Glück gab, war ihm vertraut, denn auch in der Geschichte seines Volkes gab es tüchtige Jäger, die sich bemühten und abplackten ihr ganzes Leben lang, die es sogar als um den Segen Geprellte zu etwas brachten, mehrere Frauen hatten, viele Kinder, große Herden und viele Zelte. Aber eine besondere Gottheit der Jagd brauchte dort niemand. Dort schenkte derselbe Gott den eher Strebsamen ihren Tatendrang und den eher Spekulativen ihre Zurückhaltung – Esau und Jakob huldigten demselben Gott. Hier aber stand ein gewaltiger Tempel, errichtet eigens zu Ehren der Jagdgottheit. Ein Bauwerk von riesigen Ausmaßen war es, für dessen Errichtung zweifelsohne unzählige Menschen ihre Gesundheit und viele ihr Leben hatten hergeben müssen.

Nun stand dort der gigantische Moloch, errichtet aus riesigen Blöcken der versteinerten Zeit, nachdem er schon längst seine Erbauer verschlungen hatte, und zwang schweigend die Fähigsten unter den Lebenden, für sein Fortbestehen zu sorgen.

Auf der anderen Seite kämpfte sich mühsam ein Menschenstrom auf einen Punkt zu in der Hoffnung, dort, wo alles zusammentrifft, Glück zu erlangen. Das Ergebnis der Bemühung war ein hartes, von Mühsalen erfülltes Dasein, unterhalten von der Hoffnung, dass es eines Tages doch besser sein werde. Es sah sogar aus, dass ihre Hoffnung selbst, eines Tages würden sich die Dinge trotz allem doch zum Besseren wenden, an allem schuld gewesen war. Wollte man es aber besser und bequemer haben, musste man mehreren Gottheiten Opfer darbringen, denn für jeden Lebensbereich war eine andere zuständig, und sie alle verlangten Opfer. Immer neue Wünsche schufen neue Lebensweisen und neue Wünsche, und ließen somit das Bedürfnis nach neuen Gottheiten und neuen Opfern entstehen. Daher musste ein jeder noch mehr Eifer aufbringen und sich noch mehr anstrengen.

*

„Fremder!", schrie ziemlich laut einer der auf den Stufen liegenden Zerlumpten, der nur einige Schritte von ihm entfernt war, und riss ihn aus seinen Gedanken. Saul richtete seinen Blick auf den, der gerufen hatte. Der Mann lächelte, und man konnte sehen, dass ihm alle Zähne fehlten. Saul erwartete, der Zerlumpte würde ihn um eine kleine Gabe bitten. Das geschah aber nicht. Stattdessen fragte ihn der Arme, ob er wüsste, wer die bekannteste der Bergnymphen war.

„Nein, das weiß ich nicht", sagte Saul.

„Möchtest du es wissen?"

„Ja, gern, erzähl es doch."

„Das werde ich für dich tun, aber zuerst muss ich etwas essen, es fehlt mir an Kraft, ich kann kaum reden", sagte der Mann.

„Dann iss doch zuerst etwas, ich kann warten", sagte Saul.

„Ich habe aber nichts zu essen", erwiderte der Mann.

„Soll ich dir was vom Markt holen?", fragte Saul.

„Das brauchst du nicht, ich kann es selbst machen. Du kannst mir eine Münze geben", schlug der Mann vor.

„Davon wirst du aber nicht satt", sagte Saul.

„Nicht ganz satt, aber ein kleines Vorgefühl der Sättigung ist schon etwas", erwiderte der Mann.

Saul zögerte einen Augenblick, dann gab er ihm eine Münze.

"Hier, nimm es. Für eine gute Mahlzeit sollte es schon reichen", sagte Saul.

„Es reicht immer, und es ist nie genug", sagte der zerlumpte Mann, nahm die Münze entgegen und ging in kleinen, unsicheren Schritten die Treppe hinunter. Der Menschenstrom nahm ihn auf, und er war nicht mehr zu sehen.

Saul setzte sich auf die Treppe. Wie lange er werde warten müssen, konnte er nicht wissen, aber er dachte auch nicht daran. Er hatte den Eindruck, der zerlumpte Mann, der soeben weggegangen war, etwas zu essen zu holen, werde ihm viel Aufregendes über die Göttin der Jagd erzählen können.

Von der vorbeiströmenden Menschenmenge, auf die er nun von oben, vom Sockel des Tempels hinunterschauen konnte, stieg ein Rauschen zu ihm herauf. Ein Lärm war es wegen der Entfernung nicht mehr, die einzelnen Stimmen und Schreie waren nicht zu vernehmen, sondern eine Mischung aus allen Stimmen, Schreien und Geräuschen war es, ein berauschendes Rauschen.

Von der anderen Seite her berieselte ihn die Stille des Tempels.

Saul stellte die Ellbogen auf die Oberschenkel auf, legte beide Hände zu einer Mulde zusammen und versenkte das Gesicht hinein.

95

So saß er und wartete auf einen, der zerlumpt war und der offensichtlich zu den Ärmsten zählte, weil jener durch eine einzige Frage in ihm die Neugierde und zugleich das Gefühl geweckt hatte, dass man von ihm Interessantes erfahren könnte.

Er rührte sich nicht. Ob er schlief und träumte oder bloß in Gedanken versunken war, war nicht auszumachen.

„Er ist weggegangen", vernahm er die Stimme eines anderen Zerlumpten, der sich zu ihm gesetzt hatte.

Saul sagte nichts. „Alles, was er dir erzählen kann, kann ich dir auch erzählen."

Saul schwieg.

„Du wirst noch lange auf ihn warten müssen."

Saul erwiderte nicht.

„Ich merke, du bist damit einverstanden, dass ich dir alles erzähle. Ich erzähle nur, wenn ich aufgeweckte Zuhörer habe. Du bist ein solcher Zuhörer, und ich möchte dir alles erzählen. *Alles*: wie es ist, wie es sein könnte und wie es sein muss, jetzt und immer."

Saul machte nur einen kleinen Seufzer und blieb in der gleichen Stellung sitzen.

„Du wolltest wissen, wer die berühmteste Nymphe war. Gut, aber jede gute Geschichte will ernst genommen werden. Das heißt, sie fordert, dass man nichts weglässt. Hinzufügen darf man immer etwas – das ist sogar erwünscht –, jedoch darf man die Geschichte nicht ändern. Wer so nicht erzählen kann, sollte gar nicht erzählen.

Unsere Geschichte beginnt mit den Kindern der ältesten Eltern. Das eine der beiden Eltern ist die Mutter, die wir berühren und greifen können, die uns besonders nah und vertraut vorkommt und die wir Erde nennen; das andere ist der Vater, der uns so weit entfernt zu sein scheint, dass wir ihn nie berühren oder irgendwie seine unmittelbare Nähe spüren können, den wir Himmel nennen und von dem wir auf immer getrennt bleiben müssen. Die beiden sind Kinder von Chaos, der äußersten Zusammenhangslosigkeit.

Diese beiden vereinigten sich und zeugten zahlreiche Kinder. Viele dieser Kinder fanden aneinander Gefallen und zeugten weiter.

Zwei von ihren vielen Kindern sind für unsere Geschichte von besonderer Bedeutung. Das eine, der Vater, ist der dunkle, ewig fragende Koios. Das andere, die Mutter, ist die klar leuchtende Phoibe.

Diese beiden vereinigten sich und wurden Eltern von zwei Töchtern. Eine der beiden war die glückselige Leto, die andere wie Sterne leuchtende Asteria.

Auf die Glückseligkeit konnte selbst der Mächtigste unter den Himmlischen nicht verzichten und vereinigte sich mit der schönen Leto.

Die Frucht ihrer heimlichen Liebe war ein Zwillingspaar, eine Tochter und ein Sohn.

Als die Glückseligkeit das Zwillingspaar gebären sollte, wollte ihr niemand einen geeigneten Ort für die Niederkunft bieten, denn die mächtigste Göttin, die Gemahlin des mächtigsten Gottes ließ es nicht zu. Sie selbst war immer mürrisch und hatte in ihrem Herzen weder für die Glückseligkeit noch für deren Kinder Platz. Das einzige, was sie hatte, war die beinahe uneingeschränkte Macht, die sie mit ihrem fast allmächtigen Gemahl teilte. Sie fürchtete nämlich, die Glückseligkeit und deren Kinder könnten die Bedeutung der uneingeschränkten Macht fragwürdig machen.

*

Nach langem Irren wurde die Glückseligkeit von den fröhlich tanzenden Einwohnern der Insel Ortygia, unweit der Insel Delos, aufgenommen, wo sie ein Töchterchen gebar. Und weil das Kind gerade und schön gestaltet war, erhielt es den Namen Artemis.

Auf dieser Insel gewährte man der Glückseligen auch den Ort zur Geburt eines Sohnes. Und weil die Inselbewohner jedes Jahr die sengende Hitze zu ertragen hatten, wählten sie den Knaben sogleich zu ihrem Herrn und Beschützer. Daher gaben sie ihm den Namen Apollo. Seit dem Tag schwimmt die Insel nicht mehr ziellos im Meer herum, sondern hat einen festen Platz. Beide Geschwister waren große Meister im Bogenschießen, trafen unfehlbar jedes Ziel aus beliebiger Entfernung.

Artemis liebte schattige Wälder. Dort jagte sie nur die schönsten Hirsche.

Sie hatte viele Begleiterinnen. Sie alle waren – wie sie selbst – keusche Jungfrauen.

Sie wusste, wie sehr ihre Mutter wegen der Schwangerschaft und der Geburt gelitten hatte, und enthielt sich deswegen jeglicher Liebesbeziehung, sei es mit Männern, sei es mit Frauen.

Ihre reizvolle Begleiterin, die bezaubernde Heiterkeit, die man einfach Kallisto nannte, weil sie die schönste war, brach aber das Keuschheitsgelübde und vereinigte sich heimlich in Liebe mit dem Mächtigsten, dem Vater der Artemis. Artemis verehrte ihren Vater nicht, hielt ihn vielmehr für einen rücksichtslosen Lüstling, der sich um das Schicksal seiner eigenen Nachkommen nicht kümmerte.

Das Verhalten der schönen Kallisto empfand die Artemis als schwere Beleidigung und zur Strafe beraubte sie die bezaubernde Sünderin ihres Reizes, so dass sie fortan für alle Männer, die ihr gefielen, eher einer Bärin als einem menschlichen Wesen ähnelte. Für alle anderen machte sie ihr mächtiger Liebhaber unsichtbar. Mehr konnte er für sie nicht tun, denn seine mächtige Begleiterin wollte es so.

Ihr mächtiger ehemaliger Liebhaber milderte ein wenig ihr Leiden, indem er sie in eine Bergnymphe verwandelte, so dass sie von nun an die angenehme Gesellschaft anderer Nymphen genießen durfte. Sie ihrerseits war einverstanden, dass er mit allen ihren Begleiterinnen ungestört freie Liebe genieße. Ihre

Aufgabe war außerdem, ihn vor dem Zorn seiner eifersüchtigen Gattin zu schützen, indem sie ihr während seiner außerehelichen Liebesaffären spannende Geschichten erzählte und somit ihre Aufmerksamkeit von ihm ablenkte.

*

Das ging so, bis die eifersüchtige Ehefrau des Mächtigsten den Betrug durchschaute und die geschwätzige Kallisto unverzüglich ihrer Stimme beraubte. Ab sofort konnte Kallisto niemandem etwas klar sagen, und niemand konnte verstehen, was sie meinte, denn von allem, was sie sagte, hörte man nur die letzte Silbe. Seit der Zeit ist sie in jeder Sprache und in jedem Gespräch anwesend, vor allem wenn man verschiedene Ansichten vertritt. Nur in der Sprache der Liebe fehlt sie.

Seit der Zeit nennt man sie Echo.

Alles, was sie nun tun konnte, war einsam und betrübt im Gebirge zu irren, denn sie konnte sich niemandem mitteilen.

*

Einmal erblickte sie einen überaus schönen Jüngling, der an einem Tümpel saß und im Wasser sein eigenes Spiegelbild bewunderte. Sein Unglück war, dass er sich in sein eigenes Spiegelbild, sein eigenes Nichtvorhanden-Sein verliebt hatte. Sie verliebte sich in den Jüngling, aber sagen konnte sie ihm nichts, denn ihre Stimme war verstümmelt. Sie zeigte sich ihm – das war das einzige, was sie tun konnte –, aber er erschrak, als er eine tollpatschige Bärin in der nächsten Nähe erblickte, und sein Gesicht verzog sich vor Ekel zu einer Grimasse.

Der Liebesgöttin entging das nicht, und sie bestrafte den Jüngling, weil er für eine reizende junge Frau keinen Platz in seinem Herzen finden konnte. Sie beraubte ihn seines Bewusstseins und verwandelte ihn in eine Blume, versetzte ihn also auf eine niedrigere Stufe, auf der man weder von sich noch von seinem Spiegelbild etwas wissen kann, auf die Stufe also, auf der es keine Welt gibt."

*

Der zerlumpte Erzähler verstummte. Auch Saul schwieg.

„Auf die Stufe, auf der es keine Welt gebe, sagtest du?" fragte Saul dann, denn die Worte des Erzählers enthielten eine interessante Behauptung.

„Du hast es richtig gehört, auf der Stufe der Pflanzen gibt es keine Welt."

„Und auf der Stufe der Tiere wie Hunde oder Löwen?"

„Auch dort gibt es keine Welt", erwiderte der Zerlumpte.

„Wie darfst du so etwas behaupten? Woher holst du dir das Wissen, dass es auf der Stufe der Pflanzen oder der Tiere keine Welt gibt?", fragte Saul.

„Wenn der Mensch denkt, dass etwas so ist oder so, dann ist es so oder so. Wenn er denkt, dass es anders ist, dann ist es eben anders. Die Welt entspricht immer der menschlichen Vorstellung von ihr. Sie ist immer so, wie der Mensch sie erlebt. Sie ändert sich genau so, wie sich die menschliche Vorstellung von ihr ändert, nicht mehr und nicht weniger."

Eine Weile schwiegen beide.

„Soll das heißen, dass es die Welt ohne eine menschliche Vorstellung von ihr gar nicht gibt?", fragte Saul.

„Das scheint der Fall zu sein. Die menschliche Meinung und das menschliche Gefühl sind das Mass. Wenn sich seine Meinung und sein Gefühl ändern, ändert sich auch das gültige Maß, das einzig geltende. Gibt es niemanden, der über die Welt nachdenken und ihr somit einen Inhalt geben kann, kann es sie auch für niemanden geben. Nur jemand, der sie sich vorstellen und der sich über sie Gedanken machen kann, kann auch die Frage stellen, ob es sie auch ohne ihn gäbe. Ohne den kann die Frage gar nicht gestellt werden", sagte der Mann in Lumpen.

„Wenn der Mensch, das bewusste Wesen, verschwände, würde dann auch die ganze Welt verschwinden, wenn ich dich richtig verstanden habe?", fragte Saul, um sich zu vergewissern.

„So ist es, die ganze Welt; sie kommt und geht mit dem Menschen. Das Wesen des Menschen ist, dass die Welt mit ihm erscheint und verschwindet."

Beide schwiegen eine Weile.

„Aber wenn die Menschen verschwinden sollten, blieben doch Berge und Flüsse, Sonne und Sterne trotzdem weiter bestehen?", versuchte Saul die Behauptung des Erzählers anzufechten.

„Nichts bliebe weiter bestehen ohne Menschen", beharrte der Erzähler.

„Warum nicht?", fragte Saul.

„Der Inhalt, der Sinn von ‚weiter bestehen' ist ein menschliches Produkt; auch die Vorstellungen, dass es einmal etwas gab, jetzt gibt, dereinst geben wird, dass es auch ohne Menschen geben könnte oder nicht geben könnte; alle Fragen, Ideen, Spekulationen und Vermutungen sind menschliche Vorstellungen und Überlegungen. Mit dem Menschen kommen sie und mit dem Menschen gehen sie", erläuterte der Erzähler.

„Aber dann ist auch deine Behauptung, dass mit dem Menschen alles kommt und geht nur eine menschliche Behauptung", versuchte Saul noch einmal.

„Richtig, ich sehe ein, dass du meine Worte gut verstanden hast", erwiderte der Erzähler

„Aber ich habe bereits mehrere Male gesehen, dass Menschen gestorben sind, aber die Welt ist nicht verschwunden", sagte Saul, seine Stimme klang besorgt.

„Solange ein einziger Mensch da ist, ist die ganze Welt da. Wenn der Mensch – nicht dieser oder jener, sondern der Mensch überhaupt, als bewusstes Wesen, in dem das Weltgeschehen stattfindet – verschwindet, muss auch die Welt verschwindet, denn dann fehlt der Ort, an dem sie gegliedert und zusammengefügt wird", sagte der Erzähler.

Saul blieb in seiner früheren Stellung sitzen und schwieg. Er rührte sich nicht.

*

Der zerlumpte Freund des Erzählers, der weggegangen war, etwas Essbares zu holen, kam zurück. Dem großen Beutel, den er mitgenommen hatte, entnahm er Brote, Früchte, Ziegenkäse und eine Melone.

„Der Diener ist zurück, wir können uns ein wenig stärken, wir haben es verdient", sagte der Erzähler und zupfte sachte am Rand von Sauls Kleid.

Saul hob den Kopf. Auf Weinblättern lagen, nebeneinander geordnet, frische Brote, Käserädchen, verschiedene frische Früchte und eine wunderschöne Melone. Alles, was vor ihm ausgebreitet und reizvoll geordnet dalag, war zum Verzehr bestimmt, aber es war so überwältigend, dass er einen Augenblick zögerte, es anzurühren.

„Hier ist das Messer, du kannst die Melone zerteilen", sagte der Erzähler und reichte dabei Saul ein kleines Messer.

„Du kannst es bestimmt besser, mach es, wie du es für richtig hältst", sagte Saul.

Der Erzähler halbierte die Melone, trug die Hälften zum nahe gelegenen Strauch und schüttete dort den flüssigen Inhalt mit Samen auf den Boden.

„Werden sich die Kerlchen freuen", sagte er lächelnd.

„Wer wird sich freuen?", fragte Saul.

„Die vielen Käfer, die Ameisen, aber auch die noch viel kleineren, die sichtbaren und die unsichtbaren. Wir müssen für sie alle sorgen, denn auch sie werden für uns später sorgen. Die Ordnung in Unordnung muss sein, das Gleichgewicht im Ungleichgewicht der Welt", antwortete der Erzähler.

Saul kostete von allem. Noch nie in seinem bisherigen Leben hatte ihm etwas so gut geschmeckt. Die beiden zerlumpten Männer merkten es und forderten ihren Gast auf, noch mehr zu nehmen.

„Wozu dient dieses riesige Gebäude?", fragte Saul, denn die Erklärung des Architekten schien ihm etwas einseitig.

„Man kann sich darin mit verschiedensten Anliegen an die großzügige Göttin wenden", sagte einer der Zerlumpten.

„Zum Beispiel?", fragte Saul.

„Zum Beispiel, wenn man nach seinem Glück jagt, und zwar in irgendwelchem Sinn, kann man sich immer an die Göttin wenden. Oder wenn man möchte, dass der eigene Acker, die eigenen Haustiere, die eigenen Familienmitglieder fruchtbar werden, ist dieser Tempel der richtige Ort, an dem man opfern kann", erläuterte der Erzähler.

„Wie opfert man hier? Werden Tiere geschlachtet?", fragte Saul.

„Nein, das hatte man in der fernen Vergangenheit getan, jetzt bringt man feine Früchte und Speisen auf den Altar", sagte der Erzähler.

„Und was geschieht mit den Opfergaben?", fragte Saul.

„Was soll mit Speisen geschehen? Es geschieht, was mit der Speise geschehen soll: Die Bedürftigen, Leute wie wir beide, essen sie", sagte der Zerlumpte.

„Und wenn der Wunsch der Opfernden nicht in Erfüllung geht?", fragte Saul.

„Dann müssen sie es wieder versuchen, denn was heute nicht gelingt, kann vielleicht morgen gelingen, jeder Tag ist ein neuer Tag, und an Bedürftigen fehlt es nie", erklärte der Erzähler.

„Ich glaube, du sagtest am Anfang, Artemis sei eine keusche Jungfrau, lasse sich auf keine Liebschaften ein; habe ich dich richtig verstanden?", fragte Saul.

„Das habe ich gesagt, du hast es richtig gehört", erwiderte der zerlumpte Erzähler.

„Warum setzt sie sich dann dafür ein, dass die unfruchtbaren Wesen fruchtbar werden? Als keusche Jungfrau sollte sie sich um solche Angelegenheiten nicht kümmern", versuchte Saul logisch zu argumentieren.

„Das ist die einseitige Denkweise des Menschen. Der Mensch sucht immer einen geraden Zusammenhang in allem", erwiderte der Erzähler und führte dabei eine Handbewegung aus, die eine gerade Linie veranschaulichen sollte.

„Und wenn er es nicht findet?", fragte Saul.

„Dann ist er unzufrieden", erwiderte der Zerlumpte.

„Wie hätte ich stattdessen fragen sollen?", fragte Saul.

„Eigentlich sollte man nie fragen, warum die Gottheiten so oder so handeln. Ihr Handeln kennt kein *Warum* und kein *Wozu*, verläuft daher nie gerade, sondern immer auf verschlungenen Wegen. Daher ist ihr Tun für den Menschen unberechenbar, und so wird es bleiben", erwiderte der Zerlumpte.

„Und was wird geschehen, falls die Menschen eines Tages alles genau berechnen können und zum Schluss kommen, dass Gottheiten überflüssig sind?", fragte Saul.

„Nichts Besonderes wird geschehen, denn zu dem Schluss werden die Menschen nur in vollkommener Übereinstimmung mit den Gottheiten kommen. Diese folgen nämlich nur der Einsicht des Menschen, wenn sie ihn besuchen wie wenn sie ihn verlassen. Mit Gewalt lässt sich weder ihr Kommen noch ihr Verschwinden erzwingen", sagte der Erzähler.

„Erkläre es bitte etwas genauer", bat Saul den Erzähler.

„Die Gottheiten leben nur in den Menschen, von denen sie ernst genommen werden. Je ernster sie genommen werden, desto stärker sind sie anwesend. Sie verlassen den Menschen, sobald sie von ihm nicht ernst genommen werden", sagte der Erzähler.

„Gibt es hier solche Menschen?", fragte Saul den Erzähler, und in dem Augenblick kam es ihm in den Sinn, dass er in Milet dem Weinbergbesitzer eine ähnliche Frage gestellt hatte.

„Die gibt es überall, aber nirgends viele. Deren Zahl stimmt genau mit jener der Scharfdenkenden überein. Einer von solchen wenigen Menschen wurde hier geboren. Er war einer von den so genannten sieben Weisen. Viele in dieser Stadt sind stolz, dass sie die Bürger der Stadt sind, in der er geboren wurde, wie wenn sie deswegen mit ihm etwas zu tun hätten."

„Wie hieß er?", fragte Saul neugierig.

„Heraklit nannte man ihn", antwortete der Erzähler.

„Könntest du mir etwas über ihn erzählen?", bat Saul den Erzähler.

„O ja, vieles. Zuerst einmal war alles, was er sagte, den meisten Menschen unverständlich, und vielleicht deswegen nannte man ihn ‚der Dunkle'. Alles bewege und verändere sich ununterbrochen, meinte er; der größte Irrtum sei zu glauben, dass etwas ruhe. Und weil alles fließe und sich verändere, gebe es nur das Andere, nie das Selbe. Das Andere stoße immer auf das Andere, und weil sie nie das Selbe werden könnten, herrsche ununterbrochen Krieg, Agonie der Welt, der alles entspringe, auch unsere Meinung, dass so etwas wie Agonie das Wesen und die Quelle der Welt sein kann. Das Wesen der Welt, meinte er, sei die Unbeständigkeit", erläuterte der Erzähler.

„Das Wesen will aber beständig sein", fiel Saul ein.

„Gewiss, Heraklit meinte es auch so: Der Wandel ist beständig, daher das Wesen der Welt", erklärte der Erzähler.

Saul schwieg einen Augenblick.

„Weißt du noch etwas über Heraklit?", fragte er den Erzähler.

„Über Heraklit kann man das ganze Leben lang reden, denn ein jedes Gespräch ist eigentlich eine Unterhaltung, ist ein Teil seiner Lehre. Ist doch das Gedachte nie das Gesagte, das Gesagte nie das Gehörte, denn alles unterliegt auf seinem Wege dem Wandel. Die Welt sei ein Fluss, in den man nur einmal steigen könne. Das will besagen, dass es keine eigentliche Wiederholung gebe. Und weil nichts wiederholt werden könne, meinte er, sei alles einmalig. Denkt man das zu Ende, begreift man, dass alles von allem getrennt ist und dass die ganze Welt aus Einzigartigkeiten besteht. Und weil nichts verweilen, nichts stehen könne, bestehe eigentlich nichts außer Unbeständigkeit", sagte der Erzähler.

„Aber es gibt doch eine Welt, wir leben und befinden uns doch in ihr", fiel Saul ein.

„Heraklit meinte auch, dass wir uns in der Welt bewegten und dass die Welt sich in uns bewege sowie dass die Welt einem Brand ähnele, der weder entstehen noch ausgehen könne, da er entstehend vergehe und vergehend entstehe", sagte der Erzähler.

„Das hat er gelehrt?", fragte Saul.

„Ja, und das war offenbar zu viel für die meisten, und so nannten sie ihn ,der Dunkle' ", sagte der Erzähler.

„Verehrte er irgendwelche Gottheiten?", fragte Saul.

„In seinem Weltbrand wäre es für irgendeine der vielen Gottheiten, die von den gewöhnlichen Menschen verehrt werden, viel zu heiß gewesen. Denen fehle es sowohl an Ernst wie an Phantasie, meinte er, die ihren Gottheiten menschliche Eigenschaften andichteten. Daher fühlte sich in seiner Welt keine Gottheit wohl. Er seinerseits bemühte sich nicht, in seiner fließenden, sich ständig verwandelnden Welt eine Gottheit anzu-siedeln", sagte der Zerlumpte.

„Warum nicht?", fragte Saul

„Weil jede Gottheit unwandelbar sein will, sein muss", ant-wortete der Erzähler.

„Warum?" fragte Saul.

„Weil sie nicht nur von einem Geschlecht verehrt sein muss und zu dem Zweck mit genau festgelegten Riten vor Veränderung geschützt werden soll", antwortete der Erzähler.

„Also verehrte er keine Gottheit?", wollte Saul wissen.

„Nicht ganz. Er verehrte eine Gottheit so sehr, dass er aus Liebe zu ihr alle anderen für ungültig und täuschend erklärte. Nur sie fühlte sich wohl in dem seltsamen Weltgebäude, das er für sich errichtet hatte", antwortete der Erzähler.

„Und wie hieß seine Gottheit?", fragte Saul.

„Metastasis hieß sie, weil sie nie an einem festen Ort war, sondern immer unterwegs, immer woanders. Wer sie an einem bestimmten Ort sucht, kann sie unmöglich finden, sucht umsonst; wer sich von ihr irgendwelche Vorstellungen macht, kann sie unmöglich kennen lernen", erläuterte der zerlumpte Erzähler.

"Eigenartig scheint er in der Tat gewesen zu sein", bemerkte Saul.

„Gewiss. Die Angelegenheiten der Erwachsenen, wie etwa Staatsgeschäfte und Gesetze, hielt er für albern. Anderseits hielt er das Spielen der Kinder für erhaben und heilig", sagte der Erzähler.

„Hatte er Kinder?", fragte Saul.

„Seine Mutter konnte ihn nicht dazu bewegen, eine Lebensbegleiterin zu suchen und Kinder zu zeugen. Immer, wenn sie Ihn dazu drängte, sagte er, es sei noch zu früh. Als er ins Alter kam, in dem er bereits Großvater hätte sein können, sagte er, es sei etwas zu spät", antwortete der Erzähler.

„Er starb also ohne Nachkommenschaft?", wollte sich Saul vergewissern.

„Er sah es offenbar anders, denn er soll einmal gesagt haben, wenn er keine Nachkommen mehr haben sollte, würde die Welt verschwinden, seine Gottheit sorge jedoch dafür, dass seine Nachkommen immer wieder geboren würden. Es sei einerlei, wo und wann das geschehe. Allein der Umstand, dass es geschehe, sei von Belang", sagte der Erzähler.

„Wurde er zeit seines Lebens von den Menschen geachtet?", fragte Saul.

„Er wurde von den meisten verehrt, weil seine Lebensweise von seinen Worten nicht abwich, jedoch nur von den wenigsten verstanden, denn er redete unüblich. Als man dem Gott der Kunst und des klaren Denkens einen Tempel errichten wollte, baten ihn die Vornehmen und Einflussreichen um einen besonders tiefen Spruch, den sie im Tempel als gebührenden

Schmuck und die ewig gültige Lebensunterweisung für die künftigen Geschlechter anzubringen gedachten. Er sagte ihnen, ohne zu überlegen, der geeignete Spruch für den Zweck sei ‚Erkenne dich selbst'. Gleich darauf soll er ihnen noch empfohlen haben, jenem ersten Rat auch die Unterweisung ‚Übertreibe mit nichts', beizufügen", sagte der Erzähler.

„Hat er diese Worte irgendwo aufgeschrieben?", fragte Saul.

„Kaum, denn er schrieb nichts auf – andere, seine Schüler, taten es für ihn. Alles, was wir über ihn und seine Lehre wissen, wissen wir von den anderen. Das war vorher so, so ist es jetzt, und so wird es auch in der Zukunft sein. Die Lehrer und Begründer leben von der Tüchtigkeit und Ausdauer ihrer Schüler und Anhänger. Dank ihnen hat er gelebt, lebt jetzt und wird leben, solange es jemanden gibt, der sich dessen bewusst ist, dass er von seinem eigenen Wesen weiß", sagte der Zerlumpte.

*

Saul saß neben dem Erzähler auf einer der vielen Stufen, zwischen dem Tempel oberhalb und der Welt des Treibens unterhalb. Seine Füße ruhten auf einer Stufe tiefer, seine Arme auf seinen Knien. Sein Gesicht hielt er mit den beiden Händen umklammert und schaute auf die Oberfläche der Stufe, auf der seine Füße ruhten. So saß er und sah den Erzähler nicht an, hörte ihm bloß zu. Nur Worte, reine Worte kamen auf ihn zu, geläutert durch völlige Abwesenheit der Zwecke.

„Einige Zeit später", fuhr der Erzähler fort, "inzwischen hatten die großen Spiele zweimal stattgefunden – tauchte eines Tages unter der Aufschrift ‚Übertreibe mit nichts' noch eine auf, nämlich ‚Auch damit nicht'", sagte der Erzähler.

„Und von wem stammt dieser dritte heimlich hinzugefügte Spruch?", wollte Saul wissen.

„Wohl von jemandem, der das Verdienst eines anderen geschickt ausnützte, um selbst miterwähnt zu werden. Der heimlich hinzugefügte Spruch wurde natürlich sofort entfernt, aber er wurde als ein lustiger Einfall immer wieder erzählt und lebte weiter in den Köpfen der kommenden Geschlechter, zwar als ein ungeladener, jedoch unterhaltsamer Gast, nicht weniger überraschend und herausfordernd als die beiden ersten", antwortete der Erzähler.

„Du sagtest, der unbekannte Verfasser der Worte ‚Auch damit nicht' wollte in den Köpfen der Nachwelt leben und mit dem Verfasser der ersten beiden Unterweisungen miterwähnt werden, nicht wahr?", bemerkte Saul.

„Ja, das wollte er", erwiderte der Erzähler.

„Aber wie kann man seiner gedenken, wenn man seinen Namen nicht kennt?", wollte Saul wissen.

„Es ist völlig einerlei, ob er Stein oder Topf, ob Schwan oder Zeus hieß, das eine verwandelt sich sowieso mühelos ins andere; entscheidend ist doch, dass seine sanft ironischen Worte leben, und zwar als eine selbständige Weisheit, obwohl deren Sinn eigentlich in den beiden ersten Unterweisungen enthalten ist, deren Schnittpunkt darstellt", erläuterte der Erzähler. Darauf verstummte seine Stimme.

Saul rührte sich eine Weile nicht; dann erhob er das Haupt. Seine Stirn war blass und mit feinen Schweißperlen bedeckt. Der Schatten des Tempels war hinauf gewichen und bildete nun einen dunklen kühlenden Ring um das Tempelgebäude. Erst jetzt merkte er, dass der Erzähler nicht mehr neben ihm saß. Er drehte sich um, aber auch hinter ihm war niemand zu sehen.

*'

„Es ist Zeit, die Tiere zu füttern und zu tränken", sagte sein Begleiter, der, ständig seines Auftrages eingedenk, unbemerkt Saul gefolgt war und die ganze Zeit im Schatten einer Tempelsäule gesessen hatte. Saul sah ihn nicht an.

„Dann sind wir dran", fügte jener hinzu und ging langsamen Schrittes auf Saul zu, der einige Schritte weiter unten auf einer der breiten steinernen Stufen saß, die ihn nun vom Tempel zurück in die Welt des Treibens und Strebens führten.

„Gehe nur, ich komme gleich nach", sagte Saul leise.

„Ich kann wieder zurückkommen, wenn du willst", sagte der Begleiter.

„Nein, geh nur", sagte Saul, stand auf, stieg die wenigen Stufen, die zwischen ihm und dem Tempelgebäude lagen, hinauf, fand eine schattige Ecke hinter der Säulenreihe und legte sich hin.

„Es geht nicht zusammen – was nach oben gehört, bleibt oben, was nach unten, bleibt unten", dachte er und schloss die Augen.

***

Im dicken Schatten des Tempels, wohl geschützt vor den unbarmherzig zerstörerischen, Leben spendenden Strahlen des Himmelsauges schlief Saul ein. Die vielen Eindrücke während der Reise im bunten Menschenstrom unmittelbar vor der Stadt und das Gespräch mit den Zerlumpten auf der Treppe vor dem Tempel sorgten dafür, dass er träumte. Zuerst boten ihm Leute, arme Bauern wie jene, die er nur Stunden vorher in der Menschenmenge gesehen hatte, ihre Ware an, allerlei Früchte und Gemüse. Andere versuchten, ihm ihre Tiere zu verkaufen, Hühner, Lämmer, Zicklein. Ihr nachdrückliches, schnelles Reden mischte sich mit dem Gegacker, Geblöke und Gemecker der Tiere und gestattete ihm nicht, ihnen zu erklären, dass er auf der Durchreise sei und unmöglich etwas kaufen und mitnehmen könne. Ein Ferkel, das ihm ebenso angeboten wurde, grunzte ihn irgendwie freundlich an, so dass er für einen Augenblick alles vergaß, was er von seinen Eltern und Lehrern über die Schweine gelernt hatte. Nicht wenig staunte Saul darüber, dass er das leise Gegrunze des Schweinchens genau verstehen konnte. „Die anderen haben für mein Leid kein Verständnis, aber du kennst das Leid, bist meine einzige Hoffnung. Hilf mir, wenn du kannst. Ich bin schön geraten, bin glatt und rundlich, und sie wetzen bereits die Messer. Ich möchte dich nicht dazu überreden, dass du mich auf die reine Art schlachtest und verzehrst. Das würde mir nichts bringen. Erbarme dich meiner und kaufe mich. Ich bin nicht schmutziger als meine Leidensgenossen. Meine wilden Artgenossen leeren ihren Darm nie dort, wo sie schlafen, um ihr Lager nicht zu besudeln. In den Schweineställen haben wir aber keine Wahl. Dort tun wir dasselbe, was Schafe, Ziegen und Kälber tun. Sieh, meine Füße sind gespalten wie bei den Lämmern. Dass ich die Nahrung nicht wiederkäue, will nichts besagen – ihr, Menschen, tut es auch nicht. Fortpflanzen kann ich mich nicht mehr, denn mein Besitzer hat schon einmal das Schermesser an mir walten lassen. Jetzt bin ich dir noch näher als jene, die als rein und geeignet gelten. Kauf mich und lass mich leben. Jeden Tag werde ich dich mit einem Gegrunze wecken und dich daran erinnern, dass ich ein Fußstapfen in jener Spur bin, die zu dir geführt hat. Nur wer so träumen kann wie du jetzt, ist verpflichtet, entsprechend zu handeln, alle anderen sind von dieser Pflicht frei."

Saul richtete sich schweißgebadet auf.

Das Rauschen von der Strasse unten war gleich stark wie vorher. Der Menschenstrom floss nun aber in der entgegengesetzten Richtung.

„Du solltest aufstehen, wir müssen einen geeigneten Ort zum Übernachten suchen", hörte er seinen Begleiter sagen, der die ganze Zeit hinter einer Säule gesessen hatte. Er hatte gleichzeitig über Saul und die beiden Tiere gewacht, und nun hatte er beschlossen, seinen Herrn zu wecken.

Saul war froh, dass er geweckt wurde, denn das Schweinchen hatte ihn in eine unangenehme Lage gebracht, aus der er keinen Ausweg hätte finden können.

„Du hast Recht, es ist tatsächlich an der Zeit, einen geeigneten Platz zu suchen", sagte Saul, wischte sich den Schweiß von der Stirn und stand auf.

„Zuerst sollten wir uns im Hafen erkundigen, wann das nächste Schiff nach Athen fährt", schlug Sauls Begleiter vor.

„Das ist eine gute Idee; so können wir gleich abklären, wie lange wir hier in Ephesos noch bleiben müssen", sagte Saul.

**

Im Hafen lagen mehrere Schiffe vor Anker. Saul erkundigte sich bei den Männern, die in der Nähe der Schiffe standen und deren Erscheinung vermuten ließ, sie könnten Seeleute sein, wann das nächste Schiff nach Athen fahre.

„Ich komme von Athen. Dies ist mein Schiff. Ich bin der Schiffslenker", sagte einer und zeigte dabei auf das große Wasserfahrzeug mit drei hohen Masten und langen, dicken Spieren. „Die Windverhältnisse sind günstig, übermorgen stechen wir in See. Das ist unser Plan. Die Götter können es aber immer anders beschließen", sagte der Mann.

*

„Ich möchte nach Athen fahren. Habt ihr noch Platz?", fragte Saul, etwas aufgeregt und froh, dass sich so schnell eine Möglichkeit bot, auch das letzte Stück des Weges zu bewältigen.

„Bist du allein?", fragte der Seemann.

„Wir sind zwei Personen, und dies sind unsere Reittiere", antwortete Saul.

„Das wird schon gehen", antwortete der Seemann.

„Wie lange dauert etwa die Fahrt?", erkundigte sich Saul.

„Wenn der Äolus uns gewogen ist, in fünf Tagen sollten wir dort sein", sagte der Seemann.

„Wir möchten uns noch etwas die Stadt ansehen. Wann sollten wir zur Einschiffung hier sein?", fragte Saul.

„Ihr müsst morgen Abend, vor Sonnenuntergang hier sein. In der Nacht nehmen wir niemanden mehr auf. Übermorgen früh fahren wir aus", antwortete der Seemann.

„Braucht ihr eine Anzahlung?", fragte Saul.

„Wir nehmen keine Anzahlung. Ihr zahlt, wenn wir dort angekommen sind", antwortete der Seemann.

„Das ist nicht üblich. Habt ihr einen bestimmten Grund, dass ihr keine Anzahlung verlangt?", fragte Saul.

„Das Leben ist ungewiss, und jede Seefahrt ist die Ungewissheit selbst. Was nutzt mir das Geld, falls wir Schiffbruch erleiden und ertrinken? Die Zahlung im Voraus verlangen bedeutet den Poseidon reizen", sagte der Seemann.

„Können wir einen Teil unseres Reisegepäcks bereits jetzt auf dem Schiff lassen? Dann brauchen wir heute und morgen nicht den ganzen Tag so viel mitzuschleppen", fragte Saul.

„Selbstverständlich könnt ihr das. Übrigens, falls ihr nicht wisst, wo ihr übernachten könnt, könnt ihr auf dem Schiff übernachten. Seid einfach hier vor dem Sonnenuntergang heute Abend", sagte der Seemann.

„Das ist aber freundlich", bemerkte Saul und schaute den Seemann dankbar an.

Sauls Begleiter nahm einige schwere Säcke von den beiden Reittieren herunter und trug sie auf das Schiff. Der Seemann half ihm dabei.

„Hier, dies ist die Ecke für euer Gepäck, und hier gleich daneben sind zwei Liegebänke für euch beide. Der Raum für die Reittiere ist unten", sagte der Seemann.

„Wir danken euch für die Freundlichkeit. Bis morgen Abend oder vielleicht heute Abend", sagte Saul und verabschiedete sich von dem Seemann mit der entsprechenden Handbewegung.

*

Auf der Strasse fragte Saul einige Passanten, ob es in der Stadt ein Gebetshaus der Juden gebe. Erst nach mehreren Versuchen konnte ihnen jemand sagen, wo das Haus der Zusammenkunft der Juden war. Schließlich fanden sie das Gebäude. Es lag ausserhalb der Stadt, fernab von allem.

Saul sagte seinem Begleiter, er solle auf die Reittiere aufpassen. Er selbst ging in das Gebetshaus und setzte sich auf eine Bank. Bald kam ein Mann und setzte sich neben ihn.

„Du bist neu hier; habe ich Recht?", wandte sich der Mann an Saul.

„Ja, ich bin ganz neu hier, bin heute angekommen", erwiderte Saul.

„Willkommen dann, jetzt wird unsere kleine Gemeinde etwas grösser, ich freue mich. Wie heißt du?", fragte der Mann voller Begeisterung

„Saul ist mein Name. Ich bleibe nicht lange hier, bin bloß auf der Durchreise", sagte Saul.

„Bloß auf der Durchreise – ich verstehe. Und wohin führt der Weg, wenn ich fragen darf?", erkundigte sich der Mann; seine Enttäuschung war nicht zu überhören.

„Nach Athen", antwortete Saul.

„Nach Athen? In das gottlose Nest? Muss das sein?", fragte der Mann.

„Es muss nicht unbedingt sein, aber…"

„Was heißt ‚aber'? Wenn es nicht unbedingt sein muss, sollst du dich vor der Schlangenbrut hüten", warnte ihn der Mann.

„Warum muss man sich vor ihnen hüten? Wollen sie einen ausrauben oder töten?", fragte Saul neugierig und überrascht.

„Es ist noch viel schlimmer als das, viel schlimmer", sagte der Mann.

„Was denn?", fragte Saul.

„Sie sind sehr wortgewandt, und es gelingt ihnen immer wieder, selbst Leute, die alle religiösen Regeln genau einhalten, für ihre gottlosen, philosophischen Vorstellungen zu gewinnen. Besonders leicht werden ihnen zum Opfer außerordentlich intelligente Leute", sagte der Mann.

„Vielen Dank für die freundliche Warnung. Ich werde mich vor denen in Acht nehmen", sagte Saul, stand auf und verließ das Gebetshaus.

*

Sein Begleiter wartete auf ihn. Sie bestiegen ihre Reittiere und ritten davon.

„Es ist noch nicht zu spät; gehen wir zu unserem Schiff zurück. So brauchen wir keinen Übernachtungsplatz zu suchen", sagte Saul.

Sein Begleiter folgte schweigend.

Die Sonne stand noch gerade zwei Ellen über dem Horizont, als sie das Schiff erreichten. Der Schiffslenker erblickte sie von weitem und winkte ihnen zu.

„Ich bin froh, dass ihr beschlossen habt zurückzukehren. Wir haben bereits alles erledigt, es ging schneller als geplant. Wäret ihr nicht zurückgekehrt, hätten wir noch einen ganzen Tag hier warten müssen; so aber können wir bereits morgen früh aufbrechen. Steigt ein, der Raum für die Tiere ist hier. Es sind schöne Tiere. Der Raum ist groß, sie werden es bequem haben. Futter und Wasser gibt es genug. Alles ist gleich daneben. Ihr müsst euch selbst bedienen.

Hier sind warme Decken für euch beide. Wenn ihr Hunger habt, sagt es einfach; es gibt genug von allem. Die Sonne geht unter, wir ziehen gleich die Seile und die Brücke von der Mole ein. Dann ist unser Schiff nur noch durch zwei Anker mit dem hiesigen Boden verbunden. Behälter mit Trinkwasser sind hier im Raum nebenan. Jemand von meinen Leuten wird immer wach an Bord sein. Er sitzt entweder ganz vorn oder ganz hinten. Falls ihr etwas braucht, fragt ihn. Ich gehe jetzt schlafen. Morgen muss ich sehr früh aufstehen. Noch vor dem Sonnenaufgang lichten wir Anker und hissen Segel. Ich wünsche euch noch einen angenehmen Schlaf."

Der Schiffslenker beendete seine Anweisungen und zog sich auf seine Kajüte zurück.

***

„Bereits zu Noahs Zeit waren wir allen fremd. Alle verlachten ihn, als er bei sengender Hitze auf dem Trockenen ein Schiff baute, denn nach der üblichen Denkweise war sein Tun vollkommener Unsinn. Er tat es, weil er etwas vernommen hatte, was andere nicht hören konnten. Und weil er Unhörbares hören konnte, leben wir heute.

Abraham vernahm die für alle anderen unhörbare Anweisung, das wasserreiche Land mit fruchtbarem Boden zu verlassen und in ein trockenes, unfruchtbares Land zu ziehen. Er folgte dem seltsamen Aufruf, dem der Verstand nur ungern folgt.

Und weil er das tat, wurden wir in Ägypten alle zu Sklaven dieser einengenden materiellen Welt. Als es uns dort wohl erging, weil einer der unsrigen das ganze Land verwaltete, wohnten wir nicht mit den anderen, sondern in Goschen, im Lande daneben. Wir distanzierten uns von allen anderen, obwohl wir am selben Tisch lagen. Als unser Staatsverwalter nicht mehr da war, ging es uns schlecht wie allen anderen. Mit allen anderen wollten wir die schwere Zeit nicht teilen, sondern zogen aus, gingen einfach weg.

Auch hier in Ephesos sind wir von allen anderen weit weg, abgesondert. Sind wir besser und wertvoller als die anderen?

Ich begreife, dass wir nicht auf eine niedrigere Stufe, auf der sich alle anderen befinden, sinken möchten, falls wir besser als andere sind.

Aber, falls wir wirklich besser sind als die anderen, sollten wir nicht versuchen, allen anderen zu einer höheren Einsicht und Erkenntnis zu verhelfen und sie somit zu veredeln? Das würde auch unser Leben sicherer machen. Übrigens: Unser Gott hat doch unserem Erzvater Abraham gesagt, dass durch ihn nicht nur wir, sondern alle Völker gesegnet sein werden. Er heißt nicht Vater der Juden, sondern Vater der vielen. Haben wir vielleicht Angst, dass wir eben dadurch aufhören würden, außerordentlich zu sein?

Könnte vielleicht unsere Meinung, dass wir über den anderen Menschen stehen, irgendwann in der Zukunft andere dazu reizen, uns unseren Status der Auserwählten streitig zu machen und sich selbst für Übermenschen und uns zum Ungeziefer zu erklären?", überlegte sich Saul, während er mit geschlossenen Augen auf der Bank lag.

*

„Du solltest aufstehen, wir sind schon lange unterwegs", hörte Saul jemanden sagen.

Er öffnete die Augen. Neben ihm stand sein Begleiter.

„Du hast etwas verpasst", sagte er.

„Was habe ich verpasst?", fragte Saul.

„Die Ausfahrt aus dem Hafen", sagte der Begleiter.

„Was war besonders daran?", fragte Saul.

„Die Segel hingen noch ganz schlaff, niemand ruderte, aber wir bewegten uns vorwärts wie von jemandem gezogen", sagte der Begleiter.

„Und warum hast du mich nicht geweckt, damit ich es auch erlebe?", fragte Saul mit rügender Stimme.

„Ärgere dich nicht. Dies ist bestimmt nicht deine letzte Fahrt. Du wirst noch viele Häfen besuchen und viele verlassen, bevor dein Schiff seinen letzten Hafen anläuft", sagte sein Begleiter beruhigend.

Er sprach zu Saul, ohne ihn anzuschauen.

Saul sagte nichts, stand auf von seiner Liegebank und ging zum Bug des Schiffes. Einer der Seeleute saß dort und schaute schweigend in die Ferne. Saul warf einen kurzen Blick zurück. Die Küste Asiens schien weit weg. Ephesos war nicht mehr zu sehen.

*

„Jetzt sind wir dazwischen, nicht mehr dort, wo wir bis vor kurzem waren, und noch nicht, wo wir hoffen, bald zu sein.

Es ist eigentlich eine günstige Zeit, in der man ruhig über das Frühere nachdenken und das Künftige bedenken kann. Die Reise der Küste entlang, der Aufenthalt in Milet und in Ephesos, war eine gute Einführung, ein gutes Vorspiel", dachte er stehend und schaute über den Bug in die Ferne.

Alles, was er sehen konnte, war nur die unendliche blaue Meeresoberfläche, die irgendwo in der weiten Ferne mit dem Blau des Himmels verschmolz.

„Wir fahren Richtung Westen, nicht wahr?", fragte Saul den Seemann, der schweigend auf einem zusammengerollten Tau saß und wie Saul vorwärts in die Ferne schaute.

„Das ist richtig. Wir werden heute noch den ganzen Tag diese Richtung beibehalten", erwiderte der Seemann.

„Und dann?", fragte Saul.

„In der Nacht, wenn die Sterne erscheinen, werden wir die Richtung leicht ändern. Jetzt fahren wir aber bequem, kommen gut voran, der Wind ist günstig", sagte der Seemann.

„Und was geschähe, wenn der Wind plötzlich die Richtung änderte und uns nicht mehr dorthin schöbe, wohin wir möchten?", fragte Saul.

„Nichts würde geschehen", sagte der Seemann ruhig.

„Nichts würde geschehen? Wieso?", fragte Saul etwas überrascht.

„Wir haben Sebulon-Segel und können sogar gegen den Wind fahren", sagte der Seemann selbstbewusst.

„Was sind das für Segel, von denen du redest?", fragte Saul neugierig, denn er glaubte in dem unbekannten Wort ‚Sebulon-Segel' etwas ihm Vertrautes gehört zu haben.

„Diese Segel, die du hier siehst, nennen wir so", sagte der Seemann, auf die Segel hinweisend.

Saul schaute sich die Segel genau an, konnte aber nichts Besonderes entdecken.

„Und was gibt es noch für Segel?", fragte er den Seemann in der Hoffnung, vielleicht so etwas mehr zu erfahren, was ihm helfen könnte zu begreifen, warum Sebulon-Segel etwas Besonderes waren.

„Es gibt noch andere, aber wir gebrauchen sie nicht", gab der Seemann zur Antwort.

Saul sah ein, dass er nichts mehr über die Sebulon-Segel erfahren werde, und wollte nicht weiter danach fragen.

„Was schätzt du, wie schnell fahren wir etwa?", fragte er den Seemann, das Thema wechselnd.

„Gleich schnell, wie das Wasser am Schiff vorbei gleitet", antwortete der Seemann.

Saul schwieg.

„Ich merke, dass du mit meiner Antwort nicht besonders zufrieden bist. Du kennst dich nicht in den eigentlichen Massen aus, brauchst die üblichen, um dir darunter etwas vorstellen zu können, nicht wahr?", sagte der Seemann.

Saul Schwieg.

„Du bestätigst also meine Annahme", sagte der Seemann.

Saul schwieg.

„In der Zeit, in der das Herz eines gesunden Ruhenden hundertmal schlägt, legen wir etwa ein Langstadion zurück", erklärte der Seemann.

„Und wie lang ist ein Langstadion?", fragte Saul, nachdem er eine kurze Weile geschwiegen hatte.

„Ach ja, natürlich, du bist auch mit den üblichen Massen nicht besonders vertraut. Ein Langstadion ist etwas länger als ein Kurzstadion", antwortete der Seemann.

„Und wie lang ist ein Kurzstadion?", fragte Saul.

„Zähle achtzehn Mal die Finger an den beiden Händen. So viele lange Schritte entsprechen einem Kurzstadion. Ich hoffe, dass du dir jetzt besser vorstellen kannst, wie schnell wir fahren", sagte der Seemann. Saul schwieg.

„Siehst du, man kann manches genau erklären, aber man muss manchmal – falls nicht immer – etwas Geduld haben", sagte der Seemann.

„Sind das Delphine?", fragte Saul, auf etwas im Wasser hinweisend.

„Wohl geraten, das sind Delphine. Sie begleiten uns. Sie sind gute Vorboten, bringen Glück", sagte der Seemann.

„Erwarten sie, dass man ihnen etwas zu fressen gibt?", fragte Saul.

„Vielleicht, aber das ist nicht der Hauptgrund, dass sie uns begleiten", sagte der Seemann.

„Was sonst könnte der Hauptgrund sein?", fragte Saul.

„Der Hauptgrund ist etwas ganz anderes", antwortete der Seemann,

„Was?"

„Der große Sänger Orpheus hat sie mit seinem herrlichen Gesang so bezaubert und süchtig gemacht, dass sie seit der Zeit immer die menschliche Nähe suchen und hoffen, wieder einmal seinen Gesang zu genießen. Zwar kann niemand so schön singen wie Orpheus, aber selbst die klangloseste Menschenstimme erinnert die Delphine an seinen göttlichen Gesang. Sie hoffen immer, dass irgendjemand plötzlich so zu singen anfängt, wie es Orpheus getan hat. Daher unterhalten wir Seeleute uns gern an Bord oder singen, um den Delphinen wenigstens einige Brosamen zu bieten", antwortete der Seemann.

„Der Orpheus, von dem du redest, wer war er eigentlich?", fragte Saul.

„Wer er eigentlich war, ist belanglos. Von größter Bedeutung ist jedoch, was er ist. Er ist immer nur das, wofür die Menschen ihn halten. Sie sorgen nämlich für seine Gestaltung, Ausstattung und für sein Bestehen. Solange die Menschen so denken wie wir, wird Orpheus eine sichere Bleibe haben. Sollten die Menschen einmal ganz anders denken, würde auch er aus dem menschlichen Gedächtnis verschwinden, und seinen Namen würde niemand mehr kennen. Falls ihn wirklich niemand mehr kennte, das heißt, falls er niemandem mehr etwas sagte, so gäbe es ihn auch nicht mehr", sagte der Seemann.

„Man weiß also nicht, wer er war?", insistierte Saul, denn er war mit der Antwort des Seemannes nicht zufrieden.

„Er ist in mysteriöses Dunkel gehüllt – daher heißt er so, und von dort her meldet er sich mit seinem Gesang. Man sieht ihn daher nicht, sondern man hört nur seine Stimme. Wäre er sichtbar, bliebe die mächtige Wirkung seines Gesangs aus. Und noch etwas ist ganz besonders an seinem Singen: Seine Stimme vernehmen nur jene, die auch die vollkommene Stille vernehmen können. Orpheus singt eigentlich nur für sie", erklärte der Seemann.

„Wenn dem so ist, nutzt er nicht besonders vielen", bemerkte Saul.

„Das ist auch nicht nötig, denn nutzt er einem einzigen, so nutzt er allen", erwiderte der Seemann.

„Allen nutzt er, sagst du?", wollte sich Saul vergewissern, denn die Antwort des Seemanns dünkte ihn seltsam.

„Allen, ohne Ausnahme, auch jenen, die von ihm nichts wissen. Sollte es aber niemanden geben, der ihn kennt, gäbe es ihn nicht", sagte der Seemann.

„Das ist in der Tat ein seltsamer Sänger", sagte Saul.

„Er ist es ganz und gar. Wenn er singt, sind die Bäume so glücklich, dass ihre Zweige sich mit Lebenssaft füllen und mit Blättern kleiden, mit Blüten schmücken und mit Früchten beschweren. Die Tiere werden wild vor Freude und strotzen vor Lebenskraft.

Die Sage will wissen, dass er immer für alle da ist und dass daher seine Liebe die große Gerechtigkeit selbst ist", sagte der Seemann.

„Was ist die große Gerechtigkeit?", unterbrach ihn Saul.

„Jene, die für alle gilt", erwiderte der Seemann.

„Ohne Bedingung?", wollte Saul wissen.

„Nicht ganz. Es gibt nämlich eine Bedingung", sagte der Seemann.

„Und die wäre?", fragte Saul.

„Dass man sich selbst in allen anderen liebt", antwortete der Seemann.

„Aber…", wollte Saul den Seemann unterbrechen.

„Eben. Genau das ist einmal geschehen. Seine Liebe für die allumfassende Gerechtigkeit war einmal – nur für einen Augenblick – eingeschlummert und von der hinterfragenden giftigen Schlange gebissen. Jede Hilfe kam zu spät, im Nu war sie tot. Orpheus gelang es, mit seinem rührenden Gesang die Mächte des Todes zu besänftigen, so dass sie sich bereit erklärten, ihm seine gestorbene allumfassende Liebe zurückzugeben. Jedoch war auch das an eine Bedingung geknüpft", erläuterte der Seemann.

„Welche?", fragte Saul.

„Nicht zu vergessen, dass nichts auf dieselbe Weise wiederholt werden kann. Kurzum, er durfte sich nicht umdrehen, durfte nicht rückwärts schauen. Er sollte vertrauen können, dass das Geschehene nie verloren geht, sondern immer in dem Kommenden sicher aufbewahrt wird", sagte der Seemann.

„Und wie endete die Geschichte?", fragte Saul.

„Nur einen kurzen Augenblick fehlte ihm dieses Vertrauen, er drehte sich um und merkte, dass er sich nicht hätte umdrehen dürfen, denn in demselben Augenblick wurde das kräftige, berauschende Gefühl zum launischen, schwankenden Gedanken. Fortan singt Orpheus nur für jene, die bloß wissen, dass er es tut, ohne ihn zu hören", sagte der Seemann.

„Wie heißt das Land, an dem wir jetzt vorbeifahren?", fragte Saul nach einer längeren Pause, in der er damit beschäftigt war, Sinn und Botschaft der seltsamen Orpheus-Sage zu begreifen.

„Es ist eine Insel, Samos heißt sie", antwortete der Seemann.

„Was heißt ‚Samos' in der Sprache der Hellenen?", fragte Saul, denn der Name erinnerte ihn an etwas in der Sprache seiner Eltern.

„Das weiß ich nicht, aber ich weiß, dass es eine prächtige Insel ist, dem Sonnengott lieb", sagte der Seemann.

„Was will das besagen?", fragte Saul.

„Der Sonnengott behält sie immer im Auge, seitdem die Menschen dort leben. Die Trauben auf Samos sind besonders süß und die Oliven voller Gold. Und weil sie so reich ist, war sie immer von vielen begehrt und wurde mehrere Male erobert. Vor sechsmal hundert Jahren herrschte dort ein Tyrann, der alle seine Nachbarn beherrschen wollte und beherrschte. Er wurde zu erfolgreich, und musste die Folgen seines Erfolgs tragen. Am Ende wurde ihm das Geraubte geraubt. Jene, denen die Bequemlichkeit mehr bedeutete als geistige Unabhängigkeit, fühlten sich wohl an seinem Hofe. Ein berühmter Sohn von Samos aber, dem freies Denken wichtiger war als die Bequemlichkeit in Abhängigkeit, verließ die Insel, um woanders den himmlischen Klängen ungestört lauschen zu können. Er aß nie Fleisch, denn er glaubte, dass jedes Lebewesen eine Seele habe, die mit der menschlichen verwandt sei. Ganze Zahlen seien heilig, meinte er, und drückten die Verhältnisse in der Welt aus, daher bestehe die Welt eigentlich aus Zahlen. Sein neuer König soll körperlich außerordentlich stark gewesen sein, ein großer Athlet, der einen Stier tragen konnte, geistig jedoch eher schwach und phantasielos. Seine Tochter war inzwischen die Geliebte des weisen Mannes geworden. Sie erzählte ihrem Vater voller Begeisterung von der Schönheit der Zahlenkunst, die sie von ihrem Lehrer und Liebhaber gelernt hatte. Daher bat der König seinen gescheiten Untertan, für ihn eine kurz gefasste, leicht verständliche Zahlenkunst zu schaffen, damit auch er die Schönheit der Zahlenverhältnisse kennen lerne und somit die Welt besser begreife. Der Weise von Samos – nun zugleich der Gast und Diener sowie der Lehrer und Liebhaber seiner Tochter soll ihm geantwortet haben, dass es keine leichte, einfache, für Könige geeignete Zahlenkunst gebe. Seit der Zeit herrsche – behaupten viele – unterschwellig die Meinung, allzu viele Muskeln wüchsen auf Kosten des Geistes.

Bereits als junger Mann lernte der Weise von Samos im fernen Babylon die Kunst, mit Zahlen umzugehen, die Kunst des scharfen Denkens. Den dortigen Namen für die edle Kunst übersetzte er in die Sprache der Hellenen. Seit der Zeit heißt die Kunst Mathematik und ist bei den Hellenen sehr beliebt", sagte der Seemann.

„Was war der weise Mann von Beruf?", fragte Saul.

„Dieselbe Frage stellte ihm sein athletischer König und fragte ihn noch, ob er ein Weiser sei. Der Weise sagte, er sei kein Weiser, sondern lediglich ein Freund der Weisheit, der sich absichtlich von der Welt entferne, um die Dinge klarer zu sehen und besser zu begreifen. Gleich danach unternahm sein König mehrere weite Reisen in der Hoffnung, von dort her die Welt genauer zu sehen und besser zu verstehen. Am Ende war der Hüne sehr enttäuscht, denn trotz seiner langen Reisen und großer Entfernung von seinem Wohnort blieb ihm die Welt gleich unbegreiflich wie vorher", erwiderte der Seemann.

Saul erwiderte nicht gleich.

„Kann man die Mathematik des Weisen von Samos auch praktisch anwenden?", fragte er nach einer Weile den Seemann.

„In fast jeder praktischen Tätigkeit ist die Beherrschung der Zahlenkunst von größter Bedeutung. Beim Bau von Tempeln, Strassen, Brücken, Festungen, Musikinstrumenten bedient man sich der Zahlenkunst, vom Schiffbau gar nicht zu sprechen. Auch in der Schifffahrt sind wir auf sie angewiesen. Das Dreieck des Pythagoras ist überall anwesend", erläuterte der Seemann.

„Von was für einem Dreieck redest du?", fragte Saul erstaunt.

„Sein Dreieck veranschaulicht die ganze Welt. Alle Verhältnisse und alle Beziehungen in der Welt sind darin enthalten. Seine Schüler behaupteten, dass nur ihr Meister, sonst niemand, genau wusste, was alles im Dreieck enthalten sei. Sie, seine Schüler, wüssten von all der drin verborgenen Herrlichkeit nur sehr wenig, die anderen hätten davon keine Ahnung", antwortete der Seemann.

„So viel Herrlichkeit soll im Dreieck verborgen sein?", fragte Saul erstaunt und misstrauisch zugleich.

„Das behaupteten jene, die seine Schüler waren. Die anderen lachten damals und lachen heute darüber und halten solche Behauptungen für übliche Geheimtuerei. Es scheint, dass die einen wie die anderen sich selbst für eingeweiht und wissend und alle anderen für ausgeschlossen und unwissend halten. Das wird wahrscheinlich auch immer so bleiben, denn das Dreieck ist das einfachste geometrische Bild, und daher verfällt man sehr leicht dem naiven Glauben, dass es darin nicht vieles geben kann, was ein tieferes Verständnis erfordern würde. Es veranschaulicht gewissermaßen die unbegreifliche Einfachheit des Kosmos. Aber eben es ist doch bloß ein Bild, und das Bild ist grundsätzlich ungültig", sagte der Seemann.

„Was meinst du mit Kosmos?", fragte Saul.

„Es ist einfach alles, und zwar gedacht nicht als Summe vieler Teile, sondern als ungeteilte Einheit", antwortete der Seemann.

„Und das soll einfach sein?", sagte Saul.

„Muss es auch, denn es ist die in sich alles enthaltende Einheit, und alles, was man darüber sagt, sind bloß leere Worte, ein Missverständnis dieser Einheit. Die Einheit ist aber immer unheimlich, reizt den Verstand, so dass er unermüdlich versucht, sie in geeignete Teile zu zergliedern, um sich der in ihr vermuteten Herrlichkeit zu bemächtigen. Je emsiger und gründlicher der Verstand das tut, um so weniger von der Herrlichkeit wird ihm zuteil. Was er also nicht tun dürfte, tut er, und was er tut, muss er tun, denn sein Wesen ist doch zergliedern müssen.

Zugleich ist Kosmos aber der Schmuck, und dadurch wird die ganze Sache noch unverständlicher. Die einen glauben nämlich, im Kosmos herrschten unveränderliche Gesetze, und das sei das Schöne an ihm. Die anderen behaupten das Gegenteil, wenn sie sagen, gerade der Umstand, dass es solche unveränderlichen Gesetze gar nicht geben könne, verleihe ihm seine verspielte Schönheit", antwortete der Seemann.

„Aber was hat das mit dem Dreieck zu tun?", fragte Saul, denn einen Zusammenhang zwischen der unveränderlichen

Verspieltheit des Universums und der äußersten Einfachheit des Dreiecks konnte er nicht sehen.

„Alles, was ich bis jetzt gesagt habe, behaupten die Verehrer des großen Meisters von Samos, sei im Dreieck enthalten.

Elemente, aus denen es besteht, nämlich die Seiten und Winkel sind veränderlich. Das ist das Verspielte am Dreieck. Daher sind unendlich viele verschiedene Dreiecke denkbar.

Ebenso zeigt sich das Universum in unendlich vielen Formen.

Anderseits ist die Summe aller drei Winkel in jedem Dreieck immer gleich, und die längste Seite bei jedem Dreieck ist immer kürzer als die beiden kürzeren Seiten zusammen. Das ist das Unveränderliche am Dreieck. Das ist das Gleiche bei allen Dreiecken, unabhängig davon, wie sie aussehen.

Ebenso bleiben die inneren Möglichkeiten des Universums immer gleich, trotz aller scheinbaren Veränderungen.

Einmal soll der große Meister von Samos gesagt haben, dass das ganze Universum sofort verschwinden müsste, wenn ein Dreieck entstehen sollte, bei dem eine Seite länger ist als die beiden anderen zusammen genommen. Das gilt nur, wenn die Seiten des Dreiecks gerade Linien sind.

Natürlich wird es auch dereinst Mathematiker geben, die da sagen werden, gerade Linien könnten gar nicht gerade gezogen werden, da der ganze Raum und deshalb zwangsläufig jede Unterlage gekrümmt seien. Das wird geschehen, weil ihnen die Fähigkeit fehlen wird, die gerade Linie zu denken, statt sie auf einer sphärischen Unterlage zu ziehen. Sie werden eine durch die Kompromisse des Alltags getrübte Mathematik erfinden, die mit der eigentlichen Mathematik als der reinen Denkkunst nur indirekt zu tun hat.

Dafür werden sie vielleicht sogar ausgezeichnet werden, denn jene, die sie auszeichnen, werden keine Ahnung haben, was Mathematik eigentlich ist.

Es haben bereits welche mündlich und schriftlich behauptet, dass der ganze Kosmos auf eines einzigen Gottes Geheiß entstanden ist. Die ketzerische Frage aber, wer den einen einzigen Gott selbst erschaffen hat, darf man ihnen natürlich nicht stellen.

Die anderen werden ihnen bestimmt widersprechen und behaupten, das Universum sei aus einem einzigen, unendlich kleinen Teilchen entstanden, und es bestehe aus eben solchen unendlich kleinen Teilchen. Sie werden dann auf ihre Art und Weise die Existenz solcher Teilchen beweisen. Dafür werden sie sogar die höchsten Auszeichnungen erhalten. Ihre entdeckten Teilchen werden sie auf verschiedene lustige Namen taufen. Zum Schluss werden sie möglicherweise so viele verschiedene Teilchen entdeckt haben, dass sie selbst nicht mehr wissen werden, wovon sie reden, und werden resigniert sagen, dass es wahrscheinlich immer dasselbe Teilchen sei, das sich immer anders zeigt. Es wird ihnen wahrscheinlich ähnlich ergehen wie jenen Erbauern des berühmten Turms, der angeblich die Sprachverwirrung verursacht hat.

Die Frage, wie denn jenes erste unendlich kleine Teilchen selbst entstanden ist und was es vorher gegeben hatte, werden sie weder stellen noch beantworten, denn das bleibt außerhalb von Zeit und Raum, daher unvermeidlich jenseits des Wissens schlechthin.

Später, nach langem erfolglosem Suchen, werden sie auf den Gedanken kommen, dass mit den dimensionslosen Punkt-Partikeln nicht viel anzufangen ist, und werden eindimensionale Grundbausteine des Universums einführen – lieber eine Dimension als gar keine. Nicht aus dimensionslosen Punktteilchen bestehe das Universum – werden sie sagen –, sondern aus feinsten eindimensionalen Fäden ohne Dicke.

Die einen werden behaupten, das Universum dehne sich immer mehr aus.

Die anderen werden ihnen widersprechen und sagen, es ziehe sich zusammen.

Andere wiederum werden sagen, beides stimme zugleich, alles hänge davon ab, wie man die Sache betrachte.

Auch das Gegenteil von gewöhnlichen, sichtbaren Himmelskörpern, nämlich die besonders dichten, dunklen, unsichtbaren Körper, werden sie entdecken.

Das Gegenteil des vorhandenen Stoffes, eine Art Antimaterie werden sie im Universum auch feststellen. Für die geistige Leistung wird man sie bestimmt auch auszeichnen", sagte der Seemann.

*

„Ist Samos die einzige Insel, an der wir vorbeifahren werden?", fragte Saul den Seemann, um unauffällig dass Thema zu wechseln, denn die Erläuterungen des Seemanns waren für ihn schwere Kost, und ihm brummte der Kopf. Er fürchtete den Besuch seines persönlichen bösen Engels, der bei ihm anzuklopfen pflegte, wenn er sich allzu sehr geistig anstrengte.

„Gehe jetzt ein wenig ausruhen, du hast letzte Nacht unruhig geschlafen", flüsterte ihm sein Begleiter zu.

Saul stand auf und begab sich in die dunkle Ecke, wo seine Liegebank auf ihn wartete. Der Schatten seines Begleiters folgte ihm.

***

Wie lange er geschlafen hatte, wusste Saul nicht. Als er erwachte, war es schon dunkel, und die ersten Sterne waren sichtbar. Sein Begleiter saß neben ihm.

„Du hast gut und lange geschlafen, du hattest es nötig. Das Gespräch mit dem heiligen Bettler, dort vor dem Tempel in Ephesos war wohl ermüdend, das Gespräch mit diesem Seemann ebenso. Ich gehe nun hinunter, muss den Tieren etwas Wasser geben", sagte sein Begleiter und ging hinaus.

*

Während des langen Schlafes träumte Saul vom Stammvater seines Volkes, in dem das Ewige aufgewacht war und ihn aufgefordert hatte, ins Unbekannte zu ziehen, auf dass alle Völker der Erde von dieser Geburt in ihm erfahren und durch sie gerecht werden.

Darauf sah Saul ein grelles Licht und hörte eine Stimme, die von dem blendenden Gesicht zu kommen schien und die sagte: "Ich bin Schamasch, der Sterblichen Diener und Gebieter. Eine Insel habe ich mir ausersehen, die ich immer im Auge behalten werde, damit die Trauben dort immer den süßesten Rausch schenken und die Oliven von Gold triefen. Ich tue es, weil die Dortigen eingesehen haben, dass ich der dienende Gebieter bin."

*

„In der Tat war es ermüdend. Diese Hellenen reden seltsam, unverständlich. Was haben diese Dreiecke, diese Zahlen, die gezogenen und die bloß gedachten Linien, das ganze Geplapper von Seiten und Winkeln mit der Verspieltheit und Beständigkeit des Universums zu tun? Ich darf mich aber nicht beschweren; ich bin freiwillig hergekommen, um die Dinge zu hören, die man sonst nirgends hören kann. Nun höre ich sie eben. Wahrscheinlich weiß ich das noch nicht gebührend zu schätzen;

vielleicht sehe ich später alles anders", dachte er eine kurze Weile nach und bewegte sich nicht.

Dann stand er auf und begab sich nach vorn, zum Bug des Schiffes.

Der Seemann, mit dem er sich vorhin unterhalten hatte, saß noch immer am gleichen Ort, unbeweglich wie eine Galionsfigur. Sein Blick war nach vorn gerichtet.

„Musst du die ganze Zeit hier sitzen und nach vorn schauen?", fragte ihn Saul.

„Jemand muss immer hier sitzen, wenn nicht ich, dann ein anderer. Jemand muss immer wach sein und dafür sorgen, dass während unserer Fahrt durch die Zeit die Richtung stimmt. Sie ändert sich nämlich sehr leicht, denn wegen allerlei Strömungen driftet das Schiff immer wieder ab. Man muss immer wieder nach oben blicken, um sich zu vergewissern, und dann die Richtung dem anpassen, was man oben gesehen hat", sagte der Seemann.

„Aber wie merkst du, dass das Schiff abgedriftet ist, wenn man keine Insel sieht, nach der man sich orientieren könnte?", fragte Saul.

„Die himmlischen Leuchten dort oben geben klare Auskunft. Man muss lediglich ihre Sprache verstehen", erwiderte der Seemann.

„Was meinst du mit der Sprache der himmlischen Leuchten?", fragte Saul erstaunt.

„Man muss jene Sprache kennen, die die Menschen den himmlischen Leuchten angedichtet haben. Unsere fernen Ahnen haben beschlossen, die himmlischen Leuchten in kleine Gruppen zusammenzufassen, in denen sie regelmäßig erscheinen müssen. Seit der Zeit tun es die Sterne auch; zwar tun sie das immer anders, jedoch für unsere Augen und unsere Bedürfnisse bleiben sie unfehlbar und treu dort, wo sie früher waren. Ob das stimmt oder nicht, wissen wir natürlich nicht, aber wir haben den Eindruck, dass dem so ist. Jedenfalls können wir uns auf sie verlassen", sagte der Seemann.

„Das heißt, du unterscheidest solche Grüppchen von Sternen genau?", fragte Saul.

„Gewiss. Schau dir zum Beispiel diese Gruppe hier an", sagte der Seemann, streckte den Arm gen Himmel und beschrieb die Sterngruppe genau, um Saul zu helfen, jenes zu sehen, was er im zeigen wollte.

„Ich glaube zu sehen, was du meinst", sagte Saul und wies auf einige Einzelheiten hin, die bestätigen sollten, dass er sehe, was jener ihm zeigen wollte.

„Siehst du, das ist ein sehr schönes Sternbild, es heißt Orion", sagte der Seemann.

„Was heißt Orion?", fragte Saul.

„Das Wort selbst bedeutet etwas, was sich am Himmelgewölbe erhebt. Es ist der Name eines großartigen Jägers. Sein Leben spielte sich ab genau zwischen dem Segen der immer währenden Geburt der Morgenröte und der nur eine kurze Zeit dauernden, abenteuerlichen Jagd nach Glück des vorgerückten lichten Tages. Artemis, die Jagdgöttin, begehrte ihn und hoffte, seine Geliebte zu werden und dann zusammen mit ihm das große Glück zu jagen. Orion achtete aber ihrer Gefühle nicht, sondern verließ seinen Zustand dazwischen und wurde zum Liebhaber der nie endenden Morgenröte. Zeus, der selbst für die Morgenröte wild in Liebe entbrannt war, wurde rasend und blendete den Rivalen. Obwohl Artemis von Orion verschmäht wurde, hörte sie nicht auf, ihn zu lieben. Sie bat sogar ihren mächtigen Vater, ihn in den Himmel aufzunehmen und ihn in das schönste Sternbild zu verwandeln. Zeus erfüllte seiner geliebten Tochter den Wunsch, teilte Orion aber nur sechs Sterne zu. Daher sagen wir Seeleute, dass Orion nebst Plejaden, die um einen Stern zahlreicher sind, das schönste Sternbild ist. Jene, die darauf beharren, dass Orion doch das schönste Sternbild ist, begründen das damit, dass der großartige Jäger allein in sechs Sternen erstrahle, während jede der sieben Plejaden nur mit je einem einzigen Stern geschmückt ist. Siehst du, solches besprechen die

Hellenen, wenn sie etwas mehr Wein getrunken haben", sagte der Seemann.

„Und worüber unterhalten sie sich, wenn sie nüchtern sind?", fragte Saul.

„Wenn sie nüchtern sind, schweigen sie und denken bloß darüber nach, denn sie sind überzeugt, dass alles, was hier, auf Erden, in der Erscheinung geschieht, nämlich unsere ganze Wirklichkeit, dort, im Himmel, im Verborgenen, die ewige Möglichkeit als seine Entsprechung hat, nicht als etwas Ähnliches, sondern als etwas Ergänzendes. Die Sternbilder, die wir dort oben festgestellt haben, helfen uns, hier unten auch nachts auf dem offenen Meer sicher und unfehlbar unserem Ziel entgegen zu segeln", erklärte der Seemann.

„Und wie bestimmt ihr die Richtung, wenn der Himmel behangen ist und deswegen keine einzige himmlische Leuchte zu sehen ist?", fragte Saul.

„Dann richten wir uns nach dieser lebendigen Nadel, die hier in diesem hängenden Tongefäss im Federkiel auf der Wasseroberfläche schwimmt", sagte der Seemann

„Und warum ist das Gefäß an vier Fäden aufgehängt; Genügt nicht ein einziger Faden?", fragte Saul und betrachtete dabei neugierig das winzige Tongefäss. Es war ausladend mit breitem, flachem Boden und sich nach oben verjüngend.

„Du kannst sehen, dass alle vier Fäden miteinander parallel und gleich lang sind. Das hält das Gefäß mit der Nadel immer in horizontaler Lage, auch wenn das Schiff auf den Wellen zugleich rollt und schaukelt.

„Und was macht eigentlich diese lebendige Nadel?", fragte Saul.

„Sie weist immer in die gleiche Richtung, so wissen wir, in welche Richtung wir fahren sollen", antwortete der Seemann.

„Und warum weist sie immer in dieselbe Richtung?", fragte Saul, wie ein neugieriges kleines Kind einen Erwachsenen fragt.

„Sie tut es, weil wir zutiefst überzeugt sind, dass sie es tut", antwortete der Seemann.

„Und wo habt ihr das alles gelernt?", fragte Saul.

„Wir und alle anderen, denen die Fahrt auf dem Ozean der Zeit heilig ist, sind direkte Nachkommen der Phäaken", antwortete der Seemann.

„Kannst du mir etwas mehr über sie sagen?", fragte Saul.

„Es sind die Fahrer der Nacht. In der Abenddämmerung kommen sie zusammen mit dem Schlafgott als seine Begleitung und unterstützen ihn, wenn er befiehlt, dass man alles andere vergisst und nur ihm dient, solange er es will. Nur jene, die seinen Befehlen folgen können, dürfen ihre Schiffe besteigen. Sie gehen mit ihm weg, wenn die Morgenröte ihn darum bittet. Während der Fahrt zwischen dem Einschlafen und Wachwerden fahren ihre Schiffe mit unbeschreiblicher Geschwindigkeit, so dass sie gar keine Zeit benötigen, um eine beliebig lange Strecke zurückzulegen", sagte der Seemann.

„Wo leben diese seltsamen Seeleute, von denen du mir erzählst?"

„Sie leben überall dort, wo man die Zeit vergessen kann, und aktiv werden sie, sobald das geschieht. Jeden, der sich ihnen restlos anvertraut, bringen sie an das ersehnte Ziel. Unsere Vorfahren haben uns erzählt, ihre Vorfahren hätten einmal sogar jemanden namens Verhasster gesund und wohlauf an den Ort seiner Sehnsucht gebracht. Er hieß so, weil er die Verkörperung des zerstörerischen, hinterlistigen Verstandes war. Das geschah, nachdem er lange auf dem Ozean des Lebens abenteuerlich geirrt war und vielen unermessliches Leid zugefügt hatte", sagte der Seemann.

„Und wie endete diese Geschichte mit dem verhassten, irrenden Verstand?", fragte Saul.

„Er wurde in seine Heimat zurückgebracht, und die Phäaken wurden wegen ihres Übermuts bestraft", sagte der Seemann.

„Wegen Übermuts?", fragte Saul.

„Ja. Sie waren überzeugt, durch ihre Tat werde der Verstand zur Vernunft kommen. Das war natürlich zu viel verlangt, ja gefährlich" erwiderte der Seemann.

„Gefährlich? Für wen?", fragte Saul.

„Für jene, die über die Sterblichen alle Macht haben, die aber verschwänden, sobald der Verstand zur Vernunft käme", erklärte der Seemann.

„Das heißt, …?", wollte Saul fragen.

„Genau. Das heißt, die Strafenden beziehungsweise Belohnenden können leben, nur weil die Menschen zwar sehr schlau, jedoch kaum ein wenig weise sind", sagte der Seemann.

„Wieso?", fragte Saul.

„Der Verstand sorgt dafür, dass alles seinen eigenen, getrennten Stand hat, dass wir unsere Welt als zergliedert und zerstückelt erleben. Eben dadurch sorgt er für Zerwürfnis und Unzufriedenheit. Aus dieser seiner Eigenschaft wird gerade in dieser Zeit der grundsätzliche Widersacher geboren, den man früher nicht kannte. Dank dem immer schärfer werdenden Verstand erleben wir zwar alles klarer, aber eben als Teile, zerstückelt. So sprechen wir von Gott und von Mensch, von Himmel und von Erde, von Körper und von Seele, von Hier und von Dort, von Gut und von Böse, von Tag und von Nacht, von Kalt und von Warm und so weiter und so weiter, ohne Ende, können nicht anders."

„Und die Vernunft?", fragte Saul.

„Sie bewirkt das Gegenteil, denn sie respektiert all die verschiedenen Stimmen, aber ebenso ermöglicht, dass man die Stimme hinter allen Stimmen, das heißt die Stille selbst, vernimmt. Die Stimme hinter allen Stimmen verbindet die getrennten Teile, zeigt, dass alles im Grunde dasselbe ist: Dasselbe ist ihr Ziel. Ist dieses Ziel erreicht, verschwindet die Gespaltenheit der Welt, mit ihr auch die oberflächliche Freude und das oberflächliche Leid sowie die Trennung zwischen dem Körper und der Seele, zwischen dem Himmlischen und dem Irdischen. Deswegen versuchen die

Himmlischen es zu verhindern, dass die Irdischen vernünftig werden und dass dadurch die Erinnerung an die Himmlischen ausgehe", sagte der Seemann.

Saul sagte nichts, stand auf und kehrte zu seiner Schlafbank zurück.

**

Kaum hatte sich Saul auf seine Schlafbank gelegt, schlief er ein. Ruhig konnte er aber nicht schlafen, denn die seltsamen Geschichten des Seefahrers sorgten für ebenso seltsame Träume. Zuerst verwandelten sich leuchtende Sterne in einen Jäger. Dieser ging dann zu den dunklen Seefahrern. Sie nahmen ihn auf ihr langes, dunkles Schiff und verschwanden. Ob sie wüssten, wohin er müsse, fragte der Jäger die dunklen Seefahrer. Natürlich wüssten sie es nicht, aber es sei nicht von Belang, solange er es wisse. Ihre Aufgabe sei zu fahren und nicht zu wissen wohin. Sie würden ihn gleich schnell bringen, wohin er wolle, da sie für eine beliebige Strecke gleich viel, eigentlich keine Zeit benötigten, und verirren könnten sie sich nicht. Nur eines dürfe nicht geschehen, betonten sie, nämlich dass er vernünftig werde. Sollte es dazu kommen, dass er vernünftig werde, so sei es aus mit der Fahrt. Den schweren Fehler ihrer Vorfahren wollten sie auf keinen Fall wiederholen, betonten sie.

*

„Du solltest aufstehen, der Tag ist schon weit gediehen", sagte sein Begleiter.

„Du hast Recht. Gestern war gestern, heute ist heute. Was ich gestern erhalten konnte, habe ich erhalten. Heute muss ich schauen, dass ich noch mehr erhalte. Schließlich erwarte ich von dieser Welt etwas, denn ich bin nicht umsonst gekommen", brummte er.

Er stand auf, verließ seine dunkle Ecke und begab sich nach vorn. Ein prächtiger Tag begrüßte ihn. Auf dem zusammengerollten Tau saß wie gestern ein Seemann und schaute nach vorn.

„Heute haben wir einen schönen Tag", sagte er.

„Es ist ein schöner Tag", erwiderte der Seemann, ohne ihn anzuschauen.

„Wir fahren an einer Insel vorbei", bemerkte Saul.

„Ja, wir fahren an einer Insel vorbei", bestätigte der Seemann.

„Wie heißt die Insel?", fragte Saul.

„Es ist Ikaria", antwortete der Seemann.

„Hast du gesagt ‚Ikania' oder ‚Ikaria'?", fragte Saul, denn er war nicht sicher, ob er das Wort richtig gehört hatte.

„Du hast jetzt etwas ungewollt bestätigt, was sonst wahrscheinlich die meisten nicht anerkennen würden", sagte der Seemann.

„Was denn? Ich weiß nicht, was du meinst", erwiderte Saul

„In Urzeiten, viele Jahrhunderte bevor die Hellenen eine Schrift hatten, wird die Insel wahrscheinlich so geheißen haben, wie du es soeben gesagt hast", sagte der Seemann.

„Warum soll sie so geheißen haben?", wollte Saul wissen.

„Weil jener, nach dem sie benannt wurde, ein ‚Ikanos' war", sagte der Seemann.

„Ein ‚Ikanos'? In welcher Hinsicht?", fragte Saul.

„Er war der Sohn des größten Meisters, Bildhauers und Architekten. Von dem haben alle Meister, Bildhauer und Architekten gelernt. Die größten Meister berufen sich auf ihn und nennen sich stolz seine Schüler und Nachfolger", sagte der Seemann.

„Wie heißt der große Meister", fragte Saul.

„Sein Name ist Dädalus", sagte der Seemann.

„Ein seltsamer Name ist es", bemerkte Saul.

„In der Tat. Es wird berichtet, dass er unablässig den Brand bekämpfte", sagte der Seemann.

„Den Brand? Was hatte er mit Bränden zu tun?", fragte Saul erstaunt.

„Mit äußeren Bränden natürlich nicht, aber, eben, es gibt auch eine andere Art von Feuer", erwiderte der Seemann.

„Ich verstehe nicht, was du meinst", sagte Saul.

„Während er einmal gerade dabei war, der Statue, an der er bereits längere Zeit gearbeitet hatte, auch jene feinen Eigenschaften zu geben, durch die sich die Lebewesen von den Statuen unterscheiden, brach in seinem Wohnhaus Feuer aus. Die Nachbarn schrieen und riefen ihn. Er kämpfte aber so stark mit dem inneren Brand, dass er die Rufe der Nachbarsleute nicht hören konnte. Sein Haus brannte bis auf die Grundmauern nieder", sagte der Seemann.

„Und was geschah mit der Statue?", fragte Saul.

„Sie machte ihn für alle Zeiten berühmt", antwortete der Seemann.

„Wieso?", fragte Saul.

„Sie erlangte ihr eigenes Leben. Wenn sie niemand beachtete, war sie lebendig. Sobald aber irgendjemand seinem Kunstwerk auch nur die leiseste Beachtung schenkte, war sie nur eine gelungene Statue, sonst nichts. Nach diesem ersten großen Erfolg machte er nur noch solche Statuen, und jedes Mal, wenn er an einer arbeitete, kämpfte er mit seinem inneren Feuer, das alles zu verzehren drohte", erklärte der Seemann.

„Wie konnte man aber wissen, dass seine Statuen sich wirklich wie Lebewesen verhalten konnten, wenn man sie weder anschauen noch berühren noch sich irgendwie um sie kümmern durfte, da sonst ihre Lebendigkeit verschwinden musste?", fragte Saul.

„Eben diese Frage stellten dem großen Meister seine Nachbarn", erwiderte der Seemann.

„Und was hat er ihnen gesagt?", fragte Saul.

„Sie sollten die Statuen einfach zu Ende denken, und dann würden sie es selbst wissen, soll er ihnen geantwortet haben", antwortete der Seemann.

„Sind noch welche von seinen Statuen in irgendeinem Tempel oder sonst wo zu sehen?", fragte Saul neugierig.

„Kaum", sagte der Seemann.

„Warum?", fragte Saul.

„Als er wegging, gingen alle seine Geschöpfe mit ihm, keines von ihnen wollte hier bleiben", antwortete der Seemann.

„Warum nicht?", fragte Saul.

„Weil sie niemand zu Ende dachte, und auf ihre Vollkommenheit wollten sie nicht verzichten", antwortete der Seemann.

„Soll es heißen, dass nicht einmal die großen Meister, die nach Dädalus kamen, sie zu Ende denken konnten?", fragte Saul.

„Auch sie nicht, denn auch sie alle ahmten und ahmen bloß nach, so dass ihre Erzeugnisse nur aus Schein und Schwere bestehen. Die eigentliche Ästhesie, das Gefühl, fehlt ihnen jedoch", erklärte der Seemann.

„Besteht die Möglichkeit, dass wieder einmal jemand wie einst Dädalus lebendige Statuen erschafft?", fragte Saul.

„Natürlich. Jedem wird es gelingen, lebendige Statuen zu erschaffen, sobald er sie zu Ende denkt, bevor er sie zu erschaffen beschließt", erwiderte der Seemann.

„Und falls jemand sie zwar nicht zu Ende denkt, sich aber bemüht, sie so wie einst Dädalus anzufertigen?", fragte Saul.

„Dann wird er ungeheuerliche Phantome anfertigen, bewegliche und unbewegliche. Die unbeweglichen Statuen wird man als Kunstwerke bezeichnen und an bestimmten Orten zur Bewunderung ausstellen.

Die beweglichen werden sogar bestimmte vorgesehene Handlungen ausführen können. Deswegen werden sie bei ihren Erzeugern und Besitzern die Hoffnung nähren, die besonders geschickt konstruierten Produkte würden früher oder später bewusste Lebewesen werden.

Ungeachtet dessen aber, wie geschickt solche Erzeugnisse angefertigt sind, werden sie alle gefühllose Phantome bleiben, die auf dem Nährboden aus delikatester Dummheit und Phantasielosigkeit bestens gedeihen", sagte der Seemann.

„Und mit solchen ungeheuerlichen Erzeugnissen konnten die Geschöpfe des Dädalus nicht zusammen sein?", wollte sich Saul vergewissern, dass er die Erläuterungen des Seemanns richtig verstanden hatte.

„So ist es. Deswegen verschwanden sie alle mit ihm und ließen sich zusammen mit ihm in der Phantasie jener Menschen nieder, die seine Statuen zu Ende denken können. Dort fertigt er immer neue Statuen, und zwar genau so, wie sie sich seine Gastgeber zu Ende denken", erklärte der Seemann.

*

„Aber warum heißt die Insel Ikaria?", fragte Saul.

„Das ist eine lange Geschichte, aber ich würde sie dir gern ausführlich erzählen, wenn ich wüsste, dass du zuhören kannst", sagte der Seemann.

„Erzähle nur, ich höre dir gern zu", versicherte ihn Saul.

„Gut, dann erzähle ich dir alles der Reihe nach. Wie bereits gesagt, war Dädalus nicht einfach ein großer Künstler und Architekt, er war der größte Künstler und der größte Architekt. Er hatte einen Neffen, einen außerordentlich begabten und erfinderischen Knaben, den er über alles liebte, denn nur in ihm und in keinem anderen Menschen konnte er sich selbst erkennen; das war seine einzige, aber, eben, seine fatale Schwäche. Unermüdlich bastelte der Knabe an irgendetwas. Er hatte immer neue Ideen, wie sich mancherlei bauen ließe. Sein großartiger Onkel lobte seine Erfindungen und spornte ihn an weiterzumachen. Jede neue Erfindung seines kleinen Neffen bereitete dem Meister große Freude, denn die einmalige Begabung des Knaben ließ keinen Zweifel, dass er in ihm einen würdigen und treuen Nachfolger haben würde.

Eines Tages saß der Knabe neben seinem Onkel und schaute ihm zu. Dädalus fertigte kleine Gefäße an, die ein reicher Kaufmann bei ihm bestellt hatte. Der große Meister stand unter Zeitdruck. Der Kaufmann wollte nämlich demnächst eine weite Schifffahrt unternehmen und brauchte die Ware dringend. Die Gefäße waren für besonders anspruchsvolle Kundinnen in einem fernen Land vorgesehen. Daher mussten sie besonders schön geformt werden und von feinster Güte sein. Das hatte der Kaufmann im Gespräch mit dem Meister hervorgehoben.

„Wie viele Gefäße für duftendes Öl musst du anfertigen?", fragte der Knabe seinen Onkel.

„Über hundert, und für jedes braucht es viel Zeit, denn ein jedes muss einfach makellos sein, keines jedoch schöner oder besser als das andere", erwiderte Dädalus.

Der Knabe stellte keine weiteren Fragen. Noch eine Weile blieb er ruhig sitzen und schaute zu, wie die geschickten Finger seines Onkels den weichen, hellen Ton formten. In der kurzen Zeit, in der er weder sprach noch sich bewegte, wurde in seinem Geiste etwas geboren", sagte der Seemann.

„Was?", fragte Saul, der äußerst aufmerksam zugehört hatte.

*

„Was es war, erfuhr der Meister noch am gleichen Nachmittag, als der Knabe zu ihm kam und ihn um ein wenig Aufmerksamkeit bat.

Dädalus unterbrach seine Arbeit und hörte dem Knaben zu. Er war gewohnt, dass der Knabe ihm immer wieder etwas Neues zeigte; auch diesmal schenkte er ihm seine Aufmerksamkeit, obwohl er in Zeitnot war und keine Sekunde vergeuden durfte.

Was ihm der Knabe diesmal zeigte, unterschied sich von allen früheren Erfindungen; Dädalus scheint es so verstanden zu haben", sagte der Seemann.

„Was für eine Erfindung war es?", fragte Saul.

„Der Knabe hatte einen einfachen festen Rahmen aus Stäben angefertigt. Senkrecht in der Mitte des Rahmens war ein drehbarer Stab angebracht, dessen Enden in einer runden Scheibe aus gebackenem Ton befestigt waren. Die untere Scheibe konnte man mit den Füssen drehen, und dann drehte sich der Stab samt der oberen Scheibe. Er zeigte seinem Onkel, wie man die untere Scheibe mit den Füssen antreiben und gleichzeitig auf der oberen Scheibe einen Tonklumpen so halten und drehen konnte, wie es erforderlich war, um ihm eine gewünschte Form zu geben.

Hielt man beim Drehen der Scheibe die Finger auf die gleiche Art und Weise, so nahm der geformte Gegenstand immer genau die gleiche, gewünschte Form an."

„Das ist in der Tat eine spannende Geschichte", unterbrach ihn Saul.

„Diese Erfindung, lieber Onkel, wird dir ermöglichen, schnell beliebig viele Gefäße anzufertigen, die haargenau gleich aussehen", sagte der Knabe, glücklich, seinem Onkel eine Freude bereiten zu können.

„War der Meister begeistert?", fragte Saul.

„Er schaute dem Knaben sprachlos zu. Während ihm dieser seine Erfindung vorführte. Sein Blick war finster, verriet Besorgnis. Die Erfindung sei reizvoll, sagte er dem Knaben. Er werde sich alles später anschauen, wenn er seine dringende Arbeit erledigt habe, sagte er dem Knaben", sagte der Seemann.

„Und wie reagierte der Knabe?", fragte Saul.

„Der Knabe verstand nicht, warum in den Augen seines Onkels die übliche Freude fehlte. Betrübt stand er auf und wollte weggehen.

Sein Onkel forderte ihn jedoch auf zu bleiben, er möchte noch mit ihm hinauf zum Tempel spazieren gehen, vom langen Sitzen seien seine Beine fast eingeschlafen, er möchte sie ein wenig vertreten.

Der Knabe gehorchte wie sonst.

*

Dädalus stand auf, nahm den Knaben bei der Hand, und sie gingen durch einen Olivenhain zum benachbarten heiligen Hügel, an dessen Fuß dichte Sträucher und Unterholz aller Art wuchsen. Auf einem schmalen, gewundenen Pfad stiegen sie den Hügel hinauf, und bald standen sie auf einer hohen Terrasse in der Nähe des Tempels.

Dort blieben sie stehen.

Dädalus bückte sich, nahm einen Fäustling auf und schlug den Knaben auf den Kopf. Das Blut ergoss sich aus dem Haupt des Kindes, und sein lebloser Körper sank zu Boden. Nur noch ein kurzes Zucken der Füße war zu vernehmen, und dann rührte sich nichts mehr.

Dädalus warf die Leiche des Kindes in die Tiefe unterhalb des Terrassenrandes und ging in die Werkstatt zurück mit der Absicht, die gebastelte Maschine seines Neffen zu zerstören und dadurch den Weltuntergang zu verhindern.

Als er zurückkam, war die Maschine aber nicht mehr dort", sagte der Seefahrer.

„Was war mit der Maschine geschehen? Hat sie jemand gestohlen?", fragte Saul voller Neugierde.

„Die Erinnyen haben gemerkt, was Dädalus vorhatte, und haben die Erfindung des Knaben weggenommen, um das Verbrechen des Dädalus zu rächen", sagte der Seemann.

„Und haben sie es gerächt?", fragte Saul.

„Gewiss", antwortete der Seemann.

„Wie?", fragte Saul.

„Von dem Tag an konnte Dädalus keiner Statue mehr das Leben schenken. Alles, was er fortan anfertigte, war tot. Auch konnte er niemanden mehr unterrichten, wie man Statuen zu Ende denkt, das heißt wie man sie lebendig macht. Außerdem verbreiteten die Erinnyen die in der Erfindung des Knaben enthaltene Idee in der ganzen Welt, und sie arbeiten noch immer daran, jeden Tag mehr. Ununterbrochen vervollkommnen sie seine Idee und werden nicht rasten, bis jeder Aspekt des menschlichen Lebens von der Idee, die in der Erfindung des Knaben enthalten ist, restlos beherrscht wird", erklärte der Seemann.

„Hat Dädalus richtig gehandelt?", fragte Saul.

„Er hat genau so gehandelt, wie er handeln konnte, weder richtig noch falsch, sein Neffe ebenfalls", erwiderte der Seemann.

„Wieso das?", fragte Saul völlig verdutzt durch des Seemanns seltsame Antwort.

„Die Ananke bestimmt, wie etwas ausgeführt wird, und der Mensch führt es dann genau so aus, wie sie es bestimmt hat. Die beiden sind aufeinander angewiesen. Ohne die Ananke könnte der Mensch nichts machen, eigentlich gäbe es ihn nicht. Und ohne ihn könnte von der Ananke keine Rede sein, denn sie hätte keine Wohnstätte", führte der Seemann aus.

„Die Ananke? Was ist das?", fragte Saul.

„Der Helios hat fast den Zenit erreicht. Es ist die Stunde, wenn man das Reden über höhere Zusammenhänge unterlassen sollte, um nicht verwirrend zu sprechen und dadurch Verwirrung zu verursachen. Heute Abend vielleicht, wenn es etwas kühler wird, können wir fortfahren", sagte der Seemann und warf dabei einen Blick gen Himmel.

***

Saul kehrte zu seiner Schlafbank in der dunklen Ecke zurück. Sein Begleiter wartete auf ihn.

„Du solltest etwas essen, hast noch kein Frühstück gehabt. Ausserdem solltest du dich waschen, die Hitze ist gross, man schwitzt. Der Körper braucht es. Soll ich …?" sagte der Begleiter und schickte sich an, Saul beim Ausziehen behilflich zu sein.

„Lass das doch. Den Körper soll man züchtigen. Er soll gehorchen lernen. Statt seinen Körper zu verwöhnen, soll man sich lieber um seinen Geist kümmern", erwiderte Saul. Dann wusch er sich die Hände und das Gesicht und ass etwas von dem, was ihm sein Begleiter aufgetischt hatte.

Nach dem Essen räumte der Begleiter auf, und Saul legte sich auf seine Schlafbank.

„Ich gehe noch schnell nach den Tieren schauen", sagte der Begleiter und ging hinaus.

Saul hörte ihm nicht zu. Halb in Gedanken, halb im Traum war er in der Werkstatt des Dädalus, aber der Meister war nicht dort. Überall lagen einzelne Teile von Statuen, Arme, Beine, Köpfe. Mehrere Torsi standen herum; nur wenige Statuen waren ganz zusammengefügt. Saul schaute sich alles genau an. Alles war kunstvoll angefertigt, aber weder den Teilen noch den ganzen Werken des Meisters konnte man auch nur eine Spur von Lebendigkeit anmerken.

„Was meinte der Seemann bloss, als er sagte, dass nach Dädalus kein Künstler mehr imstande sei, die Statuen zu Ende zu denken, und dass daher alle Statuen tot seien, sein müssten? Ich wollte, ich wüsste die Antwort auf diese Frage.

Auch wüsste ich gern, was mit Ananke gemeint ist. Es ist ein seltsames Wort. Es klingt so vertraut, und doch weiss ich nicht, was es eigentlich bedeutet.

Und warum hat der grosse Meister seinen Neffen getötet, den er so sehr liebte und dessen Erfindungen er so sehr schätzte?

Es ist durchaus möglich, dass der Seemann nur die Geschichten kennt, dass er aber selbst nicht imstande wäre, diese Fragen zu beantworten.

Vielleicht werde ich selbst die Antwort finden, wenn er mir die Geschichte zu Ende erzählt hat. Heute Abend, wenn es etwas kühler wird, hat er gesagt, werde er mit dem Erzählen fortfahren. Ich kann es kaum erwarten zu erfahren, wie es weitergeht", dachte Saul.

Seine Lippen bewegten sich zwar gelegentlich, aber kein Laut war zu vernehmen.

Nach einer Weile kehrte Sauls Begleiter zurück, legte sich auf seine Schlafbank, und bald schliefen sie beide.

*

Das Schiff bewegte sich geräuschlos auf der glatten Meeresoberfläche vorwärts, und die Sonne neigte sich langsam dem Endpunkt ihrer täglichen Bahn entgegen. Der Steuermann peilte jenen Punkt am Horizont an, den die Sonne voraussichtlich unmittelbar vor ihrem Untergang berühren sollte.

„Noch vor dem Sonnenuntergang werden wir die Insel Ikaria hinter uns haben. Danach gilt es, leicht nach Süden abzubiegen, und dann immer geradeaus bis Mikonos. Ein schönes Stück Weges ist es; länger als Ikaria; nichts dazwischen, was als Wegweiser dienen könnte, ausser den Sternen und der lebendigen Nadel; welche Wonne; so müsste jede Fahrt sein, und zum Glück ist auch alles so – gewiss in Ungewissheit", sprach er, den Blick nach vorn gerichtet, ohne sich zu rühren, halblaut vor sich hin, obwohl ihm ausser dem nicht wahrnehmbaren Begleiter niemand zuhörte.

***

Der Himmel war bereits reichlich mit leuchtenden Punkten geschmückt, als Saul aufwachte. Er stand auf, trank ein wenig Wasser und begab sich gleich nach dem Bug des Schiffes. Der Seemann schien seine Ankunft nicht gemerkt zu haben, denn er drehte sich nicht um.

Saul setzte sich auf einen mit Schwämmen gefüllten Sack. Nun sass er bequem und überlegte sich, wie er den Seemann auf seine Anwesenheit aufmerksam machen könnte, ohne ihn zu erschrecken. Er beschloss, sich laut zu räuspern.

Bevor es ihm jedoch gelang, seinen kleinen geheimen Plan zu verwirklichen, fragte ihn der Seemann, ob er bequem sitze. Die unerwartete Frage überraschte Saul so sehr, dass er fast eine Art Schuldgefühl sowie das Bedürfnis empfand, sich bei dem Seemann zu entschuldigen, denn er hatte sich ohne eine Begrüssung, ohne ein Wort zu sagen, in der unmittelbaren Nähe des Seemanns gesetzt.

„Ich sitze wie auf einer Wolke; übrigens, vielen Dank für die freundliche Bereitschaft, mir die seltsame Geschichte von Dädalus zu Ende zu erzählen", erwiderte er dann.

„Jede Geschichte soll zu Ende erzählt werden, besonders wenn es um eine wichtige Geschichte geht", sagte der Seemann.

Saul sagte nichts und überlegte sich, ob er um eine Erläuterung bitten sollte, warum dem so ist und was der Seemann wohl unter einer wichtigen Geschichte verstand.

„Wird sie nicht zu Ende erzählt", fuhr der Seemann fort, „bleibt der nicht erzählte Rest im Labyrinth der Seele hängen, trübt das Gemüt und verursacht unangenehme Träume."

Das zuletzt Gesagte verwirrte Saul noch zusätzlich, denn er hatte Mühe zu begreifen, warum eine nicht zu Ende erzählte Geschichte die Seele trüben und schlechte Träume verursachen sollte.

*

„Der erfinderische Knabe war nun tot, und die Erinnyen traten aus ihren Gemächern hervor, um der ganzen Welt mitzuteilen, dass Dädalus die schändliche Bluttat begangen hatte und dass er die gebührende Strafe verdiene", fuhr der Seemann nahtlos fort, wo er stehen geblieben war.

„Wie wussten die Erinnyen, dass es kein Unfall war, sondern dass Dädalus eine Mordtat begangen hatte?", fragte Saul.

„Sie wohnen immer im Innersten des Täters selbst und sind daher mit seinen Absichten und Taten vertraut. Ist die Tat allgemein bekannt, schweigen sie. Weiss niemand, wer der Täter ist, melden sie sich und teilen allen die Wahrheit mit.

Gleich wusste jedermann, wer der Täter war, und der Areopag beschloss einstimmig, Dädalus müsse sterben", erzählte der Seemann weiter.

„Wusste Dädalus, dass es bekannt werden musste, wer der Täter war und welche Strafe verhängt würde?", fragte Saul.

„Einer wie Dädalus weiss es immer, muss es wissen, und in einer wichtigen Geschichte ist sowieso immer alles bekannt", erwiderte der Seemann.

„Warum hat er es getan, wenn er Bescheid wusste?", fragte Saul.

„Wenn man das Vorrecht geniessen darf, für eine wichtige Geschichte auserlesen zu sein, darf man nicht zögern. Auch sein kleiner Neffe wusste, was auf ihn wartete, und auch er zögerte nicht, sondern nutzte den günstigen Augenblick und überschritt die Grenze des Üblichen", sagte der Seemann.

„Und was geschah dann?", fragte Saul.

„Dädalus spürte, dass noch viel Wichtiges auf ihn wartete, und wusste, was zu tun war. Er nahm seinen kleinen Sohn Ikarus, bestieg noch in derselben Nacht ein kleines Boot, das im Hafen ungeplant auf ihn wartete, in See zu stechen. Es gehörte einem Kaufmann, der am Tag davor hätte aufbrechen sollen, der sich jedoch ebenso bewusst war, dass er sich in einer schönen und wichtigen Geschichte befand und sich daher keinen plumpen

Fehler gestatten durfte. Deswegen änderte er seinen Plan und wartete ab, bis Dädalus fluchtbereit war", erwiderte der Seemann.

„Und der Areopag hinderte ihn nicht an der Flucht?", fragte Saul.

„Wie hätte so etwas geschehen können? Im Areopag sitzen nur jene, die gleich merken, wenn die Geschichte bedeutend ist. Sie unternehmen dann nichts, was die glückliche Verkettung von Ereignissen stören könnte. Sie benehmen sich so, denn sie wissen, was mit denen geschieht, die wegen Ignoranz und mangelnder Einsicht den einzig möglichen Lauf der Dinge durch plumpe Logik ändern wollen", sagte der Seemann.

„Was geschieht mit solchen Leuten?", wollte Saul wissen.

„Sie werden samt ihren Nachkommen, ihrer Zukunft, von den Meeresungeheuern erwürgt; wir nennen das Laokoons Ende", antwortete der Seemann.

„Und was geschah mit Dädalus und seinem Sohn danach?", stellte Saul schon die nächste Frage.

„Manches geschah mit ihnen. Nach langer Fahrt – Dädalus wollte möglichst weit weg von seiner Heimatstadt sein – kamen sie nach Kreta, einer Insel weit im Süden. Als der Meister dem dortigen Herrscher sagte, er sei Dädalus, lächelte jener selbstgefällig, denn er war sich des unerwarteten, kostbaren Fangs in seinem Netz bewusst. Dädalus war nämlich bereits zu Lebzeiten in aller Welt berühmt. Um seine Person rankten sich Sagen, und seine Statuen schmückten die Festhallen in den prunkvollen Palästen der Machthaber.

*

Dädalus wurde zum Gefangenen, eigentlich zum persönlichen Besitz des dortigen Alleinherrschers. Allen Fischern und Kaufleuten auf der Insel wurde unter Androhung der Todesstrafe untersagt, Dädalus und seinen Sohn auf ihr Boot aufzunehmen. Alle wussten, dass die Androhung ernst zu nehmen war.

So brauchte der Alleinherrscher nicht zu befürchten, Dädalus könnte flüchten.

*

Schon wenige Tage nach seiner Ankunft erhielt Dädalus den Befehl, ein Labyrinth, einen Palast mit Irrgängen, zu bauen", sagte der Seemann.

„Wozu brauchte der Herrscher ein solches Gebäude?", fragte Saul weiter.

„Der Zweck des seltsamen Bauwerks war in der Tat ein besonderer. In dem Labyrinth sollte nämlich ein Ungeheuer untergebracht werden, das am ehesten einem Stier ähnelte und das die Gattin des Alleinherrschers geboren hatte. Das Ungeheuer wurde auch von einem Stier gezeugt", sagte der Seemann.

„Wieso von einem Stier? Eine Frau kann doch nicht von einem Stier empfangen", sagte Saul.

„In üblichen Fällen natürlich nicht, aber weder Minos noch seine Gattin waren übliche Fälle. Minos selbst war eine Frucht der Beziehung zwischen dem obersten der Götter und der Erde. Deswegen erwartete er, dass sein ewiger Vater ihn zu sich in die Runde der Unsterblichen aufnehme, was jedoch nicht geschah. Der Groll des verschmähten Sohnes auf seinen erhabenen Vater war gewaltig. Der göttliche Vater wusste das und beschloss, den trotzigen Sohn gebührend zu bestrafen. Er beauftragte den Meeresgott, Minos aufzufordern, dem ehrwürdigen Vater einen Stier zu opfern. Minos nutzte die Gelegenheit, seinen Vater zu beleidigen, und weigerte sich, den Befehl von oben auszuführen."

„Und was geschah dann?"

„Der Gottvater ist nicht nur mächtig, sondern auch erfinderisch. Schnell ersann er die passende Strafe für seinen unbotmässigen Sohn. Er schickte einen besonders hässlichen Stier, der nur der Gattin des Minos als der schönste aller Männer erschien, so dass sie nur einen Wunsch hatte, nämlich sich mit dem seltsamen Wesen zu vereinigen. Dazu kam es auch, und sie gebar ein Ungeheuer. Fortan frass dieses Ungeheuer junge Menschen", antwortete der Seemann.

„Das war die Strafe?", fragte Saul.

„Ja, aber nur ein Teil der ganzen Strafe. Niemand ausser Minos wusste von den bösen Streichen seines nachtragenden Gottvaters, und alle glaubten daher, Minos selbst sei der Vater des Ungeheuers. Ausserdem hatte der tyrannische Gottvater noch etwas Schlimmeres vor. Er beabsichtigte, Ariadne, dem reizenden Töchterchen des Minos, das gleiche Schicksal wie ihrer Mutter zu bescheren. Damit sein schrecklicher Plan auch erfüllt werde, nahm er dem Minos und allen seinen Leuten den Mut und die Entschlossenheit weg, das Stier-Ungeheuer zu töten. Der Minos kannte die Boshaftigkeit seines Vaters wohl und überlegte sich, wie er dem Unheil vorbeugen könnte. Als beste Lösung erschien ihm, das Ungeheuer in ein Gebäude mit Irrgängen und Räumen zu stecken, so dass es niemals hinausfinde.

*

Die Athener waren verpflichtet, dem Minos regelmässig Jugendliche als lebendigen Tribut zu liefern, denn nur so konnten sie den Krieg verhindern und ihre Freiheit erkaufen. Sie dachten, ihre Kinder brauchte der dortige Herrscher als frisches Blut für die Verbesserung der Lage seiner alternden und schnell schrumpfenden kleinen Bevölkerung. Der Minos verwendete aber die Jugendlichen als Futter für das Stier-Ungeheuer", führte der Seemann aus.

„Und die Athener erfuhren nie von den grausamen Taten des Tyrannen?", fragte Saul.

„Doch, sie erfuhren es, jedoch erst, als es Dädalus zu flüchten gelang", erwiderte der Seemann.

„Ihm gelang also doch die Flucht?", sagte Saul.

„Ja. Er fertigte für sich und seinen Sohn Ikarus Flügel aus Adlerschwingen an. Dann unterwies er seinen Sohn genau, wie er fliegen müsse, weder zu hoch noch zu tief. Der unerfahrene Ikarus genoss den Flug so sehr, dass er die Unterweisungen seines Vaters vergass und übermütig zu hoch flog. So kam er der Sonne zu nah. Das Wachs in den Flügeln schmolz, die Flügel lösten sich von seinen Armen, und er stürzte irgendwo hier ins Meer. Die Insel Ikaria wurde nach ihm benannt", erwiderte der Seemann.

„Und der Dädalus?", fragte Saul weiter.

„Der Dädalus beklagte lange seinen Sohn, hörte dann aber doch auf zu klagen, denn der Kronos erinnerte ihn daran, dass man das Geschehene geschehen lassen sollte und dass die Zukunft voller wichtiger Aufgaben auf ihn wartete. Er verstand die Worte der Zeitgottheit und flog eiligst nach Athen. Dort erzählte er den Athenern vom furchtbaren Schicksal ihrer Kinder auf Kreta. Unverzüglich rüsteten jene ein Kriegsschiff und entsandten es unter dem Befehl des Helden Theseus nach Kreta. Er erhielt den Auftrag, das Stierungeheuer zu töten. Das geschah auch. Ariadne, die schöne Tochter des Minos, half ihm dabei", erzählte der Seemann die Geschichte weiter.

„Wie half sie ihm?", wollte Saul wissen.

„Natürlich weder mit Speer noch mit Schwert. Sie gab ihm einen besondern, völlig unsichtbaren, jedoch äusserst festen Faden, gewirkt aus zwei Fasern, eine aus reinem Denken und die andere aus klarem Gedächtnis. Jene wies ihm den Weg dorthin, also bis zum Ziel; diese half ihm, den Weg zurück zu finden. Ohne ihre Hilfe wäre er als ein Niemand unverrichteter Dinge nach Athen zurückgekehrt. Dank ihrer Hilfe wurde er zum Theseus, dem göttlichen Helden.

*

Als er die Rückreise antrat, nahm er Ariadne mit und genoss ihre Liebe bis nach Naxos. Dort vergass er, was sie für ihn getan hatte, und verliess sie. Vor Trauer gab sie sich dem Rausch hin, und ihr Wesen löste sich dort im Fluss von Tränen auf", sagte der Seemann.

„Und was geschah danach mit Theseus?", fragte Saul.

„Weil er Ariadnes Liebe vergessen hatte, hielt sein Vergessen an, und daher tat er nicht, was er vor der Abfahrt seinem Vater versprochen hatte", antwortete der Seemann.

„Was hatte er ihm versprochen?", fragte Saul weiter.

„Er hatte ihm versprochen, die weissen Segel zu hissen, falls er von der gefährlichen Fahrt lebendig zurückkehrte, sonst würde sein Schiff mit dunklen Segeln fahren.

Sein greiser Vater starb vor Trauer, als man ihm meldete, dass ein Schiff mit schwarzen Segeln sich dem Hafen nähere.

Als Theseus zurückkam und erfuhr, was mit seinem Vater geschehen war, wurde es ihm bewusst, dass die Himmlischen ihre Finger im Spiel gehabt hatten", sagte der Seemann.

„Wurde der Dädalus in Athen für sein Verbrechen bestraft?", wollte Saul wissen.

„Nein. Die Strafe wurde ihm erlassen, denn durch ihn hatten sie überhaupt erfahren, was sie zu tun hatten. Sie hatten begriffen, dass alles, was geschehen war, auch wirklich notwendig war und geschehen musste", sagte der Seemann.

„Denken die Athener noch immer so?", fragte Saul.

„Nein, nicht mehr. Eigentlich begannen sie anders zu denken, als sie von einem Redseligen erfuhren, dass es weder Schicksal noch die Himmlischen noch irgendetwas von der Sorte, woran die Menschen glauben, gebe, sondern dass alles eigentlich bloss menschliche Erfindung sei, da alles im Menschen seine Wohnstätte habe", antwortete der Seemann.

„Und den Redseligen haben sie nicht bestraft?", fragte Saul.

„O doch. Er wurde der Verführung der Jugend zur Gottlosigkeit beschuldigt und zum Tode verurteilt. Er konnte wählen, entweder fliehen wie der Dädalus oder bleiben und den Giftbecher austrinken. Er blieb lieber zu Hause und trank den Giftbecher leer", antwortete der Seemann.

„Warum wollte er nicht fliehen?", fragte Saul weiter.

„Er war schon betagt und überlegte sich gut, wie er seinen Namen am besten verewigen könnte. Ein Hüne war er nicht, um Ställe des Königs zu reinigen oder Löwen zu töten und Wegelagerer beseitigen zu können, und furchtbare Stier-Ungeheuer wie jenes im Palast des Minos gab es keine mehr. Er wählte den Tod als einzige Möglichkeit, um immer als jemand erwähnt zu werden, der die Menschen so sehr liebte, dass er sie um den Preis des eigenen Lebens in Wahrheit und Tugend unterweisen, eigentlich erretten wollte. Er meinte, nur der Unterwiesene, eben der Wissende könne eigentlich tugendhaft sein. Später machten es auch andere ihm nach. Einer von ihnen – so berichten die Kaufleute – habe es kürzlich gemacht und scheint nun recht berühmt zu sein. Er soll seinen Jüngern genau gesagt haben, wann und wo man ihn töten würde. Seinen ersten und treuesten Anhänger soll er angeschrieen und ihn einen Teufel genannt haben, weil jener ihm, seinem Meister, sehr vorsichtig raten wollte, nicht dorthin zu gehen, wenn er schon ganz genau wusste, dass man dort auf ihn wartete, um ihn zu töten.

Er tat es, weil von seinem Tod die Verwirklichung seines ganzen Verewigungsplans abhing. Er hatte alles genau geplant, und deswegen irritierte ihn der Vorschlag seines ersten, treuesten und ebenso naivsten Jüngers. Er wusste um diese Eigenschaften eben dieses Jüngers und wählte ausdrücklich ihn in der Anwesenheit aller anderen zum künftigen Behüter und Bewahrer der Lehre, die sich auf ihn als Meister und die höchste Autorität berufen sollte.

Als der Meister an dem Pfahl festgenagelt hing, vergab er allen alles, denn – sagte er – sie wussten nicht, was sie taten.

*

So entstand aus Predigen, Wirken und der berechneten Tugend des redseligen Mannes in Athen das besonders geeignete

Getränk für die ehrgeizige Mittelmässigkeit, das in der Zukunft zweifelsohne viele trinken und in dem eines Tages möglicherweise alle Menschen ertrinken werden", sagte der Seemann.

„Warum?", fragte Saul.

„Mit der Zeit nimmt das Wissen an Umfang zu und an Sinn ab, und damit wird das Getränk des Wissens immer dicker, bis es sich in Schlamm verwandelt. Schlamm ist aber nichts Rechtes, denn er kann weder tragen wie der feste Boden noch kann man in ihm wie im Wasser schwimmen. Im Schlamm kann man nur sinken, umkommen", schloss der Seemann seine Ausführung.

*

Saul spürte, dass er keine weiteren Fragen stellen sollte. Er wartete noch eine Weile, stand dann aber leise auf und ging in seine Ecke.

Er legte sich gleich auf seine Bank, und bald schlief er ein. Er träumte von einem stierähnlichen Ungeheuer, das in einem riesigen Gebäude mit endlosen Gängen und riesigen Räumen raste und brüllte, so laut, dass sein Brüllen eher dem Donnerrollen als dem Brüllen eines Tieres ähnelte. Dann sah er hoch in den Lüften zwei menschenähnliche Vögel fliegen und gleich darauf, wie eine schöne junge Frau einem stattlichen Mann in glänzender Rüstung einen Fadenknäuel gab und ihm etwas erklärte.

Die Stimme seines Begleiters unterbrach den Traum.

„Du solltest aufstehen; die Sonne steht schon recht hoch am Himmel."

„Du hast Recht, ich sollte aufstehen, es wartet noch vieles auf mich."

*

Saul stand auf, wusch sich das Gesicht und die Hände, ass etwas Kleines und trank danach einen tüchtigen Schluck Wasser.

Darauf begab er sich nach dem Bug des Schiffes mit der Absicht, vom Seemann im Dienst über die Menschen im Land, das er soeben durchreiste, etwas mehr zu erfahren.

Der Seemann im Dienst sass wie sonst bequem im zusammengerollten Tau in der Mitte und schaute geradeaus.

Saul setzte sich auf denselben Platz wie am Tage zuvor und sagte nichts in der Annahme, dass der Seemann weder einen Gruss noch irgendwelche Bemerkung erwartete. Nach einer Weile unterbrach er aber doch das Schweigen.

„An Ikaria sind wir bereits vorbeigefahren, man sieht nichts mehr, nicht wahr?", fragte Saul, um das Gespräch zu beginnen.

„So ist es, Ikaria liegt für uns jetzt im Rücken und in der Vergangenheit. Für die dort jedoch liegt sie vor ihnen und in der Zukunft", sagte der Seemann ruhig, machte die entsprechende Kopfbewegung und wies mit der Hand auf etwas in der Ferne.

Saul neigte sich ein wenig auf die Seite, um zu sehen, worauf der Seemann hinwies. Durch den zart bläulichen Dunstschleier sah er ein Segelboot, das in die Gegenrichtung fuhr.

„Es ist ähnlich wie mit den vorbeiziehenden Karawanen, aber hier spürt man es noch besser, denn hier gibt es weder Bäume noch irgendwelche Gegenstände, die ununterbrochen an das Vergehen erinnerten. Es sind weder Inseln noch Sterne zu sehen, nur blaues Wasser und blauer Himmel, und sie scheinen zu ruhen, machen das stehende Jetzt aus", überlegte Saul, während das Boot geräuschlos auf dem ruhigen Wasser glitt.

Eine Weile schwiegen sie beide.

*

„Du sagtest, für die Leute auf dem anderen Schiff sei die zukünftige Strecke, was wir bis jetzt zurückgelegt haben, und die von ihnen bis jetzt zurückgelegte Strecke sei unsere zukünftige Strecke. Vereinfacht könnte man sagen, dass wir dem begegnen, was sie als Vergangenes empfinden, und sie begegnen dem, was wir für etwas Vergangenes halten; habe ich dich richtig verstanden?", fragte Saul den Seemann.

„Du hast mich richtig verstanden", erwiderte der Seemann.

„Wenn dem so ist, dann gibt es weder eine allgemein gültige Vergangenheit noch eine allgemein gültige Zukunft", fügte Saul hinzu, froh, dass das Gespräch von neuem richtig angefangen hatte und dass er wieder erwarten konnte, irgendeine neue verrückte Idee aus dem Ozean der hellenischen Denkweise zu hören, denn alles, was er bereits gehört hatte, war betörend.

„Dem scheint zwar so zu sein, aber der Schein trügt. Daher ist deine Annahme wahrscheinlich nur teilweise richtig", antwortete der Seemann.

„Wie soll ich das verstehen? Soll das heissen, dass die Vergangenheit nur teilweise Vergangenheit und die Zukunft nur teilweise Zukunft ist?", stellte Saul eine etwas abgeänderte Frage.

„So ist es wiederum nicht", enttäuschte ihn der Seefahrer.

„Wie ist es denn eigentlich?", fragte Saul, fast leicht irritiert.

„Es ist so, dass die Zeit, in der wir uns beide nun unterhalten, bei ihrem und bei unserem Aufbruch in der Zukunft lag. Nun können sie und wir diese Zeit als unsere gemeinsame Gegenwart bezeichnen, aber nur, falls wir alle uns dessen bewusst sind", sagte der Seemann.

„Und wenn wir uns dessen nicht bewusst sind?", fragte Saul.

„Dann gibt es keine Gegenwart", erwiderte der Seemann.

„Aber was geschieht mit der Gegenwart, der man sich nicht bewusst wird?", fragte Saul.

„Sie wird zur bloss gedachten, jedoch nicht erlebten Vergangenheit", erläuterte der Seemann.

„Ist die Vergangenheit auch Zeit?", fragte Saul.

„Ja, jedoch bloss als etwas Gedachtes", antwortete der Seemann.

„Und die Zukunft?", fragte Saul fleissig weiter.

„Dasselbe gilt für die Zukunft", antwortete der Seemann.

„Falls ich dich richtig verstehe, kann es für jemanden, der sich seiner Gegenwart nicht bewusst ist, eigentlich nur gedachte Zeit geben?", sagte Saul.

„Das ist genau der Fall, und zwar bei allen Menschen, während ihres ganzen Lebens", bestätigte der Seemann.

„Soll das heissen, dass es die Zeit als etwas von dem Bewusstsein Unabhängiges gar nicht gibt?", fragte Saul.

„Das kann man nicht so sagen. Vielmehr ist es so, dass es sie gibt, wenn der Mensch denkt, dass es sie gibt. Und man denkt, dass es sie gibt, wenn man die Welt in einem Rahmen sieht", sagte der Seemann.

„Was heisst das ‚in einem Rahmen'?", fragte Saul unermüdlich weiter, denn er spürte, dass der Unterricht, den er bei den Hellenen erwartet hatte, bereits lief.

„In einem Rahmen erscheint uns alles, sobald wir annehmen, dass die Welt einmal begonnen hat und dass sie einmal enden wird", sagte der Seemann.

„Und wenn es uns gelänge, diesen Rahmen zu sprengen?", fragte Saul.

„Gelänge uns das, wäre manches anders", sagte der Seemann.

„Was wäre anders?", fragte Saul.

„Die Sphinx wäre tot", antwortete der Seemann.

„Die Sphinx wäre tot? Was meinst du damit?", fragte Saul völlig verdutzt.

„Das Menschen verschlingende Ungeheuer würde sich auflösen, und der Mensch wäre seine Fesseln los. So, wie die Dinge liegen, ist er ein Gefangener im Labyrinth aus Missverständnissen", sagte der Seemann.

„Könnte er irgendwie aus dem Gefängnis flüchten?", fragte Saul.

„Ausgeschlossen ist es nicht, jedoch äusserst unwahrscheinlich", erwiderte der Seemann.

„Warum?", fragte Saul.

„Weil der Gefangene selbst zugleich auch der Gefängniswärter und der Gefängnisdirektor ist. Und weil dem so ist, kann es den geheimen Fluchtplan des Gefangenen gar nicht geben. Eine Flucht ist undenkbar", sagte der Seemann.

„Soll das heissen, dass der Mensch für immer als Gefangener im Labyrinth aus seinen eigenen Missverständnissen bleiben muss?", fragte Saul.

„Nicht unbedingt. Das Labyrinth aus Missverständnissen ist zwar riesengross, zerdrückend, aber es ginge trotzdem. Er müsste versuchen, das Labyrinth, in dem er gefangen ist, Schritt für Schritt von innen abzureissen", sagte der Seemann.

„Aber wie soll das geschehen?", fragte Saul.

„Er muss mutig sein und alles in Frage stellen", sagte der Seemann.

„Alles?", fragte Saul.

„Nur eines nicht", fügte der Seemann hinzu.

„Und das wäre?", fragte Saul.

„Dass er zweifelt", antwortete der Seemann.

„Und was wäre der nächste Schritt?", fragte Saul weiter.

„Und wenn es ihm gelungen ist, zu merken, dass allein an ihm als an allem Zweifelnden nicht zu zweifeln ist, soll er alles hinterfragen", sagte der Seemann.

„Wirklich alles?", fragte Saul.

„Natürlich, sonst ist er noch nicht so weit", erwiderte der Seemann.

„Dürfte er auch die Idee in Frage stellen, dass Gott die Welt erschaffen hat?", fragte Saul.

„Da muss er anfangen, denn von der Klärung dieser Frage hängen viele Dinge ab – die wichtigsten", sagte der Seemann.

„Kann man zur Klärung dieser Frage irgendwo Hilfe holen?", fragte Saul.

„Gewiss. Vor sehr langer Zeit haben nicht nur bei uns hier, sondern auch anderswo in der Welt einige wenige aufgeweckte, begabte Menschen begriffen, dass die ganze bunte Mannigfaltigkeit, die Vielheit der Welt nichts anderes ist als unsere menschliche Art das verborgene Eine zu erleben. Wir alle erleben also das Eine immer als bunte Vielheit. Nur wenige ahnen in dem bunten Spiel der Vielheit das Eine, und noch wenigere sind es, die das Eine nicht bloss ahnen, sondern sogar klar denken können. Die meisten können es weder erahnen noch denken, sie erleben lediglich das Viele.

Das Viele verursacht viel Lärm, betäubt, lenkt ab, gestattet nicht, dass man sich im Labyrinth der bunten, betäubenden Welt zurechtfindet und die Unterweisung hört. Die Wogen der Einzelerscheinungen des Einen drängen aus unzähligen Räumen und Gängen des Weltgebäudes, sprechen uns gleichzeitig von allen Seiten an und verursachen, dass sich die *einfache,* unterweisende Stimme in ebenso unzähligen Echos auflöst; alles, was wir hören, sind nur Echos, die letzten Silben der ganzen unterweisenden Worte", erläuterte der Seemann.

„Wer waren jene, die die ganzen Worte der einfachen Unterweisung hörten und sie für alle anderen laut und deutlich wiederholten?", fragte Saul.

„Es waren besonders hellhörige, aufgeweckte Menschen, die auch jene Stimmen klar hören konnten, die für die grosse, träge, schlummernde Mehrheit unhörbar sind.

Sie fassten das schier Unfassbare in einfache Worte, indem sie sagten, dass alle Kräfte, das heisst alle Möglichkeiten des Weltstoffes, der Weltmutter, als Einheit verstanden, hauptsächlich das unbestimmbare Dortige und das flüchtige Hiesige nicht irgendwann in der Vergangenheit erschufen, sondern sie unablässig erschaffen – ohne Anfang und ohne Ende", sagte der Seemann.

„Und die trägen Schlummernden hörten diese Worte nicht klar?", wollte sich Saul vergewissern.

„Sie nahmen an, dass das unbestimmbare Dortige eine Art Reich sein müsse, in dem die unsterblichen Herrscher der Welt wohnten, und dass das flüchtige Hiesige die Wohnstätte der sterblichen Menschen sei. Das Reich der unsterblichen Herrscher nannten sie den Himmel, die Wohnstätte der Sterblichen, die Erde, auf der wir leben und mit dem Engel des Alltags ringen.

Im Laufe der Zeit schafften einige der Sterblichen – jene mit etwas mehr Intelligenz und Phantasie – die vielen himmlischen Herrscher ab, da sie ihre Hilfe nicht mehr benötigten. Die neue Situation erforderte einen geeigneten Ersatz für die vielen in den Ruhestand getretenen Gottheiten. Ideenreiche Menschen, die mutig jene vielen Gottheiten abgeschafft hatten, ersetzten sie durch nur einen einzigen abstrakten Gott. Dadurch wurde der Himmel zur prunkvollen Residenz des alleinigen, allmächtigen Weltherrschers.

Auf der Erde wimmelte es aber von schwachen Sterblichen wie vorher. Natürlich waren sie praktisch alle entzückt, als sie hörten, dass der neue Weltherrscher angeblich allen, die hier auf Erden leiden mussten, das ewige Leben im Himmel versprochen hatte, besonders aber jenen, die leiden mussten, weil sie die Würde seines heiligen Namens verteidigt hatten.

*

Der Erfinder des alleinigen, allmächtigen, abstrakten Gottes konnte natürlich nicht ahnen, welch schwere Folgen seine herrliche Erfindung dereinst haben musste.

Die Eigenschaften des neuen Gottes waren so überragend, dass sie unter denen, die ihn verherrlichten, eigentlich niemals Streit oder Hass hätten verursachen sollen; weil er der alleinige Gott war, brauchte er keinen Konkurrenten zu fürchten; weil er allmächtig war, konnte sich niemand gegen ihn erheben; weil er abstrakt war, befand er sich jenseits der Grenzen des Verstandes, und daher konnte ihm die gewöhnliche Logik nichts antun.

Und doch verursachte der neue Gott mehr Hass und allerlei Tragödien als sonst etwas anderes unter denen, die ihn verherrlichten, ohne dass sie eigentlich wussten, was sie verherrlichten oder was sie überhaupt taten.

*

Eigentlich streiten die sterblichen Anhänger des alleinigen Gottes seit dem ersten Tag darum, wer von ihnen den in seiner einsamen Herrlichkeit, im unbestimmbaren, ganz unbekannten Reich thronenden Alleinherrscher richtig verehre, wer der wahre Gläubige und der echte Untertan ist. Nicht selten schlagen sie sich aus religiösem Eifer gegenseitig die Köpfe ein, so viel ist ihnen der Ruhm ihres Herrschers wert.

Ihr himmlischer Herr freut sich natürlich, wenn ihm seine Untertanen mit blinder Hingabe dienen, und daher hält er sich am liebsten bei den feurigsten unter ihnen auf. Er tröstet seine Untertanen und macht ihnen Hoffnung auf eine gebührende Belohnung im unbestimmbaren Jenseits für die Treue, die sie ihm im flüchtigen Hier erwiesen haben. Sie ihrerseits sorgen dafür, dass er als ihr Beschützer und Gönner nicht verschwinde. Hierzulande nennen wir eine solche gegenseitige Unterstützung Symbiose", sagte der Seemann.

„Und was sagen die Hellhörigen bei euch zur Erschaffung der Welt?", fragte Saul.

„Der eine sagt es so, der andere so, aber allen ist eines gemeinsam: Sie alle sind der Ansicht, die Welt sei von niemandem erschaffen worden, sondern sie bestehe ohne Anfang und ohne Ende aus nicht erschaffenem, formlosem Stoff, der sich in allerlei vergänglichen Formen und Äusserungen niederschlage. Für den formlosen Stoff haben sie verschiedene Namen, jedoch meinen sie immer dasselbe.

Es ist nämlich nicht schwer zu merken, dass die unbestimmbare, dortige Seite der Welt, von der die Einsichtigen in der fernen Welt sprechen, und der formlose Stoff, von dem die Hellhörigen bei uns reden, gut miteinander übereinstimmen.

Ebenso deckt sich das flüchtige Hiesige in der Lehre der weisen Fremden mit den vergänglichen Formen, von denen die Einsichtigen bei uns reden. Diese Einsicht in die Struktur der Welt haben jedoch zu allen Zeiten nur die wenigsten gehabt. Die meisten missverstanden sie gleich am Anfang, und als

Resultate dieser Missverständnisse entstanden allerlei Religionen, die schlimmsten Erbkrankheiten der Menschheit", sagte der Seemann.

„Wieso Erbkrankheiten? Seine Weltauffassung kann man doch jederzeit aufgeben und eine andere annehmen", fragte Saul.

„Wenn dem so wäre, hätten wir eine andere Welt. Dem ist aber nicht so. Wenn man in eine bestimmte religiöse Atmosphäre hineingeboren wird, verlässt man sie nur sehr selten. Und das wird wahrscheinlich immer so bleiben", sagte der Seemann.

„Du sagst, Religionen seien die schlimmsten Erbkrankheiten der Menschheit. Was ist so schlimm an ihnen, dass du so streng über sie urteilst?", fragte Saul.

„Wenn ich sie mit Erbkrankheiten vergleiche, dann ist das nicht als Kritik gemeint. Auch Erbkrankheiten kann man nicht kritisieren, sie ergeben sich aus dem Zusammenspiel der Kräfte im Stoffe. Alles, was unserem Bewusstsein begegnet, ist das Produkt eines solchen Spiels, unser Bewusstsein selbst auch. Niemand von uns wählt seine Eltern, bevor er gezeugt wird. Wir werden von bestimmten Eltern gezeugt, die bestimmte Eigenschaften haben und auf uns übertragen. Unsere Eltern wurden wie wir von bestimmten Eltern gezeugt, unsere Grosseltern von ihren Eltern und so weiter zurück bis in den Abgrund der Zeit.

Was wir von ihnen allen in die Wiege gelegt bekommen, sind unsere inneren Möglichkeiten. Diese inneren Möglichkeiten in uns stossen auf die äusseren Möglichkeiten, die uns umgeben, das heisst, auf alles, was uns auf unserem Lebensweg begegnet. Aus der Wechselwirkung zwischen den inneren und äusseren Möglichkeiten entsteht bei jedem von uns das jeweils individuelle, einmalige Lebensgefühl", sagte der Seemann.

„Wieso kommt es, dass die meisten leichter die religiöse Vorstellung von der Erschaffung der Welt durch einen himmlischen Herren annehmen als die Vorstellung, dass die Welt eigentlich von niemandem erschaffen worden ist?", fragte Saul.

„Die alltägliche Lebenserfahrung, dass in der menschlichen Gesellschaft wie in einer Herde oder einem Rudel alles hierarchisch organisiert ist, hat zur Folge, dass die Menschen entsprechend fühlen, denken und handeln und sich ein Leben ohne Herren und Gebieter nicht vorstellen können. Das verleitet sehr leicht zur Annahme, dass es auch einen Herrn und Gebieter über dem ganzen Kosmos geben müsse. Die gleiche Lebenserfahrung schafft leicht die Vorstellung, dass auch die ganze Welt ihren Anfang durch einen allmächtigen Herren genommen hatte und durch ihn ihr Ende haben werde.

Solche Vorstellungen erfordern keine besondere Geistesschärfe und keine Phantasie, sonder erscheinen eher als offensichtlich und fraglos.

Die Vorstellung jedoch, dass die Welt weder einen Anfang noch ein Ende haben muss, noch dass sie für ihr Bestehen einen Herrn und Gebieter benötigt, erfordert ein grösseres Vorstellungsvermögen und viel Mut", sagte der Seemann.

„Warum sprichst du von Mut?", fragte Saul.

„Es erfordert schon viel Mut, sich von dem Herrn und Gebieter, der bestraft und belohnt, zu verabschieden und für alles im Zusammenhang mit seinem eigenen Leben selbst verantwortlich zu sein und die Rechenschaft über alles einzig und allein vor sich selbst abzulegen", antwortete der Seemann.

*

„Kann sich ein Mensch überhaupt vorstellen, dass es keinen Anfang und kein Ende der Welt gibt?", fragte Saul misstrauisch.

„Seit Menschengedenken hat es immer einzelne Menschen gegeben, die zutiefst überzeugt waren, dass es eigentlich weder einen Anfang noch ein Ende geben kann", antwortete der Seemann.

„Was gibt es aber, falls es weder einen Anfang noch ein Ende gibt? Die Blätter kommen und verschwinden, die Tiere auch, die Menschen ebenso. Festungen werden gebaut und geschleift, Reiche und Staaten gegründet und abgeschafft, die heutigen Berge waren einst am Meeresboden, und der heutige Meeresboden war einst Hochland. Das alles bezeugt doch, dass alles einen Anfang und ein Ende haben muss", sagte Saul.

„Vor fünfhundert Jahren lebte ein Weiser und zugleich ein grosser Arzt, der lehrte, dass unsere Vorstellung von Entstehen und Vergehen auf Unwissen und Phantasielosigkeit beruht", sagte der Seemann.

„Aber wir erleben doch alle tagtäglich, dass Dinge erscheinen und nach einer gewissen Zeit wiederum verschwinden. Ist es möglich, dass wir uns alle die ganze Zeit irren?", fragte Saul.

„Alle, die so denken, scheinen sich zu irren", sagte der Seemann.

„Und wie verstand der Weise, von dem du redest, die Welt?", fragte Saul.

„Er meinte, dass alles, ohne Ausnahme, aus vier Elementen bestehe, die unerschaffen und unvergänglich sind", antwortete der Seemann.

„Du sagtest ‚aus vier Elementen'. Was muss man sich darunter vorstellen?", fragte Saul.

„Er nannte die vier Elemente Luft, Wasser, Erde und Feuer", antwortete der Seemann.

„Und das hat er wirklich gesagt?", fragte Saul.

„Es wird so berichtet, von Geschlecht zu Geschlecht, seit Jahrhunderten", antwortete der Seemann.

„Und bis jetzt hat kein Weiser diese seine Behauptung angezweifelt?", fragte Saul.

„Seit der Zeit haben sich die Weisen mit anderen Fragen beschäftigt, aber seine Lehre hat keiner bemängelt. Warum auch?", sagte der Seemann.

„Es kann doch nicht sein, dass alles aus nur vier Elementen zusammengesetzt ist", sagte Saul.

„Warum nicht?", fragte der Seemann.

„Es gibt bestimmt viele Dinge, die nicht aus diesen vier Elementen zusammengesetzt sind", behauptete Saul.

„Es würde mich freuen, wenn du mir einige davon nennen könntest", sagte der Seemann.

„Olivenöl ist bestimmt weder Erde noch Wasser noch Luft, und Feuer ist es sowieso nicht", sagte Saul, froh etwas gefunden zu haben, um die Ansicht der unbekannten Weisen in Frage stellen zu können.

„Es sieht natürlich so aus, aber, eben, der Blick kann trügen. Überlege es dir nur einen Augenblick: Woraus wird Olivenöl gepresst?", fragte der Seemann.

„Aus Oliven, selbstverständlich", antwortete Saul selbstbewusst.

„Und welche Bäume tragen Olivenfrüchte?", fragte der Seemann weiter.

„Olivenbäume", antwortete Saul.

„Glaubst du, ein Olivenbaum würde Früchte tragen, wenn seine Wurzel nicht in der Erde wäre und wenn es im Boden kein Wasser gäbe?", fragte der Seemann.

„Das könnte er bestimmt nicht", gab Saul zu.

„Selbstverständlich, denn der Baum braucht Nahrung, wie ein kleines Kind muss er saugen, um zu wachsen und zu gedeihen. Die Brust, an der er saugt, ist eben jene Stelle, wo er seine Wurzel hat. Wie du siehst, hat die Erde beliebig viele Brüste. Im Boden ist jenes im Wasser gelöst, was der Baum braucht."

„Aber was der Baum aus dem Boden saugt, ist doch kein Öl", sagte Saul.

„Natürlich nicht, es ist erst eine Mischung, deren Bestandteile sortiert und anders geordnet werden müssen", sagte der Seemann.

„Und wer macht das?", fragte Saul.

„Die Blätter machen das; dort sind die feinsten Werkstätten, in denen die fähigsten aller Meister arbeiten, für uns arbeiten, ohne zu wissen, dass sie für uns arbeiten; nur wir wissen es, glauben zu wissen", sagte der Seemann.

„Das überzeugt nicht ganz, denn, wenn die Blätter imstande sind, aus gelöster Erde im Wasser Olivenöl zu machen, dann müsste auch die Weinrebe Oliven tragen können", meinte Saul.

„Das ist ein falscher Schluss. Nur Olivenblätter ordnen den Inhalt der im Wasser gelösten Erde so, dass sich die Früchte bilden, aus denen Olivenöl gepresst werden kann. Die Weinrebe könnte das auch, wenn sie Olivenblätter hätte. Sie hat aber andere Blätter, in denen andere Werkstätten untergebracht sind, in denen andere Meister arbeiten. Sie ordnen die im Wasser gelöste Erde so, dass daraus nicht bittere Oliven, sondern süsse Beeren entstehen, die gepresst werden können und aus deren Saft der berauschende Wein gewonnen wird", erwiderte der Seemann.

*

Saul hörte der Erläuterung des Seemannes aufmerksam zu, ohne ihn ein einziges Mal zu unterbrechen. Nie vorher hatte er sich über solche Dinge Gedanken gemacht. Dass Olivenbäume Olivenfrüchte trugen, dass sie bitter schmeckten, dass aus ihnen das köstliche Olivenöl gepresst wurde, dass Trauben anders aussahen und einen anderen Geschmack hatten, war doch selbstverständlich, veranlasste weder ihn noch seine Lehrer im Gebetshaus zu fragen, wieso trugen Olivenbäume und Weinreben so verschiedene Früchte, wenn sie nebeneinander im selben Garten wuchsen.

Nun machte ihn ein ganz gewöhnlicher Seefahrer im Land, in dem er die Antwort auf alle Fragen suchte, darauf aufmerksam, wies auf ein Wunder hin, das zum Greifen nah war und von ihm und wahrscheinlich von den meisten Menschen nie beachtet wurde.

„Gut, aber was hat die Luft mit dieser Mischung zu tun?", fragte Saul.

„Erde und Wasser allein genügen nicht; auch die Luft ist unerlässlich. Bedenke doch, dass alle Lebwesen atmen. Vielleicht gibt es welche, die keine Luft benötigen, aber wir kennen sie nicht. Vielleicht wird man eines Tages feststellen, dass es winzige, äusserst einfache Lebewesen gibt, die tatsächlich keine Luft benötigen, aber uns sind sie nicht bekannt.

Wenn wir einatmen, holen wir uns doch aus der Luft etwas, was unser Körper benötigt, und wenn wir ausatmen, stossen wir aus dem Körper etwas aus, was unser Körper loswerden möchte. Solange wir leben, haben wir alle das unwiderstehliche Bedürfnis einzuatmen und auszuatmen. Damit sind wir alle wohl vertraut. Bei den anderen Lebewesen wird es wohl nicht anders sein. Ohne Luft würden die Pflanzen genauso sicher sterben wie wir. Die Blätter entscheiden auch, wie jenes geordnet werden soll, was die Pflanzen der Luft entnehmen", sagte der Seemann.

Saul schwieg.

„Erde, Wasser und Luft würden aber nicht genügen", fuhr der Seemann fort.

„Was braucht es noch?", fragte Saul.

„Es braucht noch Licht, und das liefert die Sonne."

„Aber Sonne ist weder Erde noch Wasser noch Luft", sagte Saul.

„Du hast Recht, sie ist nicht Erde, sie ist nicht Wasser, auch Luft ist sie nicht. Darüber, was sie ist, werden wir uns später unterhalten", sagte der Seemann.

Saul stand auf. Sein Kopf war schwer, schmerzte fast. Er war froh, dass der Seemann eine Pause vorgeschlagen hatte.

***

Er legte sich auf seine Schlafbank und schlief gleich ein. Alles Beeindruckende, was ihm der Seemann von Oliven und Weinstöcken sowie von der eigenartigen Fähigkeit der Blätter kurz davor erzählt hatte, tauchte nun auf, jedoch vom Blatt, Traum genannt, eigenartig geordnet und eingewickelt. In riesigen durchsichtigen Hallen sah er Heere von hastig schaffenden Meistern, die mit atemberaubender Geschicklichkeit irgendetwas in winzige grünliche Gefässe verpackten und sie dann mit unvorstellbarer Schnelligkeit den Arbeitern in anderen Reihen weitergaben. All das geschah vollkommen geräuschlos, so dass alles zu fliessen schien. Auch glaubte er, unzählige feine Fäden zu sehen, die sich zwischen den fleissigen Meistern schlängelten und auf die die flinken Hände der Meister die grünen Päckchen legten. Auf den Fäden wanderten wie auf allerlei Verkehrswegen im praktischen Alltag die winzigen grünen Päckchen geräuschlos und gemächlich irgendwohin. Wohin welches Päckchen wanderte, war nicht auszumachen, denn die Fäden tauchten ineinander, verzweigten sich in unzählige noch feinere Fasern und vereinigten sich dann wieder mit ebenso unzähligen neuen.

Saul unternahm wiederholt den Versuch, einige Päckchen genau zu verfolgen, um zu erfahren, wo sie endeten, aber es gelang ihm nicht, da ausgerechnet jenes Päckchen, dem seine Aufmerksamkeit jeweils galt, sofort in den nächsten Faden eintauchte und verschwand, als hätte es gewusst, dass es von jemandem beobachtet wurde und daher schleunigst verschwinden sollte.

Die vergeblichen Versuche machten Saul müde und irritiert, und er beschloss aufzugeben. Als er aufwachte, war er schweissgebadet und fühlte sich benommen.

„Du hast lange geschlafen, die Sonne steht bereits tief. Ich wollte dich nicht wecken, denn nach all dem, was der Seemann dir erzählt hat, brauchst du viel Schlaf", sagte sein Begleiter.

Saul schwieg.

„Ich habe dir etwas Wasser im Kübel gebracht. Erfrische dich zuerst ein wenig, und iss dann etwas, du hattest kein Mittagessen", fuhr sein Begleiter fort.

Saul sagte nichts. Er zog sich aus und liess sich von seinem Begleiter waschen. Dann ass er etwas und begab sich gleich darauf zum Bug des Schiffes.

Der Seemann sass in dem zusammengerollten Tau und schaute nach vorn in die Ferne wie vorher. Als er sich auf seinen Platz hinter dem Seemann gesetzt hatte, hatte er das Gefühl, dass er gar nicht weggegangen war.

*

„Nun lässt es sich leichter über die Sonne unterhalten, denn sie steht nicht mehr im Zenith, sondern ziemlich tief", sagte der Seemann, ohne sich umzudrehen.

„Wohin begibt sich die Sonne, wenn sie abends verschwindet?", fragte Saul, der Augenblick schien ihm geeignet zu erfahren, wie die hellenischen Weisen das abendliche Verschwinden der Sonne verstanden.

„Sie verschwindet nicht, sie ist immer dort, wo sie gerade sein sollte", erwiderte der Seemann.

„Aber sie verschwindet abends doch, man sieht sie nicht mehr, wenn sie hinter dem Horizont verschwindet", sagte Saul.

„Das ist eine Täuschung. Sie verschwindet nicht. Wir entfernen uns von ihr, denn wir sind auf einer Kugel, die sich ununterbrochen um sich selbst dreht", erwiderte der Seemann.

„Du sagtest, wir stünden auf einen Kugel; die Erde sollte also eine Kugel sein?", sagte Saul.

„Allem Anschein nach ist sie es, und sie dreht sich um sich selbst und dann noch zusätzlich um die Sonne. Die meisten Menschen können das nicht glauben", sagte der Seemann.

„Wieso kann man so etwas wissen?", fragte Saul erstaunt und misstrauisch.

„Die Kunst des reinen Denkens, die Mathematik, macht es möglich, denn sie hilft, die Dinge anders zu sehen, als man sie sonst sieht. Einer, der von der Kunst viel verstand – Aristarchos hiess er –, hat das berechnet. Leider können sich die meisten für seine Behauptung nicht begeistern, denn sie verstehen von der Mathematik nichts, und ohne sie ist es schier unmöglich, viele umwerfende Dinge zu begreifen", sagte der Seemann.

Eine Weile schwiegen sie beide, jeder aus eigenen Gründen.

Der Seemann schwieg, weil ihn seine eigene Vorstellung, die er von der Erde hatte, so sehr entzückte, dass er jedes Mal sprachlos wurde, wenn er daran dachte. In seiner Phantasie sah er eine Kugel, die so riesig war, dass weder die tiefsten Meerestiefen noch die höchsten Bergeshöhen nur ein Tausendstel ihres Durchmessers ausmachten. Auf der Kugel gab es Stürme, auf ihr fuhren Schiffe, auf ihr lebte alles Lebendige, auf ihr lebten und litten Menschen, die in ihrer Not und Verzweiflung allerlei Götter erfanden, denen sie huldigten, Tiere, ja sogar eigene Kinder opferten, um sich bei ihnen einzuschmeicheln und ihre Gunst zu erlangen.

Saul schwieg, weil er mit dem Gedanken, dass die Erde eine Kugel war und dass sie sich um die Sonne drehte, nichts anfangen konnte – viel zu stark und viel zu überzeugend war, was er mit seinen eigenen Augen jeden Tag klar sehen konnte.

Dennoch war er bereit anzunehmen, dass er persönlich nicht unbedingt klar sah, welche Form die Erde tatsächlich hatte und ob sie sich trotz der alltäglichen Erfahrung doch bewegte.

*

Es gab noch eine Frage, die sich ebenso auf die im Weltraum herum jagende Heimat des Menschen bezog, die sich aber – das glaubte er – nicht so leicht beantworten liess wie die Fragen, die mit Form und Bewegung der Erde zu tun hatten. Daher beschloss er dem Seemann eben die Frage zu stellen, die mit jener letzten aller Fragen zu tun hatte, welche wegen ihrer Natur eigentlich gar nicht beantwortet werden konnte. Und solange die Frage nicht beantwortet werden konnte, musste der Mensch trotz aller seiner Einsichten zugeben, dass all sein Wissen lediglich Scheinmeinen war.

„Wenn die Erde so riesig ist, wie du es soeben gesagt hast, muss sie unvorstellbar schwer sein. Auf was für einer Unterlage steht sie?", fragte er den Seemann.

„Entweder habe ich nicht klar gesprochen, oder du hast mich nicht richtig verstanden, entscheide selber, was stimmt: Ich habe nicht gesagt, dass die Erde steht, ich habe gesagt, dass sie sich bewegt, dass sie andauernd die Sonne umfliegt. Das tut sie, und zwar schnell, viele tausendmal schneller als das schnellste Pferd rennen kann. Da kann es doch keine Unterlage geben; sie fällt eigentlich ununterbrochen", sagte der Seemann.

„Sie fällt?", fragte Saul erstaunt.

„Ja, sie fällt, ununterbrochen", erwiderte der Seemann.

„Und was wird geschehen, wenn sie einmal den Boden erreicht hat?", fragte Saul.

„Den wird sie nie erreichen", sagte der Seemann.

„Warum nicht?", fragte Saul.

„Weil es keinen Boden gibt, genau wie es keine Unterlage gibt", antwortete der Seemann.

„Aber wenn sie fällt, dann muss sie auf etwas zu fallen, sonst kann man vom Fallen gar nicht reden", sagte Saul.

„Die Frage beweist, dass dein Aufenthalt in Hellas die ersten Spuren hinterlässt, dass die hiesige Denkweise schon langsam abfärbt", sagte der Seemann.

Saul sagte nichts, er war nicht sicher, ob er verstanden hatte, was der Seemann sagen wollte.

„Sie fällt auf die Sonne zu", sagte der Seemann.

„Sie fällt auf die Sonne zu?", sagte Saul, jetzt noch mehr erstaunt.

„Jawohl, und zwar schon lange, und sie wird noch lange Zeit fallen", fügte der Seemann hinzu.

„Ist die Sonne so weit entfernt, dass der Fall so lange dauern muss?", fragte Saul.

„Es ist nicht die Entfernung selbst, die die Erde daran hindert, mit der Sonne zusammenzustossen, sondern die passende Geschwindigkeit, mit der sie die Sonne umkreist", erwiderte der Seemann.

„Und sie wird nie auf die Sonne fallen?", fragte Saul weiter.

„Das ist richtig, sie wird nie auf die Sonne fallen", bestätigte der Seemann.

„Und warum nicht?", fragte Saul.

„Weil es niemanden geben wird, der es feststellen kann. Und wenn es niemanden gibt, der feststellen kann, dass etwas geschieht, geschieht es auch nicht", antwortete der Seemann.

Saul schwieg.

„Kein Mensch, keine Welt", fügte der Seemann hinzu.

„Ist das wirklich so wörtlich zu verstehen?", fragte Saul.

„Das hat einer unserer Weisen behauptet, und bis jetzt hat noch niemand drin einen Denkfehler feststellen können. Wem es gelingt, drin doch einen Denkfehler zu finden, der wird weiser sein als alle anderen Weisen zusammen", sagte der Seemann.

„Brauchen die Vögel in der Luft, die Fische im Wasser und die Würmer im Boden wirklich den Menschen, um vorhanden zu sein?", fragte Saul.

„Du bist ehrgeizig; das ist gut und gefährlich, wie das Leben selbst", sagte der Seemann.

Saul schwieg.

„Der Inhalt, die Bedeutung der Wörter ‚Vögel', ‚Luft', ‚Fische', ‚Wasser', ‚Würmer', ‚Boden' und aller anderen lebt im Menschen, einerlei ob man für den Inhalt die Wörter der Hellenen oder der Fremden benutzt. Eine giftige Schlange ist gleich gefährlich, unabhängig davon, wie man sie nennt", erläuterte der Seemann.

„Aber all diese Lebewesen können auch ohne Menschen weiterleben; das wollte ich sagen", versuchte Saul seinen Standpunkt zu erläutern.

„Dem wäre so, wenn der Inhalt, noch einmal: *der Inhalt,
die Bedeutung*! der Wörter ‚Lebewesen' und ‚weiterleben' und
aller anderen Wörter – einerlei ob in der griechischen oder einer
anderen Sprache – nicht ein menschliches Produkt wäre, das nur
im Menschen lebt und das mit dem Verschwinden des Menschen
ebenso verschwindet. Es geht also nicht um das, was man hört,
wenn jemand das Wort ausspricht, sondern um das, was der
Mensch in sich trägt, unabhängig davon, ob es ausgesprochen
wird oder nicht", sagte der Seemann.

„Und was geschieht nach dem Verschwinden des Menschen
und mit dem, was der Mensch tief empfindet, was aber mit
keinem Wort bezeichnet werden kann, zum Beispiel verschiedene
Gefühle?", fragte Saul.

„Dass das mit dem Verschwinden des Menschen ebenso verschwindet, ist noch viel leichter zu begreifen, denn was mit keinem
Wort bezeichnet wird, beansprucht keine Selbstständigkeit", antwortete der Seemann.

Wie abgemacht unterbrachen sie für eine Weile das Gespräch.

*

„Aber dürfte man nicht ebenso all das, was du gesagt hast, nämlich die Behauptung, dass mit dem Menschen alles kommt und
mit ihm ebenso alles geht, weil er das Mass von allem sei, als
lediglich eine menschliche Erfindung ansehen?", fragte Saul.

„Es ist nicht so, dass man es bloss könnte, sondern man muss
es unbedingt wie alles andere als menschliche Erfindung ansehen,
die mit seinem Erfinder kommt und verschwindet", antwortete
der Seemann.

„Aber wenn der Mensch als Organismus, als Lebewesen
einmal verschwinden sollte, wird mit ihm wirklich alles
verschwinden? Was sagen die hellenischen Weisen dazu?
Sagen sie überhaupt etwas dazu?", wollte sich Saul nochmals
vergewissern.

„Der Mensch als Organismus, als eine spezielle Form des Lebens wird bestimmt einmal verschwinden, denn als Organismus ist er eine Form, und alle Formen verschwinden erscheinend", gab der Seemann zur Antwort.

„Sie verschwinden erscheinend? Wie soll man das verstehen?", fragte Saul.

„Die meisten haben etwas Mühe, diese Worte zu verstehen, weil sie die Welt nur auf der Stufe der Gegensätze erleben. Es gelingt ihnen nicht zu merken, dass alle Gegensätze eigentlich nur Scheingegensätze sind", sagte der Seemann.

*

„Warum sind aber Erscheinen und Verschwinden nur Scheingegensätze?", fragte Saul.

„Scheingegensätze sind sie, weil jedes Formannehmen zugleich ein Formverlassen ist. Und weil das ein kontinuierlicher Prozess ist, gibt es eigentlich keine ruhende, feste Form. Wir erleben also das kontinuierliche Fliessen als eine Folge von Scheinzuständen, die wir als Formen bezeichnen. Diese Formen, diese Scheinzustände helfen uns trotz ihrer Unbeständigkeit als Orientierung im praktischen Alltag. Für unsere persönlichen Zwecke erscheint uns manchmal das Fliessen eines Scheinzustandes zu langsam, und wir beschleunigen gezielt den Prozess. So reissen wir zum Beispiel das alte Haus ab, wenn wir ein neues Haus bauen wollen, weil wir nicht warten können, dass das alte Haus von selbst einstürzt, sich langsam in Staub verwandelt und als Form verschwindet. Ein solcher Prozess könnte lange dauern, so dass unser Leben nicht reichen würde. Wenn wir einige Jahre die Vorteile eines neuen Hauses geniessen wollen, müssen wir das alte Haus abreissen, also sein Verschwinden beschleunigen.

Im gleichen Stil versuchen wir immer wieder, etwas, was uns zu schnell verschwindet, am Vergehen zu hindern, weil wir es geniessen und schätzen. So versuchen wir mit allerlei Tricks irgendwelche Gegenstände, die uns wichtig erscheinen, beispielsweise die so genannten Kunstwerke aller Art, immer wieder zu restaurieren. Und was tun die Leute nicht alles, um ihr frisches, jugendliches Aussehen zu verlängern!

Ob etwas langsam oder schnell fliesst, bestimmt allein der Mensch, denn der Inhalt der Wörter ‚langsam' bzw. ‚schnell' ist eine menschliche Erfindung, da nur der Mensch vergleicht und berechnet, sortiert und bewertet. Er ist sich dessen selten bewusst, aber immer dient ihm dabei als Massstab eigentlich die Geschwindigkeit des Fliessens jenes Scheinzustandes, den er als seinen eigenen Körper kennt. Alles, was er tut, versucht er – direkt oder indirekt – in den Dienst der günstigen Geschwindigkeit seines eigenen Verschwindens zu stellen", erläuterte der Seemann.

*

„Ich habe aber noch nicht die Erklärung gehört, was die Sonne ist", sagte Saul.

„Der Stoff, aus dem die Sonne besteht, ist in der Luft enthalten, die wir einatmen", sagte der Seemann.

„Warum ist sie so heiss und unsere Luft nicht?" fragte Saul.

„In unserer Luft gibt es noch viele andere Bestandteile. Daher kann auf der Sonne etwas geschehen, was hier nicht geschehen kann, und hier geschehen viele Dinge, die auf der Sonne nicht geschehen können. Die hohe Hitze auf der Sonne lässt das Leben dort nicht zu, aber auf der Erde wird das Leben durch die abgeschwächte Sonnenwärme überhaupt möglich. Dank der Energie, die uns als Licht und Wärme erreicht, können auf der Erde Pflanzen wachsen und uns Nahrung geben; wir können uns bewegen, können sehen, hören, miteinander reden, denken, empfinden. Kurzum, dank der Sonnenenergie sind wir überhaupt und somit alles andere, denn durch uns entsteht alles andere, eigentlich auch die Sonne selbst", sagte der Seemann.

„Wenn ich dich richtig verstanden habe, ist die Sonne eigentlich eine Art glühende Luft", sagte Saul.

„Man kann wohl so sagen", erwiderte der Seemann.

„Warum ist sie aber so heiss?", fragte Saul.

„Heiss ist sie, weil sie sich viel schneller verändert als unsere Luft. Reibt man zwei Holzstücke aneinander langsam, werden sie so wenig warm, dass wir es nicht spüren können. Reibt man sie aber schnell, werden sie heiss, können sogar zu brennen anfangen. Das kann ein wenig helfen zu verstehen, warum die Sonne heiss ist und unsere Luft nicht. Wie du siehst, ist die Sonne nicht etwas grundsätzlich anderes als das, was wir als Luft bezeichnen. Auch alle Sterne bestehen aus demselben Stoff, aus dem alles in unserer Welt besteht. Sie alle sind wie die Sonne grosse Feuer, kosmische Brände. Was wir im praktischen Leben Feuer nennen, ist nichts anderes als sehr heisse Luft", sagte der Seemann.

„Erklären das die hellenischen Weisen so, wie du es mir jetzt erklärt hast?", fragte Saul.

„Meine Erklärungen sind ungeschickt, denn ich bin kein Weiser. Die Weisen reden anders, viel geschickter", antwortete der Seemann.

„Wie erklären sie, dass die Sonne viel heisser ist als unsere Luft?", fragte Saul.

„Sie sagen, dass die Atome, aus denen die Sonne besteht, viel schneller schwingen", antwortete der Seemann.

„Warum schwingen die Atome hier in der Luft, die wir einatmen, weniger schnell als in der Sonne?", fragte Saul.

„Dort gibt es weniger Störungen", antwortete der Seemann.

„Warum gibt es dort weniger Störungen?", fragte Saul weiter.

„Die Sonne besteht aus weniger Atomarten als die Erde, so dass sie sich gegenseitig weniger stören, alles läuft zügiger als hier. Es ist irgendwie ähnlich, wie wenn neue Gesetze verabschiedet werden. Wenn viele entscheiden, ob ein Gesetz gut ist oder nicht, kommt man sehr langsam voran. Wenn wenige entscheiden, geschieht alles schneller, und besonders schnell geht es, wenn ein

Einziger entscheidet. In einem solchen Fall gibt es natürlich kein Gesetz, sondern den Befehl", sagte der Seemann.

*

„Wenn die Atome schwingen, dann müssen sie auch oft zusammenstossen und sich miteinander vereinigen oder trennen", bemerkte Saul.

„Das tun sie auch, und zwar ununterbrochen. So entstehen allerlei Körper. Und wenn sie sich wieder trennen, lösen sich die Körper auf", erwiderte der Seemann.

„Aber wo bewegen sie sich? Für die Bewegung brauchen sie doch leeren Raum", meinte Saul.

„Der leere Raum ist genau so gross wie der ausgefüllte. Ein Weiser behauptet, dass das Nichts genau so gross ist wie das Etwas", sagte der Seemann.

„Was sind eigentlich Atome?", fragte Saul.

„Unsere Weisen meinen, dass alles, ohne Ausnahme, das heisst das Wahrnehmbare und das nicht Wahrnehmbare, aus etwas besteht, was keine Teile hat, unteilbar ist, und dieses Unteilbare nennen sie ‚Atom'", antwortete der Seemann.

„Sind die Atome winzige Staubkörnchen?", fragte Saul.

„So ist es nicht, aber die meisten Menschen meinen, Atome seien äusserst winzige Stoffkörnchen, und das wird auch in der Zukunft so bleiben. In der Zukunft werden die Menschen möglicherweise irgendwelche äusserst kleine Teilchen des Stoffes spalten und dann glauben, sie hätten jenes gespalten, was die hellenischen Weisen mit Atomen meinten. Dem ist aber nicht so. Wenn die hellenischen Weisen von Atomen reden, dann meinen sie damit nicht etwas, was man zwar jetzt nicht teilen kann, jedoch in der Zukunft mit besonderen Mitteln und Methoden doch irgendwie wird spalten können. Sie meinen mit Atom vielmehr das an sich nicht Teilbare. In der Zukunft werden die Menschen womöglich auch riesige Maschinen bauen und mit winzigen Teilchen, die sie für Atome halten, Versuche anstellen in der Annahme, dass sie mit jenem Experimentieren, was die hellenischen Weisen mit Atomen meinten. Das wird natürlich ein grosses Missverständnis sein. Für die griechischen Weisen war die Natur immer das einzige echte Ergatorion, die einzig echte Werkstatt, und deswegen wollten sie nie Werkstätten und Werkzeuge bauen, um sich mit ihrer Hilfe die Erde untertan zu machen, um sie zu vergewaltigen. Wenn ich sage die Erde, dann meine ich die ganze Kugel, auf der wir alle leben – dazu gehören natürlich auch alle Gewässer und das ganze Festland", sagte der Seemann.

„Was meinst du mit den Worten ‚die Erde vergewaltigen'?", fragte Saul.

„Man vergewaltigt die Erde, wenn man sie mit allerlei Tricks zwingt, mehr herzugeben, als man braucht.

Sollten jene, die sich für Menschen halten, einmal anfangen, Werkstätten zu bauen, in denen sie absichtlich jenes zu erschaffen versuchen, was für das Leben eigentlich unnötig ist, werden sie sehr erfolgreich sein, so sehr, dass es ihnen zum Schluss gelingen wird, sich selbst auszurotten", sagte der Seemann.

„Warum meinst du, würde es dazu kommen?", fragte Saul.

„Ihre Werkstätten werden ihnen dereinst verblüffende Dinge und eine Lebensweise ermöglichen, von denen jetzt niemand träumen kann. Gerade die Lebensweise wird sie stumpfsinnig und zugleich hochmütig machen, so dass sie unmöglich werden merken können, wohin sie ihr Lebensstil führen wird. Ihr wichtigstes Anliegen wird nicht sein, sich zu bemühen, ihr Denkvermögen zu schärfen, um zu begreifen, was sie selbst eigentlich sind und somit das tierische Paradies, das sie verloren hatten, durch ein menschliches zu ersetzen, welches nur und ausschliesslich auf einer höheren Ebene der Reflexion erreicht werden kann.

Statt sich zu bemühen, das menschliche Paradies zu erlangen, werden sie von der Idee besessen sein, ewig zu leben, nie zu sterben. Es wird ihnen auch gelingen, das individuelle Vegetieren wesentlich zu verlängern, aber gerade dadurch wird das Ergebnis ihrer ganzen Bemühung die Selbstzerstörung sein", sagte der Seemann.

„Wenn ich dich richtig verstehe, werden den Menschen ihre eigenen gewaltigen Erfolge zum Verhängnis werden", sagte Saul.

„Du hast es recht gut verstanden, aber doch nicht ganz; es fehlt noch etwas", erwiderte der Seemann.

„Was fehlt noch?", fragte Saul.

„Jene, die sich für Menschen halten, die sich aber ein Leben ohne Hierarchie nicht einmal vorstellen können, sind noch keine Menschen, sondern bloss mit Verstand ausgestattete Tiere – so hat es ein hellenischer Weiser gesagt. Deswegen wäre es wahrscheinlich richtiger zu sagen, dass die gewaltigen technischen Erfolge den Organismen zum Verhängnis werden müssen, die sich fälschlicherweise für Menschen halten, jedoch noch keine sind", sagte der Seemann.

„Genügt der Verstand nicht, um wirklich Mensch zu sein?", fragte Saul.

„Verstand allein genügt nicht, denn er kann bloss trennen, er betont bloss die Unterschiede, schafft die Hierarchie und züchtet dadurch den Hass", erklärte der Seemann.

„Was fehlt einem solchen mit Verstand ausgestatteten Wesen noch zusätzlich, um wirklich Mensch zu werden?", fragte Saul.

„Es fehlt ihm der Intellekt", antwortete der Seemann.

„Was ist das?", fragte Saul.

„Das ist die Fähigkeit, trotz aller Unterschiede das Gemeinsame, Dasselbe, zu sehen und die zersplitterte Welt als das Eine zu erleben. Sobald der Intellekt geboren ist, tritt die Vernunft ein, ohne vorher anzuklopfen. Das geschieht jedoch nur sehr selten", sagte der Seemann.

„Werden aber nicht auch die Wenigen, bei denen die Vernunft eingekehrt ist, weil sie sich vom Intellekt leiten lassen, von den Folgen der gewaltigen Erfolge aller ereilt?", fragte Saul.

„Nein, sie betrifft das nicht, denn sie sind in diesem vergänglichen Dasein bereits in der Ewigkeit. Sie brennen im ewigen Feuer, wie sie sich im ewigen Wasser kühlen, denn sie wissen, dass sie nur scheinbar erscheinen und scheinbar verschwinden, das heisst, dass sie zugleich sind und nicht sind, und sie leben im Einklang mit dieser Einsicht", antwortete der Seemann.

Saul schwindelte, und in dem Augenblick sah er eine riesige leuchtende Kugel auf ihn zu rollen. Er konnte ihr nicht ausweichen wollen und tauchte in sie ein.

Sein kräftiger Begleiter hob ihn auf die Arme und trug ihn sachte in seine Schlafecke.

Der Seemann hörte auf zu sprechen, ohne sich umzudrehen.

***

Der Begleiter wischte Saul den Schaum von den Lippen mit einem nassen Lappen, deckte ihn zu und legte sich dann selbst auf seine Schlafbank. Bald hörte man ihn leise schnarchen.

Saul schlief lange und träumte viel. Seltsame Bilder sah er im Traum. Alle ihm vertrauten Gegenstände verloren ihre übliche Form und lösten sich in immer winzigere Teilchen auf, bis er sie nicht mehr sah. Er fand sich umgeben vom Nebel, den er nicht sah, sondern bloss wusste, dass es ihn gab. Auch seinen eigenen Körper konnte er nicht mehr wahrnehmen. Alles war verschwunden, aber wohin? Er fragte sich im Traum, wo sich die ganze wahrnehmbare Welt verstecken konnte?

Wie üblich weckte ihn sein treuer Begleiter, half ihm aufzustehen, wusch ihm den Rücken, und bereitete ihm das Frühstück zu.

Gleich nach dem Frühstück begab sich Saul nach dem Bug des Schiffes. Er tat es eilig, als hätte er Angst gehabt, der Seemann könnte verschwinden.

Er war froh, ihn dort vorzufinden, wo er ihn auch an den Tagen davor gesehen hatte. Jener sass wie üblich bequem im zusammengerollten Tau und schaute nach vorn, in die blaue Ferne. Die Sonne stand bereits hoch, und das Schiff glitt geräuschlos auf der glatten Oberfläche wie vorher. Saul räusperte sich, um den Seemann auf seine Anwesenheit aufmerksam zu machen, wie er es vorher getan hatte. Jener sah sich aber nicht um und sagte auch nichts.

Saul wusste nicht, ob es derselbe Seemann war, dem er am Tag davor viele Fragen gestellt und der ihm so viel Spannendes erzählt hatte, oder ein anderes Mitglied der Besatzung, aber das schien ihm nicht von Bedeutung zu sein, denn fast jeder Hellene, dem er bis jetzt begegnet war, schien etwas zu sagen zu haben und ebenso willig zu sein, es zu erzählen.

Auch der jetzige Seemann sass am gleichen Platz, mit dem Blick nach vorn gerichtet wie jener am Tag davor und drehte sich nicht um, als Saul kam. Das war ein gutes Zeichen, genügte ihm, und er erwartete auch von diesem, dass er nahtlos mit der Erläuterung dort fortfahre, wo jener vom Tag davor stehengeblieben war. Saul setzte sich auf seinen alten Platz, ohne den Seemann zu begrüssen.

*

„Wenn ich dich richtig verstanden habe, bestehen alle Himmelskörper und daher auch alles andere – ohne Ausnahme – aus denselben Grundstoffen, aus denen unsere Erde besteht", sagte Saul, wie wenn es keine Unterbrechung des Gespräches gegeben hätte.

„Das scheint der Fall zu sein. Dass jedes Teilchen der Welt sich von allen anderen unterscheidet, ergibt sich aus dem Verhältnis der Grundstoffe zueinander, aus denen etwas besteht, sowie aus seiner Beziehung zu den benachbarten Teilchen. Ein anderes Verhältnis lässt alles anders erscheinen. Dank eben dem Umstand gibt es unser Scheinmeinen, das wir Wissen nennen", sagte der Seemann.

„Wenn ich dir zuhöre, bekomme ich den Eindruck, dass die hellenischen Weisen eher die Meinung vertreten, der Mensch könne eigentlich nichts genau wissen, sondern lediglich eine Meinung haben, dass die Dinge so oder so sind", sagte Saul.

„Unsere Weisen wollen sagen, dass der Mensch an einer Meinung über alles, was ihn angeht, festhalte, solange sie ihm genüge. Wenn sie ihm aus irgendwelchem Grund nicht mehr genüge, versuche er eine andere Erklärung zu finden, die ihn mehr überzeuge. Gelingt es ihm, eine geeignetere Erklärung zu finden, ändert er auch seine Meinung.

So geht das wohl von Geschlecht zu Geschlecht, seitdem der Mensch zu denken begann, er sei ein Wesen, das sich von den Tieren unterscheide", sagte der Seemann.

„All das klingt schön und gut, aber Wissen und Meinen ist nicht dasselbe", sagte Saul.

„Und was ist der Unterschied?", fragte der Seemann.

„Der Unterschied ist riesig", behauptete Saul.

„Es würde mich sehr freuen zu hören, was der riesige Unterschied ist", sagte der Seemann.

„Wenn man etwas genau weiss, dann gibt es da nichts zu ändern. Wenn man aber bloss eine Meinung hat, dann muss man sie sozusagen andauernd ändern", sagte Saul.

„Warum muss man sie ändern?", fragte der Seemann.

„Weil die menschliche Erfahrung und die gesamte menschliche Situation sich andauernd ändern", sagte Saul.

„Aber ändert sich mit der Erfahrung nicht auch das Wissen?", fragte der Seemann.

„Mag sein, aber bestimmt nicht in allen Bereichen", sagte Saul.

„Wo etwa nicht?", fragte der Seemann.

„Ich denke etwa an das menschliche Wissen von Gott", sagte Saul.

„Was wissen wir eigentlich über diesen oder jenen Gott?", fragte der Seemann.

„Wir wissen sehr viel", sagte Saul.

„Wir meinen, sehr viel zu wissen, weil man uns viel über sie erzählt hat. Jene, die uns etwas darüber erzählt haben, haben es von den anderen gehört, jene wiederum von den anderen und so weiter. Was wir zu wissen glauben, kommt vom Hörensagen. Unser Wissen von Göttern ist das, was die Menschen ihnen angedichtet haben", sagte der Seemann.

„Was sagen die hellenischen Weisen dazu?", fragte Saul.

„Die einen schildern die Himmlischen, als wären sie Menschen. So sind die Götter manchmal neidisch, eifersüchtig, lüstern, gemein, aber auch hilfreich und freundlich, eben wie ihre irdischen Untertanen.

Die anderen meinen, es sei völlig verkehrt, sich die Götter mit menschlichen Eigenschaften vorzustellen. Sie behaupten, die Welt sei nicht von Göttern erschaffen worden.

Wiederum die anderen sagen, von den Göttern könne man weder wissen, dass sie so oder anders sind noch dass es sie überhaupt gibt beziehungsweise nicht gibt.

Sie alle scheinen jedoch der Ansicht zu sein, dass die Götter nur im menschlichen Kopf zu Hause sind", sagte der Seemann.

„Soll das heissen, dass der Mensch der einzige sichere Wohnort für Götter ist?", fragte Saul.

„Du hast mich fast richtig verstanden", erwiderte der Seemann.

„Warum nicht ganz richtig?", fragte Saul.

„Der sicherste Wohnort der Götter sind nicht einfach alle, die sich Menschen nennen, sondern jene, die an Götter glauben", antwortete der Seemann.

„Willst du sagen, dass Götter obdachlos wären, wenn es jene nicht gäbe, die an Götter glauben?", sagte Saul.

„Ganz so ist das wiederum nicht zu verstehen. Vielmehr ist es so, dass mit dem Verschwinden des Menschen die gesamte Wirklichkeit sowie alle Gottheiten sich in den Zustand der blossen Möglichkeiten zurückzögen", erklärte der Seemann

„Wenn ich dich richtig verstehe, gibt es eigentlich nur das menschliche Bewusstsein und die Möglichkeiten", sagte Saul.

„Die Überlegung ist nicht schlecht", sagte der Seemann.

„Und was ist die Wirklichkeit?", fragte Saul.

„Die Wirklichkeit ist nur eine Begleiterscheinung des Menschen, sein Schatten sozusagen; sie ist seine Art, die Möglichkeiten zu erleben und zu denken", antwortete der Seemann.

„Das klingt so, als hätten die Götter eigentlich weder einen Zweck noch eine Aufgabe?", sagte Saul.

„Das ist nicht so. Ihre Aufgabe ist von entscheidender Bedeutung", erwiderte der Seemann.

„Wie soll man das verstehen?", fragte Saul

„Wenn durch das Zusammenspiel der Möglichkeiten, Kräfte genannt, in einem Lebewesen der Gedanke aufkommt, dass das

Natürliche, Vergängliche, Wahrnehmbare als das Gegenteil etwas Übernatürliches, Unvergängliches, nicht Wahrnehmbares haben muss, das heisst, wenn sich seine Aufmerksamkeit von dem wahrnehmbaren Diesseitigen abwendet und das nicht wahrnehmbare Jenseitige erfindet, entsteht in ihm gleichzeitig auch das Gefühl, etwas Besonderes zu sein, höher als alles andere, die Krone der Schöpfung. Das stimmt irgendwie auch, denn dieses Bewusstsein und dieses Gefühl sind in der Tat eigenartig, gar nicht übertrieben, denn dieses Wesen ist sogar imstande, seiner eigenen Erfindung als seinem eigenen Schöpfer zu huldigen. Es muss natürlich betont werden, dass sich dieses Wesen, das sich nun Mensch nennt, dieser unglaublichen gegenseitigen Erschaffung, in der das Kind zum Schöpfer der eigenen Mutter wird, nur äusserst selten bewusst ist", sagte der Seemann.

„Und sollte der Mensch diese seine Erfindung, eben die Gottheiten, irgendwie verlieren, würde er aufhören, Mensch zu sein. Bin ich richtig?", fragte Saul.

„Nein, gar nicht. Mit dem Verschwinden der Gottheiten aus der menschlichen Denkweise würde zwar jenes Lebewesen verschwinden, das sich jetzt als Mensch bezeichnet; was übrig bliebe, hätte aber viel bessere Aussichten, eigentlicher Mensch zu werden," sagte der Seemann.

„Und was bliebe an deren Stelle?", fragte Saul.

„Es blieben jene Lebewesen, die zu allen Zeiten die kleinste aller Minderheiten darstellten, nämlich jene, die wissen, dass es weder einen Anfang noch ein Ende gibt, dass sie selbst die Schöpfer der Welt sind, die für ihre Lebensweise weder eine Belohnung erwarten noch eine Strafe befürchten und die die Antwort auf die Frage, was richtig ist und was nicht, in ihrem Innersten finden, denn ein jedes von ihnen würde sich selbst in jedem und allem anderen erkennen", sagte der Seemann.

„Was wären das für Wesen?", fragte Saul.

„Wahrscheinlich wären das echte Menschen", sagte der Seemann.

„Warum sagst du ‚echte Menschen'?", fragte Saul.

„Weil solche dann nicht mehr das Bedürfnis hätten, es immer wieder zu betonen, dass sie Menschen sind, um sich selbst das einzureden und die anderen davon zu überzeugen", antwortete der Seemann.

Saul wollte keine Fragen mehr stellen. Sein Begleiter half ihm aufzustehen und führte in zu seiner Schlafbank.

**

Saul sank auf seine Bank und schlief gleich ein. Sein Begleiter zog ihm die Sandalen aus und deckte ihn zu.

Das Gespräch mit dem Seemann, der vorn auf dem Bug immer auf demselben Platz sass und dessen Gesicht er eigentlich noch nie zu sehen bekommen hatte, hatte ihn bis ins Innerste aufgewühlt. Nun fragte ihn die Stimme des Seemanns im Traum, welche Ansicht ihm am besten gefalle: dass man sich Götter in Menschengestalt vorstellen sollte, dass man sie sich überhaupt nicht vorstellen sollte, oder aber, dass alle Götter bloss menschliche Erfindungen sind.

Saul konnte sich für keine Antwort entscheiden, denn keine der drei Möglichkeiten deckte sich mit dem, was er bereits als Knabe von seinem verehrten Lehrer Gamaliel in Jerusalem gehört hatte.

Sein Lehrer erzählte ihm und seinen Kameraden, dass man sich Gott weder vorstellen noch dass man ihn besprechen könne, da er weder eine Form noch irgendwelche dem Menschen vertraute Eigenschaft besitze.

Saul erinnerte sich wohl daran, dass es ihn immer wieder gedrängt hatte, seinen grossartigen Lehrer zu fragen, wieso es dann in der Schrift steht, dass der Mensch nach Gottes Ebenbild geschaffen wurde. Nahm man den biblischen Text ernst, war der Mensch eine exakte Kopie, ein Duplikat seines Schöpfers. Nahm man das ernst, so lockten diese Worte direkt, dass man sich die Gottheit in Menschengestalt vorstelle. Gleichzeitig verbot die Heilige Schrift streng, Gott irgendwelche Form zuzuschreiben. Er konnte sich aber nie dazu durchringen, denn er hatte Angst vor den Folgen, die sich aus der Frage ergeben konnten. Ob diese Frage auch andere seiner Altersgenossen beschäftigt hatte, wusste er nicht, denn nicht einmal die vorsichtigste Bemerkung wurde auch nur andeutungsweise von jemandem dazu gemacht. Seine Schulkollegen und er selbst erwarteten nämlich von ihrem Lehrer, dass er ihnen auf jede ihre Frage eine zufriedenstellende Antwort gebe. Hätte der Lehrer das nicht vermocht, hätte er bei ihnen – das wussten sie alle – seine Autorität verloren. Rabbi Gamaliel, sein Lehrer, war ein freundlicher Mensch, und Saul wollte ihm keine Unannehmlichkeiten bereiten, deswegen stellte er ihm nie die Frage. Sie wurde zwar verdrängt, aber ganz verschwinden wollte sie nicht, sondern schwelte hartnäckig in seinem tiefsten Inneren und meldete sich immer wieder.

Diesmal stellte sie sich ihm im Land, in dem viele Menschen viele Götter verehrten, in dem aber bereits Jahrhunderte davor auch einige anzutreffen waren, die Götter für menschliche Erfindungen hielten.

In seinem Volk war von solchen zweifelnden Menschen nie die Rede. Die Frage, ob Gott auch ohne Menschen einen Bestand habe oder ob er vom Menschen abhängig sei, da von ihm erfunden, stellte sich nie.

Nun hatte er von einem hellenischen Seemann eine unerwartete, umwerfende Antwort auf eben diese Frage erhalten: Der Mensch und sein Gott erschaffen sich gegenseitig und entsprechen genau einander. Auch fühlte er sich unwiderstehlich aufgefordert, sich über diese Antwort Gedanken zu machen.

*

Er wachte schweissgebadet auf. Sein Begleiter half ihm aufzusitzen.

„Du hast lange geschlafen; der Himmel ist schon seit langem mit Sternen besät, und doch sieht man sie nicht gut", sagte sein Begleiter.

„Warum nicht?", fragte Saul.

„Der Vollmond herrscht am Himmel, stellt seine Rivalen in den Schatten", sagte sein Begleiter.

Saul sagte nichts.

„Ich wasche dich zuerst einmal, du bist ganz nass", fügte sein Begleiter noch hinzu.

Saul schwieg und liess sich waschen.

Sein Begleiter half ihm, ein frisches Hemd anzuziehen.

Gleich danach begab sich Saul wieder zum Bug und setzte sich auf seinen gewohnten Platz. Der Seemann sass dort, wo er immer zu sitzen pflegte.

„Wir sind bereits an Delos vorbeigefahren", sagte er, ohne sich umzudrehen.

„Was ist Delos?", fragte Saul.

„Es ist eine kleine Insel", sagte der Seemann.

„Also von keiner besonderen Bedeutung, wenn ich dich richtig verstehe", sagte Saul.

„Das stimmt nur teilweise", erwiderte der Seemann

„Warum nur teilweise?", fragte Saul.

„Sie war einst sehr bedeutend, und weil sie es einst war, ist sie es auch heute, denn unsere Welt ist auf der vergangenen gewachsen. Was wir essen, sind zwar die reifen Früchte unserer Zeit, aber der Stamm, auf dem sie gereift sind, ist die vergangene Welt", antwortete der Seemann.

„Warum war sie früher wichtig?", fragte Saul.

„Ein sehr wichtiges, vielleicht sogar das wichtigste Geschwisterpaar der hellenischen Traumwelt wurde dort geboren, ein Bruder und seine Schwester", antwortete der Seemann.

„Was ist der Grund, dass ihnen eine so grosse Bedeutung zukommt?", fragte Saul.

„Ihre Eltern waren ganz besondere. Ihr Vater war kein geringerer als der höchste aller Ewigen, und ihre Mutter war die Göttin der Mutterschaft. Aus deren Vereinigung entstand das Zwillingspaar, Bruder und Schwester", sagte der Seemann.

„Aber wie kann sich das Ewige im Vater mit dem Sterblichen in der Mutter …?", wollte Saul fragen.

„Das ist in der Tat nicht leicht verständlich, aber bei den Hellenen ist selbst das nicht unmöglich. Die Mutter der Kinder war nur eine der zahlreichen schönen sterblichen Geliebten des obersten Gottes. Sie hatte grosse Mühe mit der Niederkunft des

Zwillingspaares, denn das Sterbliche hat grosse Mühe, die Frucht des Ewigen in sich auszutragen", sagte der Seemann.

„Warum?", stellte Saul die kurze Frage, weil er einfach etwas fragen musste; die Worte des Seemanns schien er nicht verstanden zu haben.

„Die wütende mächtige Gattin des höchsten Gottes verfolgte die verhasste Rivalin, denn sie wollte die Geburt der beiden Kinder unbedingt verhindern."

„Warum?", fragte Saul wie vorher.

„Sie wusste genau, welche Folgen die Eigenschaften der beiden Kinder für die unwissenden, hilflosen Menschenwesen haben würden. In der Ewigkeit war der Knabe nämlich zum Beschützer von Denken, Kunst und Kreativität ausersehen. Seine Schwester, die schön Geratene, sollte die Beschützerin aller sein, die entschieden und unermüdlich sich bemühen, Ruhm und Reichtum, das grosse irdische Glück, zu erjagen, erfolgreich zu sein. Gerade das sollte später bei den elenden, flehenden, daher gottbedürftigen Wesen das eigene Wertgefühl und das Selbstvertrauen stärken. Solche Wesen brauchen keine tyrannischen Götter mehr", sagte der Seemann.

„Und was geschah dann?", fragte Saul.

„Niemand wollte die arme hochschwangere Leto, ihre Mutter, aufnehmen. Erst die Bewohner der winzigen schwimmenden Insel Delos nahmen sie mit Freuden auf und machten ihren Sohn zu ihrem Beschützer", antwortete der Seemann.

„Beschützte er die Insulaner wirklich?", fragte Saul.

„Ja, das tat er, solange sie ihn als Beschützer haben wollten, ich meine, solange sie die Landwirtschaft betrieben und sich um ihre Familien kümmerten, denn er war zugleich auch der Beschützer der Landwirtschaft und der Familie. Eine gewisse Zeit war die Insel so hoch geschätzt, dass sie zum Verwaltungssitz des hellenischen Seebundes wurde.

Sobald sie aber begannen, sich anderen, einträglicheren

Tätigkeiten, wie etwa dem Sklavenhandel, zuzuwenden, hörte der göttliche Beschützer auf, sich um sie zu kümmern. Der Bund löste sich auf, und der prächtige Hafen wurde zerstört", sagte der Seemann.

„Und was gibt es jetzt auf der Insel?", fragte Saul.

„Nackte Felsen und Gestrüpp", antwortete der Seemann.

„Wohnen dort keine Menschen?", wollte Saul wissen.

„Keine", antwortete der Seemann.

„Ist aus dem goldenen Zeitalter, als die Insel noch unter der Obhut des göttlichen Beschützers stand, irgendetwas übrig geblieben?", fragte Saul.

„Doch, etwas ist schon übrig geblieben – die Insel treibt nicht mehr im Meer wie ein Floss, sondern hat einen festen Platz wie alle anderen Inseln", antwortete der Seemann.

„Aber die Insel ist jetzt tot, wenn ich dich richtig verstehe?", bemerkte Saul.

„Ja, sie ist tot, es wohnt niemand mehr dort", bestätigte der Seemann.

„Warum liess es der Beschützer so weit kommen?", versuchte Saul zu erfahren.

„Er liess es zu, weil er ein vollständiger, allumfassender Gott ist", sagte der Seemann.

„Wie ist das zu verstehen?", fragte Saul.

„Er beschützt und tötet zugleich", antwortete der Seemann.

„Er tötet?", fragte Saul erstaunt.

„Jawohl, und zwar mit Pfeilen, er ist nämlich ein herausragender Bogenschütze. Er tötet nicht mit viel Krach wie sein Vater, sondern geräuschlos. Seine Pfeile sind tödliche Sonnenstrahlen", erklärte der Seemann.

„Was ist seine Aufgabe, seitdem es auf seiner Geburtsinsel keine Menschen mehr gibt?", fragte Saul.

„Er beschützt und unterstützt alle Lernfähigen und Lernwilligen, weckt in ihnen den Wunsch, immer mehr zu wissen. So sorgt er dafür, dass seine Schützlinge eine reizvolle

Beschäftigung haben, gestattet ihnen jedoch nicht, die Dinge genau zu sehen", sagte der Seemann.

„Wie macht er das?", fragte Saul.

„Er überflutet die Welt mit gleissender Klarheit, so dass alle, die sich bemühen, die Dinge genau zu sehen, geblendet werden. Was sie dann in ihrer Verblendung zu sehen glauben, nennen sie die Wahrheit", erwiderte der Seemann.

„Warum treibt er ein solches Spiel mit den Menschen?", fragte Saul.

„Er erfüllt lediglich ihre Wünsche. Er bietet ihnen, was sie mögen und vermögen, und von ihrem Mögen und Vermögen lebt er", antwortete der Seemann.

„Du sagtest, er sei auch der Beschützer der Kunst", erinnerte Saul den Seemann an dessen Behauptung.

„Ja, das ist er, und zwar aller Arten von Kunst, jener, die man mit dem Auge und jener die man mit dem Ohr wahrnimmt. Er weckt bei dem Menschen das Bedürfnis, diese Künste zu geniessen und bei den Dingen zu verweilen, die man sonst nicht beachtet. Dadurch bereichert er das menschliche Leben, jedoch nur solange es der Kunst gelingt, die Widrigkeiten des Daseins abzuschwächen.

Geschieht es jedoch, dass die Kunst zum Zweck ihrer selbst und zum alleinigen Inhalt des menschlichen Lebens wird, folgt die Strafe", sagte der Seemann.

„Welche Strafe?", fragte Saul fleissig weiter.

„Der Gott der Klarheit trifft den Menschen mit seinem Pfeil, und der Verwundete wendet sich vom Körperlichen ab. Er denkt nicht mehr an die Fortpflanzung, und, falls er sich bereits fortgepflanzt hat, bereut er, dass er es getan hat, empfindet die körperliche Fortsetzung seines Lebens als den grössten Fehler. Fortan verabscheut er das Fleischliche, hasst den Körper mit seinen Säften und sucht Befriedigung bei den toten Statuen und Bildern. Das Schreien der Kinder irritiert ihn; der Klang der Musikinstrumente dient ihm als Ersatz für jenes, was er nicht mehr lieben kann.

Weil er beides bewirkt, das künstlich herbeigeführte Vergnügen und den Tod, trägt der Gott der Klarheit immer die Lyra und den Pfeilbogen", erläuterte der Seemann.

Saul schwieg. Noch nie hatte ihn die Gottheit so unmittelbar angesprochen, er sah sie, hörte sie, spürte ihre Nähe.

*

Er hielt von der Kunst nichts, denn in seinem bisherigen Leben hatte sie keinen Platz. Die Religion seiner Eltern verabscheute jegliche Anfertigung von Bildern, und Statuen und im Haus der Zusammenkunft, dort, wo er von seinem Lehrer unterrichtet wurde, spielte man keine Musikinstrumente, und man sang nicht.

Die Gottheit, von der ihm der Seemann soeben erzählt hatte, weckte bei ihm kein Bedürfnis nach Kunstgegenständen. Die noble, Kunst beschützende Eigenschaft der neuen Gottheit konnte ihn nicht beeindrucken.

Was ihn an der neuen Gottheit berührte, war, dass sie auch bei den anderen, die sonst zeugungsfähig gewesen wären, den Wunsch, sich fortzupflanzen, löschen konnte.

Sein eigener körperlicher Zustand schloss jegliche Möglichkeit der Fortpflanzung aus, so dass er keine Angst haben musste, es einmal bereuen zu müssen, dass er sich fortgepflanzt hat.

Alles stand ihm offen, und er konnte alles geniessen, falls er das Bedürfnis danach verspüren sollte, ohne deswegen irgendwelche Strafe zu befürchten.

Der ihm vorher völlig unbekannte Gott der Klarheit, dessen Gesicht er nie erblickt hatte, erschien Saul nun durch die Auslegung des Seemanns plötzlich als die besonders geeignete Gottheit für Menschen wie er.

***

Noch ein ganzer Tag und eine ganze Nacht vergingen, bevor das Schiff mit Saul und seinem Begleiter an Bord den Hafen von Piräus erreichte.

Es geschah in der Morgenfrühe, vor dem Sonnenaufgang. Einige kleinere Schiffe fuhren gleichzeitig in den Hafen ein. Fischerboote waren es, die nun von dem nächtlichen Einsatz weit draussen mit ihrem Fang zurückkehrten.

Der Schiffer kam, um sich von seinen Fahrgästen zu verabschieden. Erst jetzt merkte Saul, dass er den Schiffer während der Fahrt nie zu sehen bekommen hatte.

Saul zahlte ihm das Fahrgeld und fing an mit seinem Begleiter die beiden Reittiere zu satteln.

„Ihr seid angenehme Reisende, ich wollte, alle Reisenden wären so wie ihr. Es wird mich freuen, euch wieder einmal als Fahrgäste willkommen zu heissen", sagte der Schiffer zum Abschied, offensichtlich erfreut über die grosszügige Zahlung.

„Könntest du uns vielleicht den Weg nach Athen zeigen?", fragte Saul den Schiffer.

„Das kann ich. Nehmt diesen Weg, der führt gerade nach Athen, ihr könnt es nicht verfehlen", sagte der Schiffer und zeigt dabei auf den Weg, der einen Hügel hinaufführte.

„Ihr werdet sicher eine Unterkunft in Athen suchen müssen, oder wisst ihr bereits, wo ihr wohnen werdet?", fragte er hilfsbefreit.

„Nein, wir wissen es noch nicht und wären froh, wenn du uns etwas empfehlen könntest. Am besten wäre es, wenn wir irgendwo in der Nähe des Stadtzentrums eine Unterkunft finden könnten. Wir möchten nämlich gebildete Athener treffen und mit ihnen reden, das ist unser Ziel. Daher wären wir froh, wenn du uns beraten könntest", sagte Saul.

„Doch, doch, ich kann euch gleich sagen, wohin ihr gehen könnt. Mein Freund heisst Agathos Aristos und wohnt kaum hundert Schritte von der Agora, dem grossen Marktplatz, entfernt. Nehmt dieses Plättchen und gebt sie ihm, mein Name und mein Siegel sind darauf, er wird sich bestimmt freuen. Er kann euch helfen, und er wird es tun", sagte der Schiffer und gab Saul das Tonplättchen.

„Wir sind euch zutiefst dankbar", sagte Saul und steckte das Plättchen in die unterste Tasche seines Kleides.

„Keine Ursache", erwiderte der Schiffer und kehrte auf sein Boot zurück.

Saul warf noch einen Blick auf den Bug des Schiffes. Im Nest aus dem zusammengerollten Tau sass niemand.

*

Auf der Strasse nach Athen sahen Saul und sein Begleiter zuerst nur einige wenige Passanten. Es waren Fussgänger, die, in Gedanken versunken, nach der Stadt der Weisen schritten. Saul und sein Begleiter ritten schweigend an ihnen vorbei, ohne zu grüssen oder gegrüsst zu werden. Sie überholten viele, begegneten aber niemandem. Die Gesichter der Passanten sahen sie nicht, hatten daher kein Bedürfnis, sie zu grüssen. Wahrscheinlich fühlten jene dasselbe. Es fiel Saul auf, dass keiner von ihnen etwas trug, alle hatten freie Hände. Alle schienen ohne irgendein Ziel oder Anliegen unterwegs zu sein. Offensichtlich wollten sie in der Stadt der Weisen weder etwas kaufen noch etwas verkaufen. Nach ihrer Erscheinung zu urteilen, waren es gewiss keine Bettler. Es war ein Menschenstrom, der sich von jenem vor Ephesos gänzlich unterschied.

„Was wird sie wohl nach Athen führen?", fragte sich Saul.

Er und sein Begleiter ritten auf schwer bepackten Tieren; man sah, dass sie von weit her kamen, dass sie etwas Bestimmtes suchten, ein Ziel hatten. Die schweigend auf der Strasse nach Athen schreitenden Männer, die weder in den Händen noch auf der Schulter etwas trugen, mussten sehr früh aufgestanden sein, waren offenbar mit Absicht unterwegs, hatten also doch ein Anliegen, aber was für eines, konnte Saul nicht erraten.

Vor Ephesos war Saul von dem bunten Menschengewimmel so sehr beeindruckt und mitgerissen, dass er ausser dem Tempel der Jagdgöttin den Bauten keine Beachtung schenken konnte.

Hier in Athen fehlte aber die Menschenmenge, und die Bauwerke, die kleinen wie die grossen, weckten sein Interesse, und er schaute mal nach links, mal nach rechts, um nichts zu übersehen. Er befand sich im Zentrum der Welt – jener kultivierten natürlich –, und jede Einzelheit konnte, musste sogar wichtig sein.

Auf einem nicht weit entfernten Hügel sah er einige Bauwerke, die durch ihre Form und Grösse herausragten. Die mächtigen Säulenreihen verrieten, dass es sich um Tempel oder sonst Bauten von besonderer Bedeutung handeln musste.

Saul war von dem Bild der Tempelanlage, die nun von dem frühen Sonnenlicht ganz beschienen war und zu schweben schien, so sehr beeindruckt, dass er plötzlich nicht mehr sah, was sich in seiner nächsten Nähe abspielte. Daher erschrak er fast, als ihn ein Mann ansprach.

„Du suchst Agathos Aristos, nicht wahr?", fragte jener.

Saul schloss die Augen, um den geladenen Augenblick zu verkraften. Es war ihm unverständlich, wieso der Mann, der in eine Wolke aus Licht gehüllt schien, plötzlich erscheinen konnte, denn auf der Strasse hatte er ihn nicht kommen sehen. Vor allem aber staunte er, wieso er wissen konnte, wen ein unbekannter Fremder suchte.

*

Saul öffnete die Augen; vor seinem Maultier stand sein Begleiter. Mit einer Hand hielt er die Zügel, und mit der anderen drückte er Sauls Bein fest gegen den Körper des Reittiers, um zu verhindern, dass er herunterfalle.

„Geht es?", fragte er wie üblich und legte die Zügel in Sauls lahm wirkende Hand. Saul nahm schweigend die Zügel, und sie setzten den Weg fort.

Nach einer Weile kamen sie zu einem grossen viereckigen Platz, der von allen Seiten mit stattlichen Bauten umgeben und mit zahlreichen prunkvollen Säulen und Statuen geschmückt war.

Eine kleine Gruppe von Männern war um eine Säule besammelt. Die Männer unterhielten sich lebhaft, wiesen immer wieder auf die Säulenspitze hin, dann auf den Sockel, hantierten mit einem Massstab, und einer von ihnen notierte sich etwas auf einem Täfelchen.

Saul und sein Begleiter hielten einen Augenblick inne, teils um die prächtigen Bauten genauer anzusehen, teils aber auch um sich zu überlegen, welchen Weg sie nun nehmen sollten. Der Platz war allem Anschein nach ein wichtiger Treffpunkt, wo mehrere Strassen zusammentrafen. Saul vermutete, dass sie sich auf der Agora befanden, und gleich dachte er an die Worte des Schiffers, der ihm gesagt hatte, dass sein Freund Agathos Aristos in der Nähe des Hauptplatzes wohnte.

Kaum hatten sie angehalten, als sich einer der besammelten Männer ihnen näherte, sie freundlich begrüsste und willkommen hiess. Saul hatte das Gefühl, den Mann bereits gesehen zu haben. Auch der Mann lächelte Saul an, als wären sie alte Bekannte, die sich nun nach langer Zeit zufällig trafen.

„Hier auf der Agora reitet man nicht, hier geht man immer zu Fuss. Agathos Aristos wohnt gleich in der Nähe. Wartet einen Augenblick, ich bin gleich fertig, und dann bringe ich euch dorthin", sagte der Mann und ging zu seiner Gruppe zurück.

Sauls Begleiter half seinem Herrn abzusteigen. Sie brauchten kaum zu warten, denn der Mann, der sie soeben angesprochen hatte, kam gleich.

„Willkommen in Athen", wiederholte der Mann seine Begrüssung, „dies ist die Agora, der grösste Platz in Athen und gewiss auch der berühmteste. Ich erzähle euch das, denn ihr seid bestimmt fremd hier.

„Wozu dient dieser Platz hauptsächlich?", fragte Saul.

„Dies ist der Ort, wo man sich trifft, um Wichtiges zu besprechen oder aber um sich einfach zu unterhalten. Hier darf jeder kommen und frei reden, wenn er glaubt, dass er etwas Wichtiges zu sagen hat. Und weil viele glauben, sie hätten etwas Wichtiges zu sagen, ist die Agora der meist besuchte Ort in der Stadt", sagte der Mann.

„Treffen sich die Leute hier nur an bestimmten Tagen?", fragte Saul.

„Nein, ein jeder Tag kann sein und ist der Tag der Begegnung", sagte der Mann.

„Dürfen nur die Einheimischen hier frei reden?", fragte Saul.

„Nein, ob Einheimischer oder Fremder, ist für uns nicht von Belang. Wichtig ist allein, ob jenes, was er sagt, ein Gewicht hat. Was hier gesagt wird, ist lauter als der Donnerkrach, ist eigentlich für die ganze Welt bestimmt. Ein hier ausgesprochenes Wort verklingt nie, sondern bleibt für immer in der Luft schwingen, bis es von der ganzen Nachwelt gehört wird. Doch, doch, dies ist ein ganz besonderer Ort", unterstrich der Mann noch einmal, was er am Anfang behauptet hatte.

„Jetzt ist der Platz leer, wahrscheinlich, weil es noch zu früh ist, aber du und deine Freunde seid bereits hier, und ich sehe, ihr messt etwas", bemerkte Saul.

„So ist es, es ist noch zu früh. Später werden aber viele kommen, um einen Gastredner zu hören. Er kommt aus dem fernen Alexandrien, beehrt uns mit seinem Besuch, wir sind alle sehr gespannt, können kaum erwarten, was er uns erzählen möchte", sagte der Mann.

„Ist er schon in der Stadt?", fragte Saul.

„Ja, ja, er ist hier seit vorgestern, aber er wollte sich von der langen und anstrengenden Reise zuerst ein wenig ausruhen, und heute wird er hier reden. Meine Freunde und ich sind beauftragt worden, eine erhöhte Plattform aufzustellen, auf der er stehen wird. Jetzt bringe ich euch aber zuerst einmal zu Agathos Aristos. Dort könnt ihr euch erfrischen und ausruhen bis um die Mittagszeit. Dann kann ich euch abholen, falls ihr euch die Rede des Fremden anhören möchtet", sagte der Mann.

„Das möchten wir sehr und sind euch für eure freundliche Hilfe sehr verpflichtet", erwiderte Saul.

*

Ihr vorgesehener Gastgeber wohnte noch näher, als Saul erwartet hatte. Während sie langsam dorthin gingen, schwiegen sie. Saul war wie benommen; er verstand nicht, wieso alles lief, als ob es vorher verabredet und bis in die kleinste Einzelheit organisiert gewesen wäre. Er wusste nicht, ob er den Mann, der ihn nun zu Agathos Aristos führte, vorher gesehen hatte oder nicht. Wieso wusste der Mann überhaupt, dass er zu Agathos Aristos wollte? Alles kam ihm rätselhaft, ja mysteriös vor. Auch war er sehr gespannt zu erfahren, wer Agathos Aristos war.

Die Häuser, an denen sie vorbei gingen, waren aus Stein und umgeben von Olivenbäumen, Zypressen und Stauden aus allerlei Zierpflanzen. Man konnte nicht übersehen, dass die Athener im Wohlstand lebten.

*

Das Haus von Agathos Aristos war geräumig und befand sich mitten in einem Hain von allerlei Obstbäumen. Obwohl es noch früh war, sah man bereits mehrere Leute, die verschiedene Arbeiten um das Haus verrichteten. Es fiel Saul auf, dass sie alle schwiegen. Gleich kamen ihnen einige entgegen, nahmen den Tieren die Sättel ab und führten sie in den Stall. Die anderen führten Saul und seinen Begleiter in einen bequemen Raum und entfernten sich darauf, ohne ein Wort zu sagen. Wiederum andere zeigten ihnen, wo sie sich waschen konnten, und danach brachten ihnen wiederum andere das Frühstück. Und alles geschah schweigend, ohne Lächeln oder strenge Blicke. Nach dem Frühstück kam jemand und holte das Geschirr ab. Das Schweigen der Dienerschaft erlaubte Saul nicht, irgendwelche Fragen zu stellen.

Erst nach dem Frühstück fühlte sich Saul sehr müde uns schlief sofort ein. Er schlief ruhig, und nur gelegentlich merkte sein Begleiter, dass seine Lippen sich leicht bewegten, als wollte er etwas sagen. Es war jedoch kein Laut zu vernehmen.

*

Um die Mittagszeit weckte ihn sein Begleiter, denn der Mann, der sie zu Agathos Aristos gebracht hatte, war gekommen, um sie abzuholen.

„Du solltest aufstehen, der Mann ist gekommen, uns abzuholen".

Saul öffnete die Augen und stand auf, ohne etwas zu sagen.

Kurz darauf waren sie auf der Strasse und schritten gemächlich auf den berühmten Platz zu. Es war offensichtlich, dass viele Menschen dorthin unterwegs waren. Saul fand es angenehm, dass in der Menschenmenge keine Frauen zu sehen waren. Es waren ausschliesslich Männer unterschiedlichen Alters; sogar viele Knaben waren dabei. Es fiel Saul auf, dass mehr als die Hälfte von ihnen nichts in den Händen hatten, aber die meisten schienen einen Begleiter zu haben, der eine Art Ranzen trug.

„Was tragen sie in den Beuteln?", wollte Saul wissen.

„Es sind Sklaven, die ihre Herren zur Agora begleiten und in Beuteln Tongefässe mit Trinkwasser und etwas Essbarem tragen", antwortete der Mann.

„Bleiben sie mit ihren Herren auf der Agora bis zum Schluss des Vortrags, oder gehen sie zurück nach Hause, bevor der Vortrag beginnt?", fragte Saul neugierig.

„Sie bleiben auf der Agora bis zum Schluss, denn jemand muss den Ranzen mit Gefässen nach Hause tragen", antwortete der Mann.

„Ist der Beutel sehr schwer?", fragte Saul.

„Schwer ist er nicht, aber der Gedanke, dass man ihn selbst tragen muss, ist jedem Freien verhasst", sagte der Mann.

„Hat jeder Freie einen Sklaven?", fragte Saul.

„Ohne Sklaven gibt es keine Freien, und die Herren sind die Freien", antwortete der Mann.

„Denken alle Athener so?", fragte Saul.

„In Athen weiss keiner, was ein anderer denkt. Hier weiss man nur, was die anderen sagen. Was sie denken, hat mit dem, was sie sagen, wenig zu tun, und was sie sagen, hat mit dem, was sie tun, noch weniger zu tun", sagte der Mann.

„In Athen denken die Leute das eine, sagen etwas anderes und tun wiederum etwas drittes, wenn ich dich richtig verstehe", sagte Saul.

„Du hast es richtig verstanden; die Athener leben auf drei Ebenen, das heisst in drei Welten gleichzeitig, daher vorbildlich für die ganze Welt", erwiderte der Mann.

„In drei Welten?", fragte Saul erstaunt. Denn, dass man in zwei Welten gleichzeitig leben müsste, hatte er von seinen ehrwürdigen Lehrern in der Stadt der Gesamtschau gelernt, aber nun hörte er zum ersten Mal, dass es Leute gab, die sogar in drei Welten zuhause waren.

„So ist es. In ihrer geheimen Welt denken die Athener, auf der öffentlichen Ebene reden sie, und handeln nur, wenn es um ihre persönlichen Angelegenheiten geht", erwiderte der Mann.

„Führt ein solches Leben nicht zu Spannungen?" fragte Saul.

„Nicht, solange man die drei Ebenen säuberlich voneinander unterscheidet. Vermengt man diese Welten jedoch, entsteht zwangsläufig ein Durcheinander, und davor muss man sich hüten", sagte der Mann.

„Und wie kann man sich davor hüten?", fragte Saul.

„Wir in Athen gehen zur Agora und hören uns die Reden weiser Männer an. Was sie sagen, ist öffentlich. Was jeder mit dem, was er gehört hat, anfängt, ist dann persönliche Angelegenheit. Die Ideen der Redner helfen uns oft, in unserem eigenen Haus aufzuräumen", antwortete der Mann.

„Weiss man jeweils im Voraus, worüber der Redner sprechen wird?", fragte Saul.

„Nein, das weiss man nicht. Deswegen sollte man nach Möglichkeit jeden Tag zur Agora gehen, um nichts zu verpassen. Heute erwarten wahrscheinlich alle mit grosser Spannung, was uns der fremde Redner erzählen wird. Du siehst, die Agora ist voll. Die einen kommen, um zu sehen und zu hören, die anderen, um gesehen und gehört zu werden. Daher herrscht auf der Agora jeden Tag buntes Treiben. Wer regelmässig zur Agora geht, hat die Gelegenheit, vieles zu sehen und zu hören, manchmal sogar etwas zu lernen. Hoffen wir, dass das auch heute der Fall sein wird", sagte der Mann, als sie auf der Agora angekommen waren.

*

Dann führte der Mann Saul und seinen Begleiter in eine schattige Ecke unweit der Rednerbühne.

Saul setzte sich auf die Steintreppe und lehnte sich mit dem Rücken gegen die Mauer; die war weder warm noch kalt, er sass bequem. Der Mann setzte sich neben Saul, und Sauls Begleiter nahm Platz hinter den beiden.

„Werden wir den Redner hören können?", fragte Saul.

„O doch, die Athener wissen, dass man schweigen soll, wenn man verstehen will, was jemand sagen möchte, und sie alle möchten verstehen, was der Redner sagt", sagte der Mann.

„Werden wir noch lange warten müssen, bis der Redner kommt?", fragte Saul den Mann.

„Er kommt gerade", antwortete dieser.

Drei Männer näherten sich der Plattform. Sie schritten hintereinander. Der vordere war ein Herr mittleren Alters, griechisch gekleidet. Der Mann in der Mitte – von etwa gleichem Alter – war in ein langes, helles und überaus weites Kleid gehüllt, und auf dem Kopf trug er ein rundes Käppchen. Sein langer, dichter Vollbart reichte ihm bis zur Brustmitte. Der dritte war wahrscheinlich der Begleiter des bärtigen, eine Art Nachhut.

„Der in der Mitte ist es", sagte Sauls Nachbar.

„Und wer ist sein Vordermann?", fragte Saul.

„Es ist ein Herr von hier, übrigens ein Mathematiker. Seine Aufgabe ist es, die fremden Redner zu empfangen, zur Rednerbühne zu führen und sie den Zuhörern vorzustellen", antwortete der Mann.

Kaum hatte Sauls Nachbar das letzte Wort ausgesprochen, als der Vordermann mit vor sich waagerecht ausgestreckten Armen eine halbe Drehung ausführte, um alle Anwesenden mit dem Blick zu erfassen, und dann die Arme hoch streckte. Saul verstand nicht, was die Geste zu bedeuten hatte, aber im nächsten Augenblick kam die Erklärung, denn im gleichen Stil hoben die Anwesenden die Arme und schrien wie einer: „Willkommen!". Offensichtlich war es der übliche Gruss, den die Zuhörer einem fremden Redner auf der Agora zu zollen pflegten, denn die Reaktion des Publikums war spontan. Nach der besonders lauten Begrüssung setzte vollkommene Stille ein, nichts rührte sich mehr. Den plötzlichen Wechsel vom lauten Begrüssungsschrei zur Todesstille empfand Saul wie eine Art Schlag, begleitet von einem dumpfen schmerzhaften Stich im Kopf. Jenes, was bei ihm nach einem solchen Stich regelmässig erfolgte, blieb diesmal wie durch ein Wunder aus.

*

„Ich habe die Ehre", begann der Vordermann, „euch unseren heutigen Gast vorzustellen. Er ist von dem fernen Alexandrien nach Athen gekommen, um uns zu erzählen, wie die dortigen Weisen die Welt verstehen."

„Euge!", ertönte der kurze Schrei des Publikums, und der Vordermann trat zur Seite.

Der bärtige Gast bedankte sich mit einem leichten Kopfnicken bei seinem Gastgeber, trat vor, öffnete die Arme, als wollte er alle umarmen und an den Busen drücken, worauf die Hörerschaft „Haire!" schrie, und jeder der Anwesenden streckte dabei den rechten Arm dem Redner entgegen.

„Ich danke euch, liebe Freunde", begann der Redner. „Was uns im praktischen Leben voneinander trennt, ist stark, was uns verbindet, ist aber viel stärker. Die Hellenen und wir lieben das Meer und die Schifffahrt. Wir beide freuen uns, wenn ein günstiger Wind uns in die erwünschte Richtung fördert, und wir beide nehmen mit gleicher Dankbarkeit den Beschluss der Ewigkeit an, wenn sie uns den Sturm entgegenschickt und dadurch unser Vorwärtskommen verlangsamt, denn wir wissen, dass das Unangenehme der Boden ist, auf dem das Angenehme am besten gedeiht. Ausserdem wissen wir, dass die Ewigkeit nur das Mögliche enthält, denn sie ist selbst die schrankenlose Möglichkeit, und dass daher nur das Mögliche geschieht, eben zur Wirklichkeit wird. Die sich so ergebende Wirklichkeit erleben wir, ein jeder auf eine einmalige Weise, und wir alle glauben, sie zu kennen. Die Herkunft der Wirklichkeit bleibt uns zum Glück immer verborgen, denn dank ihrer Verborgenheit können wir träumen."

Nur einen Augenblick näherten sich einander die Köpfe der benachbarten Zuhörer, denn offenbar hatten bereits die ersten Worte des Redners in ihnen etwas ausgelöst. Man hörte jedoch kein Geräusch, und nur eine Sekunde später waren alle Blicke wieder auf den Redner gerichtet.

„Alles, was uns begegnet, das ganze bunte Treiben, das von uns Erlebte, eben unsere ganze Weltvorstellung", fuhr er fort, „ist unsere Art, das Spiel der verborgenen Möglichkeiten zu erleben.

Das, was wir unsere Welt nennen, ist eigentlich das Haus, in dem wir leben, und das sich andauernd im Rhythmus des Spiels ändert. Die verborgenen Möglichkeiten, die im Spiel miteinander zittern und tönen, glitzern und funkeln sind ohne Zahl, und jede ihre augenblickliche Anordnung entspricht unserer Wirklichkeit, schafft bei uns die Vorstellung von unserer konkreten Situation, die wir mal so mal anders erleben."

Deutliche Einzelstimmen der Zuhörer waren nicht zu vernehmen; nur ein leises, kaum hörbares Rauschen durchflog wie eine Welle die Zuhörerschaft, verschwand aber wieder, bevor man ihr irgendeine Bedeutung hätte beimessen können. Dennoch glaubte Saul, die Worte *thauma idesthai* herausgehört zu haben.

„Die unzähligen Kinder, die dem verborgenen Zusammenspiel der Möglichkeiten entspringen, sind unsere Einzelerlebnisse, das Baumaterial sozusagen, aus dem wir völlig unbewusst unermüdlich das vergängliche Gebäude unserer Welt errichten. Das Baumaterial, das wir verwenden, bröckelt unablässig ab, löst sich in Formlosigkeit auf und entzieht sich der Wahrnehmung, wird zu neuen Möglichkeiten für neue Wirklichkeiten, bewirkt durch sein *Ent*stehen das Entstehen. Myriaden von unseren Erlebnissen berichten uns – ein jedes auf seine Weise – von jenem verborgenen Zusammenspiel, dem sie entspringen. Dank ihnen wissen wir überhaupt, dass das verborgene Zusammenspiel unablässig stattfindet, erleben die Resultate des nicht wahrnehmbaren Wirkens als wahrnehmbare Werke. Somit berichten uns alle unsere Erlebnisse von unserer verborgenen, nicht wahrnehmbaren, unvergänglichen, eigentlichen Heimat, der wir entspringen und in die wir zurückkehren, die uns erschafft, indem sie von uns erschaffen wird. Sie verbinden uns mit dem schlechthin unbekannten Ewigen, sind somit die Zuversicht spendenden Boten, die durch ihr blitzartiges Erscheinen und Verschwinden, eben durch ihre äusserste Vergänglichkeit – welch ein Paradox – unermüdlich vom Unvergänglichen berichten und uns dadurch vor dem Schrecken der endgültigen Nacht beschützen."

„Euge!", ertönte erneut wie aus einer Kehle der Ruf der begeisterten, an interessante Reden gewohnten Zuhörer.

*

Der Redner nahm einen Schluck Wasser aus einem Gefäss, das ihm von seinem hellenischen Begleiter gereicht wurde. Saul in seiner kühlen Ecke tat das gleiche.

„Die Weisen bei uns nennen die verborgenen Möglichkeiten ,Kräfte'. Nach ihrer Meinung sind auch die kleinsten Kräfte an jedem Geschehen der Welt beteiligt. Sie sind aber der Ansicht, dass nicht die unendliche Vielzahl der Einzelkräfte, sondern erst deren Einheit, die Resultierende aller Kräfte, die Welt erschafft. Sie denken sich also das ganze bunte Treiben, das mit Messen nichts zu tun hat und keine Zahlen oder Grenzen duldet, als Produkt einer einzigen Kraft und sind der Ansicht, dass eben diese einheitliche Kraft nie angefangen hatte, die Welt zu erschaffen, und dass sie mit dem Erschaffen auch nie aufhören werde. Diese einheitliche Kraft erschafft in unserer Vorstellung hauptsächlich zwei Hauptaspekte der Welt: das unbestimmbare Dortige und das flüchtige Hiesige. Gemäss ihrer Lehre ist das, woraus die Einheit aller Kräfte die Welt erschafft, formlos. Formlos ist es, weil sich seine Bauelemente nicht teilen lassen, daher weder Teile sind noch Teile haben. Auch ein grosser hellenischer Mathematiker bezeichnete diese schlechthin unteilbaren Bauelemente der Formlosigkeit als jenes, was keine Teile hat. In der Geometrie nennt man diese Bauelemente der Welt ,Punkte'. Peinliche Missverständnisse führten dazu, dass aus dem unbestimmbaren Dortigen der Himmel und aus dem flüchtigen, wahrnehmbaren Hiesigen die Erde wurde. Dasselbe tragische Missverständnis und der Mangel an Phantasie führten ebenso dazu, dass aus der alles erschaffenden Einheit aller Kräfte eine Person, ein allmächtiger Herr, ein Tyrann, ein Despot gemacht wurde, der erschaffen, zerstören, belohnen und bestrafen kann – ganz, wie es ihm gerade beliebt –, der niemandem

Rechenschaft schuldet und immer Recht haben und gerecht sein muss. Diesem allmächtigen Herrn errichteten seine unmündigen, trostbedürftigen Untertanen in dem Himmel einen Wohnsitz.

Das war natürlich eine unschuldige, ausserordentlich wirksame Selbsttäuschung, denn in dem unbestimmbaren Himmel ist er unanfechtbar. Man kann nämlich sagen und behaupten, dass dort irgendetwas existiert, was man sich unmöglich vorstellen, daher weder bestätigen noch widerlegen oder auch nur in Frage stellen kann." Die dadurch entstandene völlige Vernebelung der Angelegenheit sperrt den Verstand aus und schafft den fruchtbaren Boden, auf dem die Religion bestens gedeiht. Der so erschaffene Herr kann, wenn es ihm beliebt, bestimmten bevorzugten Sterblichen das ewige Leben bei sich im unbestimmbaren Himmel gewähren und die anderen auf die grausamste Weise bestrafen; nichts verpflichtet ihn jedoch dazu.

*

Angesichts der Unbeständigkeit und Flüchtigkeit alles Hiesigen versuchen die verzweifelten phantasielosen Sterblichen die Angst vor dem Tode und dem endgültigen Vergehen dadurch zu überwinden, dass sie dem fernen Allmächtigen huldigen und hoffen, er werde seine unendliche Gnade walten lassen und ihnen das ewige Leben schenken. Die Sterblichen können zwar kein ewiges Leben beanspruchen, selbst wenn sie ihrem Herrn bis zum letzten Atemzug ergeben gehuldigt sowie fromm und untertänig gelebt haben. Sie dürfen jedoch immer glauben und hoffen, dass die unendliche Gnade ihres himmlischen Herrn ihnen alles vergeben und das grösste denkbare Vorrecht gewähren wird.

Aus Missverständnissen haben sich die Menschen eine solche Welt gebastelt und mit selbstgeschaffenen Phantomen besiedelt; und in der Welt müssen sie nun leben. Die Gewohnheit gestattet es ihnen nicht, ihrem ältesten und nun etwas baufälligen geistigen Produkt zu entsagen."

Wiederum sah man viele Köpfe sich zueinander neigen. Es war offensichtlich, dass die Anwesenden die Worte des Redners kommentierten, denn sie gestikulierten energisch mit den Händen, aber man hörte nichts.

„Sofern es mir bekannt ist, wandelten die Hellenen bereits vor langer Zeit die verborgenen Kräfte, die ihre fernen Vorfahren hinter allerlei Ereignissen vermutet hatten, in Gottheiten um. Eine Hierarchie unter den Himmlischen kennen sie auch, aber es ist ihnen noch nicht gelungen, sie alle in einem einzigen Gott zu vereinigen. Daher verehren sie viele Götter und Göttinnen. So bringen eure Seefahrer vor jeder Schifffahrt verschiedenen Gottheiten Opfer dar, denn für eine erfolgreiche Fahrt genügt es nicht, dass ihnen nur eine der zuständigen Gottheiten gewogen ist. Ist eine einzige von ihnen mit dem dargebrachten Opfer nicht zufrieden und den Reisenden daher nicht wohlgesinnt, kann alles tragisch enden.

Hinzu kommt, dass die Hellenen glauben, die Gottheiten seien zwar sehr mächtig, die Notwendigkeit sei jedoch mächtiger als alle Gottheiten zusammen genommen. Die Weisen bei uns sind der Ansicht, dass der Glaube an die uneingeschränkte Macht der Notwendigkeit der erste Schritt zur Vereinigung aller Gottheiten zu einer einzigen allmächtigen sei. Wenn das stimmt, werden die Hellenen ihren Glauben an viele Götter bald aufgeben und durch den Glauben an nur einen einzigen allmächtigen Gott ersetzen. Ob das ihr Leben erleichtern wird, muss sich noch zeigen, denn eine einzige allmächtige Gottheit, die selbst darüber befindet, ob ein Spatz fliegt oder auf die Erde fällt und wie viele Haare auf dem Kopf jedes einzelnen Menschen wachsen, ist nicht weniger launenhaft und unberechenbar als das Dasein selbst. Ein solcher Gott bewirkt in jedem gegebenen Augenblick und an jedem gegebenen Ort nur das, was einzig und allein möglich ist und daher auch von selbst geschehen muss und geschieht. Mit dem Unmöglichen hat die allmächtige Gottheit nichts zu tun. Das Unmögliche bietet den Sterblichen lediglich den Stoff zum Fabulieren.

Ein berühmter hellenischer Schreiber erwähnt in seinen Schriften einen bei uns allgemein bekannten Mythos, in dem vom Feuervogel Phönix die Rede ist, der abwechselnd stirbt und aufersteht. So symbolisiert er die Dynamik des ewig Einen, das wir als zwei völlig unvereinbare Aspekte erleben und als Leben und Tod bezeichnen. Nach unserer Überlieferung ist Phoenix ein stummer Vogel. Dennoch sind unsere Weisen der Meinung, dass es von grösster Bedeutung ist, die Stimme des schweigenden Vogels Phönix zu hören. Im Zentrum der Lehre unserer Weisen steht die Aufforderung, immer und in jeder Lage der Stimme der schweigenden Einheit zu lauschen. Nur so, glauben sie, lässt sich die für den trockenen Verstand nicht leicht zugängliche Einheit der beiden getrennten Aspekte begreifen. Wer die ewige Stimme des Einen hört, fragt nie, wann und wie die Welt entstanden ist und wann und wie sie einmal enden wird. Sie behaupten, der Vogel Phönix sei der jetzige Augenblick, jener, den man gerade durchlebt, der andauernd stirbt und der ebenso andauernd neu geboren wird. Phönix ist das gleichzeitige Leben und Sterben des Kosmos. Weil die meisten Menschen etwas Mühe haben, das Wesen des Vogels Phönix zu verstehen, gibt es in der Welt so viele schreckliche Missverständnisse und daher auch so viel Leid; in der Zukunft wird es noch mehr davon geben."

Wieder streckten die Zuhörer den rechten Arm dem Redner entgegen und beschenkten ihn mit einem dreifachen „Euge!". Als Antwort auf die begeisterte Reaktion der Zuhörerschaft streckte der Redner den Zuhörern die offenen Arme entgegen, als wollte er sie umarmen, wie er es am Anfang getan hatte, und bedankte sich mit einer leichten Verbeugung.

***

Nach dem Vortrag verliess der fremde Redner mit seinen beiden Begleitern die Rednerbühne im gleichen Stil, wie er gekommen war. Die meisten Zuhörer blieben noch auf der Agora und diskutierten lebhaft in kleinen Gruppen über den Inhalt dessen, was sie vorhin im Vortrag gehört hatten.

Saul erhob sich und verliess mit seinem ständigen Begleiter und mit dem jetzigen Gastgeber die kühle Ecke. Die Sonne stand noch hoch, und die Luft über dem gepflasterten Boden flimmerte in der Hitze des frühen Nachmittags.

In seinem Zimmer angekommen, legte sich Saul gleich auf sein Lager, um auszuruhen und alles, was er soeben auf der Agora gehört hatte, im Geiste zu ordnen.

Sein ständiger Begleiter zog sich geräuschlos in seine Ecke zurück und legte sich auf sein Lager, blieb aber wach, um Saul immer zur Verfügung zu stehen.

Saul schloss die Augen und liess seinen Gedanken freien Lauf.

*

„Der Redner sprach von zwei Wirklichkeiten, von einer verborgenen, nicht wahrnehmbaren, unvorstellbaren und von der anderen als der erscheinenden und erlebbaren Seite der Welt. Wenn ich ihn richtig verstanden habe, ist die von uns erlebbare Wirklichkeit eigentlich bloss unsere mittelbare Art, jene verborgene Seite der Welt zu erleben, also etwas vom menschlichen Bewusstsein Abhängiges, da es nur im Menschen lebt.

Die beiden Seiten der Welt, die verborgene und die erscheinende, sind eine Einheit, die wir aber einerseits wahrnehmen und als wirklich erleben, anderseits jedoch bloss vermuten können.

Unsere Wirklichkeit besteht aus Myriaden von unseren eigenen, jeweils höchst persönlichen Erlebnissen und Einsichten, die nichts anderes sind als Resultate des verborgenen Spiels. So verstanden, sind unsere Erlebnisse eigentlich Boten, die unablässig – welch ein Paradox! – kommend verschwinden und somit von dem verborgenen Spiel berichten. Was im Verborgenen geschieht, erleben wir – jeder auf seine eigene Art und Weise – als unsere bunte Wirklichkeit. Indem sie unablässig kommen und gehen, ordnen sich unsere Erlebnisse als Boten so, dass unsere Welt für uns ohne Unterbruch erscheinend verschwindet. In unserer Vorstellung baut sie sich ständig auf und ab. Dass alles abwechselnd kommt und geht, ist nicht schwer zu begreifen, denn wir sind alle damit aufs Engste vertraut. Viel schwerer ist es jedoch einzusehen, dass das nicht nacheinander, sondern eben gleichzeitig geschieht, weil jedes Entstehen eigentlich ein Vergehen ist und umgekehrt. Gerade die Einsicht scheint aber von entscheidender Bedeutung zu sein, denn erst wenn man begreift, dass alles gleichzeitig geschieht, begreift man auch, dass es keinen Anfang und kein Ende der Welt geben kann. Die Erkenntnis würde uns manche Sorge ersparen und mehr Frieden im Herzen bescheren.

*

Der Redner sagte auch, dass die menschliche Vorstellung von einem einzigen Gott, der die Welt regiert und über wortwörtlich alles entscheidet, das Produkt eines Missverständnisses ist. Er meinte wohl, dass die meisten Menschen arm an Einsicht und Phantasie sind und dass sie daher mit der abstrakten Einheit aller Kräfte nichts anfangen können. Und weil sie dazu nicht im Stande sind, setzen sie an Stelle der abstrakten Einheit aller Kräfte einfach einen Herrscher, und an Herrschern aller Art mangelt es im praktischen Leben wahrlich nicht. Dass die meisten Menschen so reagieren, ist auch verständlich, denn, was mit der Hand greifbar ist, ist auch leicht begreifbar. Was sich jedoch den Sinnen und der üblichen Erfahrung entzieht, ist immer irgendwie verdächtig und meistens unverständlich.

Weil die Menschen in ihrer praktischen Existenz nur Vergängliches kennen und sich ihrer eigenen Schwäche sowie der Kürze ihres Lebens bewusst sind, sehnen sie sich nach einem

Leben ohne Ende und nach einem allmächtigen Protektor, der ihnen ein solches Leben bescheren kann. Das naive Produkt dieser Sehnsucht ist ein allmächtiger, ewiger Herr, der alles erschafft und alles weiss, eine Art König der Könige, der belohnt und bestraft, gibt und nimmt, tut, was ihm beliebt, niemandem Rechenschaft schuldet und immer Recht haben muss.

Dieses seltsame Produkt ihrer mangelnden Phantasie siedeln die Menschen genau dort an, wo es vor den Angriffen des trockenen Verstandes sicher ist – im Himmel.

Und der Himmel selbst sei wiederum ein weiteres Produkt der menschlichen Phantasielosigkeit, behauptete der Redner.

Er sprach von den Weisen seines Volkes, die meinten, die Einheit aller Kräfte erschaffe in unserer Vorstellung hauptsächlich ein doppelt Vages: ein unbestimmbares Dort, das einfache Leute als Himmel und ein flüchtiges Hier, das sie als Erde bezeichnen. Ich glaube, dass ich begreife, was er sagen will: In dieser seltsamen Welt aus Unbestimmbarkeit und Flüchtigkeit versuchen sich die Menschen irgendwie zurechtzufinden und herauszufinden, was sich hier machen lässt.

In der flüchtigen, unbeständigen, mit allerlei Leiden erfüllten Welt errichten die Menschen in ihrer naiven Phantasie eine beständige, leidensfreie Welt, auf die man hoffen darf, falls man das kurze Dasein hier auf eine bestimmte Art und Weise verbringt. Gewiss ist es aber nie, dass man sie auch wirklich verdienen wird, und das macht das Ganze erst recht spannend.

Auch morgen wird der Redner auf der Agora über etwas sprechen, bin gespannt, was er noch zu sagen hat."

*

Saul drehte sich auf die rechte Seite und schlief gleich ein.

Im Schlaf besuchte ihn der Erbauer der grossen Arche und sagte ihm, vor allem sei es wichtig, im wilden Treiben ruhen zu können, denn nur wer ruhen könne, finde einen Platz im sicheren Boot.

Dann kam der Vater der Menge und sagte, man dürfe nie vergessen, dass man selber der Schöpfer der Welt sei.

Dann meldete sich jener, der angesichts des Ernstes des Daseins zum Lachen aufforderte.

Und zum Schluss bekam er im Traum noch einen Besuch, den edlen Dieb, der sich als Ersatz für das wilde Wollen und Jagen nach dem vergänglichen Glück anbot, der mit vier Frauen zwölf Söhne zeugte und somit fast die ganze künftige bunte Menschheit begründete, in der es an nichts mangeln konnte, weder an Reichen noch an Armen, weder an Weisen noch an Toren, weder an allerlei Messiassen noch an Verbrechern aller Art.

*

Weitere Besucher konnte er nicht empfangen, denn sein ständiger Begleiter weckte ihn. Der Hausherr hatte ihn angewiesen, es zu tun, da es Zeit zum Abendessen war.

Saul stand auf, rieb sich den Schlaf aus den Augen, aber die Träume behielt er.

Das Essen war köstlich.

Nach der Mahlzeit führte der Hausherr ihn und seinen Begleiter in den Garten. Die Bäume atmeten Frische, der kühle Saft der Granatäpfel labte, die Pracht des Sternhimmels forderte zum Gespräch auf.

*

„Wenn ich die Worte des Redners richtig verstanden habe", fing Saul an und wandte sich an seinen Gastgeber, „glaubten die Weisen seines Volkes, die Welt habe eigentlich niemand erschaffen, sondern sie sei ohne Anfang und ohne Ende, oder irre ich mich?"

„Wie ich es verstanden habe, wollte er sagen, die Welt bestehe eigentlich aus Kräften, die ständig wirkten, und was ihrem Wirken entspringe, seien Boten, die uns ständig ansprächen und die wir als unsere Erlebnisse kennten. All die Produkte dieses Wirkens, eben all unsere Erlebnisse bezeichneten wir als unsere Wirklichkeit. Was er sagte, deckt sich gut mit der Ansicht der grössten Weisen bei uns, die meinten, dass die Welt nichts anderes sei als ein gewaltiges Feuer, das nie anfange und nie aufhöre und dass alles, was wir zu wissen glaubten, bloss unser eigenes Scheinmeinen sei", erwiderte der Gastgeber.

„Ist dieser Gedanke, dass kein Gott die Welt erschaffen habe, bei den Hellenen beliebt?", fragte Saul.

„Die meisten können damit nicht viel anfangen. Die Obrigkeit verurteilt sogar solche Ansichten ganz entschieden und bestraft alle, die sie verbreiten. Einige wurden deswegen zum Tode verurteilt oder mussten ins Exil flüchten", antwortete der Gastgeber.

„Warum ist die Obrigkeit so sehr dagegen?", fragte Saul.

„Ich vermute, dass die Obrigkeit der Idee selbst, die Götter seien eigentlich überflüssig, gar nicht abhold ist, aber sie möchte nicht, dass ihre Untertanen sich an den Gedanken gewöhnen, da der Gedanke leicht auch auf die irdischen Herrschenden übertragen werden könnte. Sie sind also nicht so sehr um die Seelen ihrer Untertanen als vielmehr um ihre persönliche Machtstellung besorgt", sagte der Gastgeber.

„Haben sich einige der Weisen bei den Hellenen auch zur Frage geäussert, ob das Universum begrenzt oder unbegrenzt ist?", wollte Saul wissen.

„Eigentlich schon, denn, wenn man den Anfang und das Ende ablehnt, stellt man zugleich auch jede Äusserung bezüglich der Grösse des Universums in Frage", antwortete der Gastgeber.

„Wie soll man das verstehen?", fragte Saul.

„Vom Universum hat es nur dann einen Sinn zu sprechen, wenn man damit sagen will, dass in ihm alles, aber wirklich alles enthalten ist. Sobald man irgendwie annimmt, dass es ausserhalb unseres Universums noch andere himmlische Körper, ja sogar andere Universen gibt, ist das Wort Universum bedeutungslos.

Innerhalb des Universums müssen wir andauernd vergleichen, denn vergleichen heisst eigentlich denken. Da kann man alles mit allem vergleichen, und da müssen wir ständig das eine vom anderen unterscheiden und von gross und klein reden, um uns zurechtzufinden und miteinander kommunizieren zu können. Das Universum aber, in dem doch alles enthalten ist, kann man mit nichts vergleichen. Deswegen ist es weder gross noch klein. Diese Begriffe sind bedeutungslos, wenn vom ganzen Universum die Rede ist. So gesehen, steckt in der Frage, ob das Universum endlich oder unendlich, gross oder klein ist, ein grosser Denkfehler. Es ist eine unvernünftige Frage, und auf eine unvernünftige Frage kann es keine vernünftige Antwort geben", sagte der Gastgeber.

Saul schwieg.

Inzwischen war es schon spät geworden, und sein Begleiter hatte gemerkt, dass sein Herr müde war. Er forderte ihn auf, sich bei seinem Gastgeber zu entschuldigen, dass er so plötzlich weggehe, und dann sofort schlafen zu gehen

Saul folgte seinem Rat.

In seinem Zimmer angekommen, legte sich Saul gleich auf sein Lager, schlief aber nicht gleich ein. Der Gedanke, das Universum sei weder gross noch klein, war so unerwartet und umwerfend, dass er den Schlaf fortscheuchte. Er bewirkte sogar, dass ihm die Sterne plötzlich nicht mehr als weit weg und die Bäume im Garten nicht mehr als nah erschienen.

„Falls das Universum in Begriffen von Zeit und Raum tatsächlich weder gross noch klein ist", überlegte er, „dann ist ein beliebiger zeitlicher oder räumlicher Abstand eigentlich bedeutungslos, obwohl er in unserer, eben von uns selbst geschaffenen Realität von grösster Bedeutung sein kann.

Dieser Gedanke bescherte ihm etwas Erlösendes, und er sank in Schlaf.

***

Am folgenden Tag sass Saul neben seinem Gastgeber in derselben schattigen Ecke auf der Agora und lehnte gegen die Säule wie während des ersten Vortrags. Sein ständiger Begleiter sass hinter ihnen.

Diesmal wurde der Redner nicht mehr vorgestellt. Sein Gastgeber begleitete ihn zum Rednerpult, und gleich darauf ergriff der Redner das Wort.

Saul hatte den Eindruck, dass es diesmal noch mehr Zuhörer gab als am Tag davor.

„Der erste Vortrag hat bei den Athenern offensichtlich viel Anklang gefunden, denn heute sind mehr Leute gekommen als gestern", sprach Sauls Gastgeber laut aus, was Saul dachte.

„Soll das heissen, dass die Hellenen bereit sind, ihre vielen Gottheiten durch einen einzigen Gott zu ersetzen?", fragte Saul seinen Gastgeber.

„Das ist durchaus möglich, denn mit der Zeit werden die jetzigen Gottheiten überfordert. Es gibt nämlich immer mehr Menschen, und sie alle haben immer mehr und vor allem immer neue Wünsche, für welche die bereits vorhandenen Gottheiten nicht zuständig sind. Es müssten neue Gottheiten für die eben neu aufgetauchten Wünsche geschaffen werden. Viele alte Gottheiten sind den neuen Verhältnissen nicht gewachsen und müssen abtreten", sagte Sauls Gastgeber.

„Und was wird mit all den Priestern geschehen, die in den Tempeln der vielen Gottheiten dienen, falls es zum grossen Wechsel kommt?", fragte Saul.

„Die meisten von ihnen werden das Schicksal ihrer Götter teilen", sagte sein Gastgeber.

„Und das heisst?", fragte Saul.

„Das heisst, sie werden verschwinden. Einige jedoch werden – genau wie ihre Gottheiten – rechtzeitig das erforderliche neue Gewand anlegen und den Übergang unversehrt bewältigen. Gestern erzählte uns der Redner, dass kein Herr die Welt erschaffen hat, dass wir die Kinder des Zusammenspiels aller materiellen Kräfte sind sowie dass die Einheit aller Kräfte, ihre Resultierende als etwas sehr Abstraktes, unsere eigene intellektuelle Schöpfung ist. Mit anderen Worten, er hat uns erzählt, dass der Mensch alles erschafft und zugleich von allem erschaffen wird, Quelle und Mündung, Anfang und Ende in einem sein muss. Er setzt wahrscheinlich voraus, dass viele Zuhörer begriffen haben, was er sagen wollte und dass sie nun im Besitz einer neuen Einsicht sind. Es könnte sein, dass er sich heute bemühen wird zu erklären, welche Schlüsse man aus der neuen Einsicht für das praktische Leben ziehen sollte", sagte Sauls Gastgeber.

*

Saul wollte seinen Gastgeber noch etwas fragen, aber in demselben Augenblick begrüsste der Redner die Anwesenden und begann zu sprechen, so dass das Raunen der Versammelten schlagartig verstummte und auch er daran gehindert wurde, irgendwelche weitere Fragen zu stellen.

„Liebe Freunde", begann der Redner, "gestern war von Gottheiten, Menschen und Schöpfung die Rede.

Ich hoffe, dass ich klar geschildert habe, was die Weisen bei uns mit Schöpfer und Welt meinen.

Heute möchte ich euch erzählen, wie unsere Weisen den Menschen und seine Rolle in der Beziehung zwischen Schöpfer und Welt verstehen."

„Euge!" erklang als billigende Reaktion der Zuhörer auf die ersten einleitenden Worte des Redners, denn jetzt wussten sie gleich am Anfang, was im Vortrag besprochen werden sollte.

*

„Wie alles andere im Universum ist der Körper des Menschen ein Ergebnis des Zusammenspiels der verborgenen Möglichkeiten, das heisst, jener daraus resultierenden Einheit aller Kräfte, von der gestern die Rede war.

Zwar weist der menschliche Körper mit dem Körper vieler Lebewesen grosse Ähnlichkeiten auf, jedoch besitzt er etwas, was ihn von allen anderen grundsätzlich unterscheidet: Eines seiner Werkzeuge, Hirn genannt, kann Gottheiten erschaffen und abschaffen. Diese Fähigkeit ist einzig und allein dem Menschen eigen. Sie ist zugleich die Quelle all seiner Freuden und Leiden. Sie ermöglicht ihm, die ganze Welt bis zum vollkommenen Chaos zu zerteilen und zu zerstückeln, aber auch die zerstückelte Welt im Bündel des Lebens zu vereinigen, mit dem Sinnesfaden zum Kosmos fest zu binden und somit die Ewigkeit zu erahnen, das heisst, sich selbst, sein eigenes Wesen, zu erkennen. Genau das bezeichneten auch die führenden hellenischen Weisen als das höchste Lebensziel des Menschen.

Das geschieht aber nicht allzu oft, denn seine Fähigkeit, die Welt bis zum vollkommenen Unzusammenhang zu zerstückeln, bereitet dem Menschen grosse Überraschungen und reizt ihn, die zerstückelte Welt immer weiter zu zerstückeln. Er erliegt der Versuchung und tut es, bis des Sinnes Faden so dünn wird, dass er reisst und verschwindet. Die Welt wird zum dürren Baum mit Früchten des Scheinwissens. Der so entstandene Baum hat keinen Stamm mehr, sondern besteht bloss aus feinsten getrennten Staubkörnchen ohne irgendwelchen Zusammenhang. Die Versuchung, diesen Weg zu beschreiten und die Früchte von eben *dem* Baum zu essen, ist so gewaltig, dass alle ihr mindestens zum Teil, die meisten gänzlich erliegen.

Das ist weder gut noch schlecht, sondern einfach die Lage, in der wir uns ständig befinden.

Somit kann der Körper als eine Art teure Kutsche, in der der Fahrer, das Wesen des Menschen, fährt und die Welt erschaffend erfährt, dem Fahrer helfen, jenes zu erreichen, worum sich der Mensch sein ganzes Leben lang bemühen sollte, nämlich sich selbst zu erkennen.

Ebenso kann er aber dem Menschen im Wege stehen und ihn daran hindern, das höchste Lebensziel zu erreichen. Das ist der doppelte Charakter des Körpers.

Anders gesagt: Ohne den Körper kann das höchste Ziel weder erreicht noch verfehlt werden, denn nur der Körper besitzt die Sinne, durch die das erforderliche Baumaterial strömen kann, aus welchem jene Einheit aller Kräfte als sein schöpferisches Wesen, die Welt erschafft. Auf dem Weg durch die Sinne wird das neutrale, eigenschaftslose Material in eigenes Material verwandelt. Als völlig verwandelt erreicht es dann das schöpferische Wesen des Menschen. Von dieser Verwandlung leben die Sinne. Ohne sie sind sie nicht, durch sie werden sie zu den zuverlässigsten Betrügern.

Der Körper ermöglicht uns, das zu erleben, was wir Welt nennen, gestattet uns jedoch nicht, auch nur einen einzigen klaren Blick hinter die Kulissen zu werfen. Er gestattet also und verhindert zugleich. Er weist uns aber den einzigen Weg, den wir gehen und auf dem wir etwas erfahren können; daher ist er das unerlässliche, heilige Übel. Ohne ihn gibt es keine Sinne und kein Gehirn. Ohne Sinne und ohne Gehirn gibt es weder Erlebnisse noch Erkenntnisse, weder Empfindungen noch Meinungen, weder Gedanken noch Ideen, denn es gibt niemanden, der sagen kann, dass es etwas gibt beziehungsweise nicht gibt, dass etwas so oder so oder anders ist oder sein könnte. Nur durch die Geburt besteht daher die Möglichkeit, eine Welt zu erschaffen, den betörenden Zauber seiner eigenen Kreation zu erleben und von einer anderen Welt zu träumen, die vielleicht noch viel schlechter beziehungsweise viel besser wäre. Nur durch den Körper als das vergängliche Kind des verborgenen Kräftespiels kann das unvergängliche Verborgene erahnt und erschaffen, ja, erschaffen – ihr habt es richtig gehört, so erschaffen werden, wie der Körper selbst vom Verborgenen erschaffen wird. Dieses gegenseitige, gleichzeitige Erschaffen als Quelle des eigentlichen Wunders sollte uns das ganze Leben lang intellektuell beschäftigen.

Deswegen ist unser schwacher, vergänglicher Körper das Einzige, wodurch das Ewige, Verborgene erahnt und somit das ewige Leben erlangt werden kann. Nur durch seine

Vergänglichkeit führt der mögliche Weg zur Ewigkeit. Eben deswegen ist er heilig."

„Euge!", erklang schon wieder der billigende Schrei der Zuhörerschaft.

„Das Wort ‚Ewigkeit' hört man immer wieder; ich habe es auch bereits mehrere Male gebraucht. Dennoch befürchte ich, dass der eigentliche Sinn dieses Wortes allgemein nicht bekannt ist.

Was ist die eigentliche Bedeutung dieses Wortes?

In vielen Gesprächen mit Menschen verschiedenster Fähigkeiten und Bildung ist es mir aufgefallen, dass praktisch alle mit Ewigkeit riesige Zeiträume meinen. Das erstaunt nicht, denn auch die führenden Himmelsforscher und Kosmologen, von denen man doch eine Frieden im Herzen stiftende Antwort erwartet, reden in dem Stil. Sie nennen sogar Jahreszahlen, wenn sie vom Alter des Universums sprechen. Das ist natürlich ein gewaltiger Irrtum. Ewigkeit hat mit keinen Jahreszahlen etwas zu tun. Jahrmilliarden sind der Ewigkeit nicht weniger fremd als Sekunden. Sie ist vielmehr das reine Gegenteil von allen Berechnungen und Kalendern. Ihre Kinder sind allerlei Erscheinungen, die wir als persönliche Erlebnisse im praktischen Dasein kennen, einerlei wie lange solche Erscheinungen dauern. Das Aufleuchten eines Blitzes dauert gleich lang wie das Leben einer Galaxie, sobald man sie mit der Ewigkeit vergleicht, weil jeder Vergleich einer beliebigen Zeitspanne mit der Ewigkeit grundsätzlich falsch ist. Der Fehler steckt darin, dass man Messbares mit Unmessbarem zu vergleichen sucht. Alle Kinder der verspielten Ewigkeit erleben wir als vergängliche zeitliche Erscheinungen. Wie bereits gesagt, liefert der vergängliche Aspekt des Ganzen, den wir als Fülle von allerlei flüchtigen Erlebnissen kennen, das Pflaster für den einzigen Weg, auf dem der unvergängliche Aspekt des Ganzen, die Ewigkeit, das heisst das Leben der Materie, erahnt werden kann. Die Ewigkeit als der unveränderliche Aspekt des Ganzen, das heisst als das Leben der Materie, der Mutter aller veränderlichen, vergänglichen Kinder, hat mit deren Veränderlichkeit und Vergänglichkeit nur insofern zu tun, als sie vom menschlichen Bewusstsein nur auf dem Umweg über die veränderlichen, vergänglichen Erscheinungen ihrer Kinder erahnt werden kann. Das Leben ihrer Kinder sind Zeitlichkeiten, das Leben der Mutter ist Ewigkeit. Indem sie ihr entspringen, kehren ihre Kinder in sie zurück. Die aus dem Ozean vom Wind hoch gepeitschten Wassertropfen veranschaulichen diesen ewigen Prozess bestens: Beim Verlassen der Wasseroberfläche sind die Wassertropfen auf dem Rückweg zu ihrer Mutter. Das heisst, sie nähern sich ihrem Ursprung, indem sie sich von ihm entfernen. Vor dem Flug, während des Flugs und nach dem Flug sind sie nichts anderes als Wasser, obwohl sie während des Flugs eine bestimmte Form annehmen, in dem der Regenbogen geboren werden kann, der unser Auge erfreut und unsere Phantasie beflügelt. Ihr Scheinkommen und ihr Scheinverschwinden ist das funkelnde Spiel der Mutter, das wir Welt nennen. Die erhabenste Aufgabe des Menschen sollte sein, hinter dem Vorhang aus Scheinkommen und Scheinverschwinden das Ewige als seine eigentliche Heimat zu erkennen.

Das Wissen von alledem, was ich euch bis jetzt erzählt habe, das Wissen von dem Leben und dem Lauf der Welt sowie davon, dass alles in jedem Augenblick nur so sein kann, wie es eben ist, und zugleich von dem Ort und dem wahren Mittelpunkt, wo alles geschieht und wo bestimmt wird, dass alles so geschieht, wie es geschieht, das heisst vom Zentrum des Weltgeschehens, ist der Mensch, sein Wesen. Wo dieses Wissen fehlt, ist der Mensch noch nicht ganz wach."

„Euge!", schrien die Zuhörer, offensichtlich begeistert. Keiner von ihnen konnte sich erinnern, dass irgendein anderer Redner auch nur Ähnliches gesprochen hatte. Auch hatten sie zum ersten Mal das Gefühl, den tiefen Sinn jener berühmten Worte im Tempel des Sonnengottes zu verstehen, die jeden Einzelnen auffordern, sich selbst zu erkennen.

„Im Menschen geschieht die ganze Welt, das heisst, in ihm erscheint sie, und in ihm verschwindet sie. Ebenso erscheint und verschwindet der Mensch in seiner eigenen Kreation, taucht ein in denselben Ozean, aus dem er aufgetaucht ist, der ihn und den er erschafft. Im Menschen erschafft also die Ewigkeit ihren eigenen Schöpfer.

Was ich soeben gesagt habe, leuchtet nicht sofort ein, denn in unserer zeitlich-linearen Denkweise geschieht das eine nach dem anderen. Diese Denkweise ergibt sich aus unserem Alltagsleben, wo jede Erscheinung – ohne Ausnahme – seinen Anfang und sein Ende hat. Daher haben wir die Vorstellung, dass es auch einen Anfang und ein Ende der Welt geben muss. Das hindert uns, die Schranken der naiven, sehr limitierten Lebenserfahrung zu überschreiten und zu begreifen, dass die Welt nie begonnen hat und dass sie nie enden wird."

„Euge!", schrien die Zuhörer noch lauter als vorher.

„Ist man sich all dessen bewusst, begreift man, dass das Ziel jeder Erziehung und jedes Einzelnen eben das Erlangen dieser Einsicht sein sollte. Begreifen wir nämlich einmal, dass in jedem von uns die Ewigkeit schlummert und wartet, geweckt und somit erschaffen zu werden, werden wir auch sofort begreifen, dass wir alle eigentlich ein und derselbe Mensch sind, der in jedem einzelnen von uns in ein anders erscheinendes Gewand gehüllt ist, das wir Körper nennen, dann wird uns mit einem Schlag bewusst, was zu tun ist.

Und was ist zu tun?

Bemühen sollen wir uns mit allen Kräften, niemandem etwas anzutun, was wir nicht möchten, dass man uns antut. Das würde gehen, denn jeder, der begriffen hat, was das Wesen des Menschen ist, weiss, dass jemandem zu schaden zugleich bedeutet, sich selbst zu schaden und jemanden zu töten zugleich Selbstmord zu begehen bedeuten muss.

Erst wenn es uns gelingt, diese Stufe der Einsicht zu erlangen, werden wir das Recht haben, uns Menschen zu nennen. Gelingt uns das aber nicht, bleiben wir schlaue Tiere, zwar mit Verstand ausgestattet, jedoch trotzdem bloss Tiere, vom Menschen noch unendlich weit entfernt."

„Euge! Euge! Euge!", schrien die Zuschauer im Chor und streckten jedes Mal voller Begeisterung den rechten Arm dem Redner entgegen.

Wie nach seinem ersten Vortrag bedankte sich der Redner mit einem kurzen Kopfnicken und verliess in Begleitung der beiden Herren, die ihn gebracht hatten, die Rednerbühne.

„Ich höre mir regelmässig die Reden auf der Agora an, aber ich kann mich nicht erinnern, dass jemals ein Redner mit seinem Vortrag so viel Begeisterung ausgelöst hatte. Der Augenblick scheint gekommen zu sein, dass etwas Entscheidendes geschieht", sagte Sauls Gastgeber.

„Ich pflichte dir bei, der Augenblick ist gekommen", antwortete Saul, erhob sich und verliess zusammen mit seinem Gastgeber die Agora.

Die meisten Zuhörer blieben aber noch auf dem Platz der Plätze und besprachen, was sie soeben gehört hatten.

***

Auf seiner langen Reise von Tarschisch nach Athen hatte Saul bereits die Gelegenheit gehabt zu hören, dass der Mensch selbst das Mass aller Dinge sei, dass die Welt mit ihm komme und gehe, aber erst jetzt, nach dem Vortrag des Redners auf der Agora, glaubte er, den eigentlichen Sinn des Wortes ‚Mensch' begriffen zu haben. Jetzt hatte er plötzlich das Gefühl, alle zweibeinigen, mit Verstand ausgestatteten Organismen, mit denen er tagtäglich zu tun hatte, müssten tatsächlich nicht unbedingt als Menschen angesehen werden. Der fremde Redner aus Alexandrien hatte ihn zu dieser Meinung verleitet. Was fehlte aber einem solchen mit Verstand ausgestatteten Organismus, um ein echter Mensch zu sein? Eine Antwort auf diese Frage hatte Saul noch nicht, obwohl der Redner bereits manches darüber genug gesagt hatte. Auch wusste er nicht genau, was mit ‚Verstand' eigentlich gemeint war.

*

Nach dem Abendessen sass er wie am Tag zuvor mit seinem Gastgeber im Garten und unterhielt sich mit ihm über den Vortrag und die unüblichen Gedanken des Redners.

„Wieso dürfen die Redner auf der Agora frei sogar behaupten, dass es keine Götter gebe oder dass kein Gott, sondern der Mensch selbst das Mass aller Dinge sei?", fragte Saul seinen Gastgeber. Er konnte es nicht verstehen, denn vorher hatte er von ihm erfahren, dass die Obrigkeit die Verbreitung der Gottlosigkeit äusserst streng bestrafte.

„Nur auf der Agora darf man öffentlich über alles reden", erklärte Sauls Gastgeber. „Wer nur dort redet, wird nicht bestraft. Erzählt man Unerlaubtes aber woanders, macht man sich strafbar."

„Warum eigentlich?"

„Wer zur Agora geht, um sich solche Vorträge anzuhören, gehört zu den freien Gebildeten und Privilegierten. Sie dürfen mehr hören und wissen als das gemeine Volk. Wenn privilegierte Freie daran zweifeln, dass es Götter gibt oder dass nur Freie eigentlich Menschen, Sklaven dagegen bloss sprechende Werkzeuge sind und dass es daher legitim ist, Sklaven zu halten, ist das für den Staat kaum von Belang. Wenn aber jene daran zweifeln, die schwer arbeiten und nicht nur sich selbst, sondern auch alle anderen, die nicht arbeiten, ernähren müssen, dann kann das sehr gefährlich sein. Solange sie nämlich an göttliche Gerechtigkeit und an irgendeinen Ausgleich im Leben nach dem Tode für das erlittene Unrecht während ihres irdischen Lebens glauben, sind sie für den Staat keine Gefahr. Verlieren sie aber den Glauben an ein Leben nach dem Tode, werden sie gefährlich, denn dann wollen sie auf die Gleichberechtigung dort nicht mehr warten, sondern fordern sie bereits hier, in diesem einzigen Leben", antwortete Sauls Gastgeber.

„Soll das heissen, dass alle, die dem Redner heute mit Begeisterung zuhörten, nur aus rein spekulativer Neugierde zu seinem Vortrag gekommen waren?", fragte Saul erstaunt.

„So ist es", erwiderte sein Gastgeber.

„Wenn ich dich richtig verstehe, werden die Zuhörer, die vom Vortrag offensichtlich begeistert waren, nicht versuchen, jenes, was sie dort gelernt haben, in ihr praktisches Leben einzubauen", sagte Saul.

„So ist es. Sie werden sich gern miteinander darüber unterhalten, aber was sie am Vortrag bewundert haben, wird ihr praktisches Leben gar nicht ändern", sagte Sauls Gastgeber.

„Wie erklärst du dir eine solche Haltung? Man sagt doch immer, dass Menschen gern etwas in ihr Leben aufnehmen, wenn sie davon begeistert sind", meinte Saul.

„Einer der berühmtesten griechischen Weisen meinte sogar, dass eine höhere Erkenntnis den Menschen zwangsläufig so stark verändere, dass er das Leben eines Sklaven mit einer höheren Erkenntnis dem Leben eines Königs mit einer niedrigeren vorziehen würde. Mag sein, dass dem überall so ist, aber hier gilt das nicht. Die freien Bürger von Athen haben gelernt, Religion,

Redekunst, Wissenschaften, Kunst und so weiter um ihrer selbst willen zu betreiben, so dass diese auf ihr praktisches Leben keinen Einfluss haben. Sie werden gern darüber reden, dass wir alle eigentlich derselbe Mensch sind und schon deswegen die gleichen Rechte haben sollten und niemals einander ausbeuten dürften, aber auf Sklaven werden sie auf keinen Fall verzichten wollen. Wie du siehst, leben wir hier in einer seltsamen, doppelt gespaltenen Welt", sagte Sauls Gastgeber.

„Was meinst du mit ‚doppelt gespalten'?", fragte Saul.

„Zuerst einmal ist die ganze hiesige Bevölkerung in Freie und Sklaven gespalten. Die Freien arbeiten nicht. Die Sklaven müssen hart arbeiten und mit ihrer Mühe ihre Herren und sich selbst ernähren. Weil sie den ganzen Tag arbeiten müssen, kennen sie keine Musse. Stattdessen ist ihr ganzes Leben ein Müssen. Von den edlen, erbaulichen Gedanken, die man in Vorträgen auf der Agora hören kann, wissen sie nichts. Sie sind die einzigen im Lande der Hellenen, die schwer arbeiten müssen, und zugleich die einzigen, die nichts davon haben.

Ganz anders wickelt sich das Leben der privilegierten Freien ab, denn ihr ganzes Leben lang können sie der Musse pflegen.

Ihr Leben ist aber ebenso gespalten. Einerseits pflegen sie die Redekunst und führen endlose spekulative Gespräche, um einander zu beeindrucken. Sie kommen aber nie auf den Gedanken, ihre theoretischen Einsichten in ihr praktisches Leben einzubauen. Somit ist hier bei uns sowohl die ganze Gesellschaft als auch jeder einzelne zutiefst gespalten", sagte Sauls Gastgeber.

„Wie empfindest du diese Spaltung?", fragte Saul seinen Gastgeber.

„Es ist eine schwere Krankheit, für die niemand in dieser Stadt eine Arznei kennt. Auch sucht niemand nach einer Arznei, denn niemand hält eine solche Verhaltensweise für krankhaft", antwortete Sauls Gastgeber.

„Du weisst also nicht, woran es liegt, dass die Menschen hier so leben?", fragte Saul.

„Leider nicht. Ich wollte, ich wüsste es. Vielleicht bringt dieser Redner in einem seiner nächsten Vorträge eine Erklärung dafür", sagte er.

Saul schwieg. Sein ständiger Begleiter erinnerte ihn daran, dass es bereits spät war und dass er schlafen gehen sollte.

Er stand auf, bedankte sich bei seinem Gastgeber für das erbauliche Gespräch und begab sich auf sein Zimmer.

***

Mit seinem Gastgeber und seinem ständigen Begleiter sass Saul heute bereits zum dritten Mal auf der Agora und wartete ungeduldig, dass der fremde Redner mit seinem Vortrag beginne.

Er hatte den Eindruck, dass es noch mehr Zuhörer gab als am Tag davor.

Der Redner kam pünktlich, begrüsste die Zuhörer, wie er es vorher getan hatte, und begann.

„Gestern war zuerst von der verborgenen ewigen Mutter und ihren vergänglichen Kindern die Rede. Zum Schluss sprach ich vom Menschen als dem Zentrum des Weltgeschehens.

Auch wies ich kurz darauf hin, was geschehen muss, damit aus einem schlauen Lebewesen der Mensch werde.

Heute möchte ich euch etwas mehr darüber erzählen."

„Euge!", schrien die begeisterten Zuhörer.

„Ein ganz berühmter hellenischer Weiser sagte, der Mensch sei ein mit Vernunft begabtes Tier. Beurteilen, ob dieser Gedanke auch tatsächlich der Wirklichkeit entspricht, kann man erst, wenn man genau weiss, was Verstand eigentlich ist.

Was ist also Verstand?

Verstand ist die Fähigkeit, die Unterschiede zu merken. Jedes Lebewesen – ohne Ausnahme – besitzt diese Fähigkeit. Ein Lebewesen, das nicht imstande ist, die Unterschiede genügend genau zu merken, kann nicht existieren. Säuberlich unterscheiden heisst säuberlich trennen. Jedes Lebewesen trennt und unterscheidet so viel und so stark, wie viel und wie stark es für seine Lebensweise benötigt. Das tut auch jenes Lebewesen, das sich selbst gern Mensch nennt.

Während jedoch andere Lebewesen unterscheiden, ohne zu wissen, dass sie es tun, unterscheidet der Mensch mehr bewusst und gezielt als unbewusst und ohne Ziel. Das Denken ist nichts anderes als die Fähigkeit, bewusst zu unterscheiden und die dadurch entstandenen getrennten Elemente aufeinander zu beziehen. Die Produkte des Denkens sind verschiedene Wissenschaften. Indem der Mensch immer feiner und immer weiter unterscheidet und trennt, zergliedert er seine Welt immer mehr und verliert dadurch das Gefühl, dass alles mit allem irgendwie zusammenhängt, auch wenn es noch so verschieden zu sein scheint. Der Drang nach immer genauerer Unterscheidung führt immer zu neuer Trennung. Das Resultat ist, dass keine Einheit mehr geduldet wird und alles noch weiter gespalten werden muss. Jedem Produkt seiner teilenden Tätigkeit weist der Verstand einen genau festgelegten Stand in seinem Gitter zu und versieht ihn mit Zahlen, die genau angeben, wo was augenblicklich ist und sein muss. Somit führt die Versuchung, alles immer weiter und feiner zu zergliedern, um auch die letzten Bausteine der Welt zu finden, dazu, dass aus dem Lebensbaum, der zugleich Fruchtbaum ist und Frucht schafft, der Erkenntnisbaum entsteht, der nur Fruchtbaum ist, jedoch keine Frucht hervorbringen kann, ein aus dem Nichts entstandener, unfruchtbarer Baum sozusagen, der im Nichts verschwinden muss, wie er aus dem Nichts gekommen ist. Im vollen Vertrauen auf seinen Verstand isst der Mensch von diesem durch Teilung und Trennung künstlich entstandenen, unfruchtbaren Baum, macht ihn zum Inhalt seines Lebens. Dadurch wird die lebendige Mutter Materie, die ein Frucht schaffender Fruchtbaum ist, also ununterbrochen, ohne Anfang und ohne Ende sich selbst erschafft, Schöpfer und Schöpfung in Einem, ihrer Lebendigkeit und Leben spendenden Fähigkeit beraubt und in das tote, unfruchtbare Pulver verwandelt. Das tote Pulver ist zwar eine Frucht, jedoch keine, die ebenso eine Frucht, eben sich selbst, hervorbringen kann.

Zum Schöpfer und Tutor des toten Pulvers, der unfruchtbaren Materie, bestimmen einige Lebewesen, die sich Menschen nennen, ihren himmlischen Herren, den sie selbst erfunden haben. Viele von ihnen glauben sogar, dass ihr himmlischer Herr und Meister, den sie selbst erfunden haben, sich ein menschliches Weibchen ausgesucht hat – eine Leihmutter sozusagen –, um selbst von ihr als einfacher, dienender Magd, einem niedrigeren sterblichen Wesen, lediglich ausgetragen zu werden. Er zeugt sich selbst in einem menschlichen Weib.

Somit beraubt den Menschen seine eigene grandiose Fähigkeit, bewusst und säuberlich zu unterscheiden und zu trennen, seiner ewigen Mutter, macht ihn zum eigentlichen Waisenkind. Als Trost beschert sie ihm zugleich den allein erziehenden Vater, einen fiktiven, despotischen Vormund.

Natürlich merkt der Verstand als der auflösende, trennende Aspekt der menschlichen Fähigkeit nicht, dass er bloss die flüchtigen Äusserungen, Bilder der ewigen Mutter trennt und zerlegt, das heisst, dass sein Trennen und Zerlegen nur mit Vergänglichem zu tun hat, dass er jedoch der ewigen Mutter nichts antun kann, mit ihr nichts zu tun hat. Aus purem Missverständnis bezeichnet der Mensch dann die vermeintlichen Splitter und Teile, die er durch sein gezieltes Trennen und Zerlegen in seiner Vorstellung erschafft, als Materie. Die von ihm so konzipierte Materie erscheint ihm tot und träge und mit jeder neuen Trennung zusehends problematischer.

Jene, die sich selbst für zuständige Diener des despotischen himmlischen Vaters ausgeben, gehen noch einen Schritt weiter, indem sie die durch den Irrtum des Verstandes geschaffene Materie für sündig erklären.

Somit sind das Chaos als die wissenschaftliche Vorstellung vom äussersten Unzusammenhang der Welt und die religiöse Vorstellung von der Minderwertigkeit der Materie – verglichen mit dem fiktiven, himmlisch-despotischen Vater – die zwei wichtigsten Kinder des Verstandes als der verführerischen menschlichen Fähigkeit zu trennen und zu analysieren.

Natürlich liegt mir nichts so fern wie die Absicht, den Verstand zu kritisieren. Er ist notwendig und heilig. Dank ihm und durch ihn bietet sich die Möglichkeit, weiter zu kommen, und genau das wollen wir tun."

„Euge!", schrieen die Zuhörer wie auf Kommando. Zum ersten Mal hatten sie das Gefühl zu begreifen, was das Wort Verstand eigentlich bedeutet. Saul ging es nicht anders. Zwar sprach er Griechisch und Latein fliessend, aber auch er hatte sich vorher nie Gedanken gemacht, was mit dem griechischen ‚diairesis' und dem lateinischen ‚distinctio' eigentlich gemeint war.

„Wie bereits gesagt", fuhr der Redner fort, „sorgt der Verstand dafür, dass wir immer trennen und unterscheiden. Das ist die entscheidende Fähigkeit eines jeden Lebewesens. Es ist daher das grundlegend Tierische in uns. Viele Tiere übertreffen den Menschen vielfach in der Fähigkeit zu unterscheiden; sie wissen jedoch, weder was unterscheiden bedeutet noch dass sie es tun. Ein Hund zum Beispiel unterscheidet viel besser Gerüche, und ein Adler sieht weiter und präziser als der Mensch. Der Hund weiss aber nicht, dass er riecht, noch weiss der Adler, dass er sieht. Sie empfinden Unterschiede, wissen aber weder, dass sie etwas empfinden noch was sie empfinden, von irgendwelchen Zahlenverhältnissen gar nicht zu sprechen. Dem Hund zeigt ein bestimmter Geruch, dem Adler eine bestimmte Form im Gras den Weg zu einer bestimmten Beute mit einem bestimmten Geschmack. Weder Hunde noch Adler wissen, was ‚Beute' bedeutet, dass sie selbst mit ihren Beutetieren verwandt sind und dass sie alle lediglich verschiedene Äusserungen desselben Phänomens sind, das wir Menschen als Leben bezeichnen. Sie leben nicht, sondern vegetieren bloss, denn leben bedeutet nicht nur, verschiedene sich rührende Gebilde wahrzunehmen, sondern zu wissen, dass man mit all ihnen verwandt ist, einerlei, ob man sie augenblicklich als nützlich oder schädlich empfindet.

*

Geschieht es daher, dass in einem Organismus im Zusammenspiel der Kräfte eine Konstellation entsteht, bei der der betreffende Organismus merkt, dass das Trennende zugleich das Verbindende ist, wird eine neue Windung in der offenen Spirale des Universums gedreht, es entsteht eine völlig neue Situation. Diese neue Konstellation ist eigentlich das, was wir Welt nennen. Die Organismen, bei denen das nicht geschieht, wissen nichts davon, haben zwar eine Umwelt, in der sie nach Futter jagen, kennen aber keine Welt. Zwischen denen mit der erwähnten Einsicht und denen ohne sie steht eine unüberwindbare Mauer. Jene mit der neuen Einsicht können auch jenes *zwischen* den getrennten Elementen der Verstandesebene *lesen* und somit das Getrennte verbinden, was der Verstand ständig trennt und für getrennt hält. Somit sind sie also im Besitze einer höheren Fähigkeit, die wir nun als *Intellekt* bezeichnen können. Nachkommen der mit Intellekt ausgestatteten Wesen gelten als Menschen und werden von Menschen so genannt. Die Menschen können, müssen aber nicht zu der Einsicht kommen und das Bewusstsein erlangen, dass die ganze Welt etwas Zusammenhängendes ist. Die Tiere sind von dieser neuen Einsicht unendlich weit entfernt; sie sind und bleiben immer und nur auf der Ebene des Trennens, das heisst des Tieres. Ihre Nachkommen gelten als Tiere und werden von Menschen so genannt.

*

Je mehr ein Organismus imstande ist, die getrennten Elemente der Welt zu verbinden und zu begreifen, dass sie alle eigentlich dasselbe sind, desto höher ist sein Intellekt und desto mehr nähert er sich dem Zustand, der den Namen Mensch verdient. Wenn ein Organismus tief empfindet als auch begreift und weiss, dass alles, aber wirklich alles eigentlich ein und dasselbe ist und dass die Scheinunterschiede nur fliessende Konstellationen, Scheinzustände im Zusammenspiel der Kräfte, sind, hat er die Ebene erreicht, um die wir uns bemühen sollen. Das ist die Stufe, auf der man sein eigenes Wesen begreift, nämlich dass man selbst zugleich die Schöpfung und der Schöpfer der ganzen Welt ist und dass man daher ebenso zugleich als Richter und Angeklagter für alles selbst verantwortlich sein muss.

Erst dann und nur dann kann ein solches Wesen aus sich selbst heraus richtig handeln, denn dann handelt es weder aus

Angst vor Strafe noch in der Hoffnung, belohnt zu werden, sondern weil es mit der Bedeutung von Ewigkeit vertraut ist und weil es grundsätzlich weiss, wie die Dinge liegen."

„Euge! Euge! Euge!", skandierten die begeisterten Zuhörer dem Redner entgegen. Sie waren buchstäblich entzückt, denn mit einem Schlag sahen sie alles in einem neuen Licht.

Saul empfand das gleiche, denn auch er verstand zum ersten Mal die tiefere Bedeutung der Wörter *synesis* und *intellectus*, die er so oft gebraucht hatte, ohne zu wissen, was sie eigentlich bedeuteten.

*

„Wie bereits gesagt, ist der Verstand, die Ebene der Trennung, notwendig und daher bei allen Lebewesen vorhanden. Der Intellekt als die höhere Ebene, die der Verbindung, ist für das Phänomen Leben nicht notwendig. Ausser Menschen kennt kein Lebewesen – das gilt auch für die meisten, die sich Menschen nennen – die Ebene des Intellekts. Sie betreten zu dürfen ist aber der grösste Genuss, der eigentliche Luxus, den ein mit Verstand ausgestattetes Lebewesen geniessen darf.

Geschieht es daher, dass ein Lebewesen die notwendige Ebene der Trennung überwindet und das Getrennte vereinigt, indem es *jenes dazwischen aufliest*, entsteht der Träger des bewussten Seins, dem die ganze Welt gegenüber steht. In demselben Augenblick *vernimmt* dieses Lebewesen jenes, was man sonst nicht hört, die Stimme der Stille, der Einheit aller Kräfte – der Mensch wird geboren, die Herberge der *Vernunft*.

Die Weisen bei uns sind alle der Ansicht, dass man sich das ganze Leben lang darum bemühen soll, die Stimme der Stille zu vernehmen, die besagt, dass Gottheit eigentlich die Einheit ist. Es gilt sogar als besonderes Glück und Vorrecht, wenn man mit dem Gedanken, dass die Gottheit die Einheit ist, sterben darf.

Wer diese Einsicht einmal erlangt hat, kann sie nie mehr verlieren, denn mit ihrer Ankunft geht die Möglichkeit ihres Verlustes verloren."

Der Redner beendete seinen Vortrag und bedankte sich für die beispielhafte Aufmerksamkeit, wie er es auch vorher getan hatte, mit einem kurzen Kopfnicken und verliess die Bühne.

„Euge! Euge! Euge!…", skandierten die Zuhörer und streckten die Arme dem Redner entgegen. Saul hatte den Eindruck, dass sie es noch kräftiger und entschiedener als nach den ersten beiden Vorträgen taten.

***

Wie nach den beiden ersten Vorträgen sassen Saul und sein Gastgeber nach dem Abendessen im Garten und unterhielten sich über den Inhalt des Vortrags. Diesmal blieben sie bis spät in die Nacht, denn der Vortrag bot viel Stoff zum Gespräch.

„Wie findest du den heutigen Vortrag?", fragte Saul seinen Gastgeber.

„Ich bin begeistert. Nie vorher hatte ich eine saubere Erklärung gehört, was der Verstand und was der Intellekt ist. Alle Redner, die ich vorher gehört hatte, gebrauchten zwar die beiden Wörter, machten aber keinen inhaltlichen Unterschied, so dass man als Zuhörer zum Schluss nicht wissen konnte, was mit was gemeint ist. Erst jetzt habe ich das Gefühl, den wesentlichen Unterschied zwischen Verstand und Intellekt zu begreifen. Der Verstand ist die Fähigkeit eines jeden Lebewesens zu trennen und zu unterscheiden. Auf dieser grundlegenden Fähigkeit beruht das Leben, ohne sie ist es nicht denkbar", erwiderte Aristos.

„Unterscheiden können ist also die lebensnotwendige Fähigkeit, der tierische Anteil in uns, verstehe ich es richtig?", fragte Saul.

„So habe ich es auch verstanden. Es ist die analytische Fähigkeit des Lebendigen, die durch feine Unterscheidung und Trennung die Elemente liefert, die auf einer höheren Ebene vom Intellekt zu einem sinnvollen Ganzen zusammengefügt werden. Daher ist der Verstand die unentbehrliche Grundlage, auf der das Drama der Bewusstseinsentfaltung, der ganze Prozess der Menschwerdung, geschehen konnte", antwortete Aristos.

„Und der Intellekt ist das Gegenteil davon?", fügte Saul etwas zögernd hinzu.

„Falls ich den Redner richtig verstanden habe, ist der Intellekt die Fähigkeit, das Getrennte zu verbinden, den Weg der Vereinigung anzutreten, die Umkehr. Es ist die Fähigkeit, jenes dazwischen, was zugleich trennt und verbindet, als solches zu erkennen. Der Intellekt ist also das Instrument, das jenes Wunder hervorbringt, das wir als unsere Welt kennen. Dank Intellekt

werden die trennenden Unterschiede zugleich zum verbinden-
den Stoff, der alles zusammenhält. So werden die voneinander
getrennten und an sich bedeutungslosen Elemente miteinander verknüpft, und dadurch entsteht das bunte Mosaik, das wir
Welt nennen. Der Intellekt liefert also den synthetisierenden,
zusammenfügenden Aspekt des Denkprozesses, das Aufbauende
im Drama der Menschwerdung. Er bewältigt die Rückkehr von
den Splittern zum Ganzen. Geschieht die Umkehr von der
Trennung zur Vereinigung, wird aus einem mit Verstand ausgestatteten Wesen ein mit Vernunft gekröntes, das in sich selbst
die Ursache aller Formen, sowohl der Zerrissenheit als auch der
Einheit der Welt erkennt. Diese Selbsterkenntnis ist das Ereignis
der Ereignisse. Es ist identisch mit der Geburt der ganzen Welt",
sagte Aristos.

*

„Und wenn die Umkehr von den Splittern zum Ganzen nicht
geschieht?", fragte Saul.

„Jener, bei dem die Umkehr nicht geschieht, bleibt auf der
Ebene der Trennung. Je mehr er sich dann irgendwelchen wis-
senschaftlichen Einzelheiten widmet, umso mehr bohrt er auf
der Suche nach Erkenntnis sinnlose Löcher in den Körper des
Stoffes, wie ein Wurm Löcher in einen Holzbalken bohrt, und
vernachlässigt und verpasst der Welt verführerischen äusseren
Reiz. Im Volksmund pflegt man zu sagen, er lebe am Leben
vorbei.

*

Am Ende seiner Laufbahn merkt er, dass seine Erkenntnis bloss
ein Scheinmeinen war, und ist zutiefst frustriert und betrübt.
Gibt er sich dagegen dem bunten Reiz der Welt hin und vernachlässigt er die Suche nach Erkenntnis, verbringt er sein Leben im

Unwissen. Dann bereut er, dass er die teuere Zeit seines kurzen Daseins nicht benutzt hat, um die Erkenntnis zu erlangen. In beiden Fällen entsteht somit zum Schluss das Gefühl, man hätte einen anderen Lebensweg wählen und die Zeit besser nutzen sollen. Dieses Gefühl herrscht in der ganzen Welt vor", sagte Aristos.

Saul schwieg. Sein ständiger Begleiter erinnerte ihn daran, dass er schlafen gehen sollte. Er stand auf, bedankte sich bei seinem Gastgeber für das Gespräch und ging auf sein Zimmer.

Gleich einschlafen konnte er aber nicht, denn plötzlich hatte er das Bedürfnis, im Geiste Dinge zu teilen. Zuerst ging es leicht, denn er hatte das Gefühl, die Teile klar wahrzunehmen. Sobald aber die Teile so klein wurden, dass er sie unmöglich sehen konnte, musste er aufgeben. Nach jedem Aufgeben kam in ihm das unwiderstehliche Bedürfnis auf, es von neuem zu versuchen. Er tat es auch, immer wieder, bis er so müde wurde, dass er nicht mehr imstande war, irgendetwas zu teilen, und schlief ein.

Er träumte viel Aufregendes, sah Teile, von denen man nicht sagen konnte, was es für Teile waren, die aber unwiderstehlich zum weiteren Teilen einluden. Er versuchte es auch mehrere Male, wobei er jeweils von einem Klotz ausging, ihn halbierte, dann die Hälfte halbierte und mit dem Halbieren fortfuhr, bis er nichts mehr sehen konnte.

Das Bedürfnis, das Getrennte zusammenzufügen, tauchte in seinem Traum nicht auf.

Sein Begleiter musste ihn kurz vor dem Mittagessen wecken, damit er den nächsten Vortrag auf der Agora nicht verpasse.

***

Heute sass Saul bereits zum vierten Mal auf seinem nun beinahe Stammplatz vor den zwei dicken Steinsäulen und wartete auf den Beginn des Vortrags. Die Ecke, wo er mit seinem Gastgeber und seinem ständigen Begleiter sass, war schattig und etwas erhöht, so dass man von dort aus alle Gesten des Redners gut sehen und ihn gut hören konnte.

Heute fiel es Saul zum ersten Mal auf, dass ihre Plätze besetzt waren, als sie ankamen. Dort sassen nämlich drei Männer. Als er mit seinen Begleitern erschien, erhoben sich die drei Platzhalter und traten ihnen die Plätze ab, entfernten sich unauffällig und verschmolzen mit dem weissgekleideten stehenden Publikum. Saul fand es gebührlich und selbstverständlich, dass ihm der bevorzugte Platz abgetreten wurde. Wer die drei Männer aber waren, kümmerte ihn nicht, und er fragte seinen Gastgeber nicht danach. Dieser achtete genau auf Sauls Reaktion, sagte jedoch nichts.

Kaum hatte Saul einen Schluck Wasser aus dem Tongefäss genommen, das ihm sein ständiger Begleiter gereicht hatte, als der Redner auf der Rednerbühne erschien und das Publikum auf seine besondere Art begrüsste. Das Publikum erwiderte den Gruss mit einem kräftigen und überaus freundlichen „Haire"!

*

„Gestern war von Verstand, Intellekt und Vernunft die Rede sowie von deren Bedeutung in unserem Leben.

Heute möchte ich euch davon erzählen, wie unsere Weisen den allerersten Schritt des Menschen verstehen. Es ist übrigens der entscheidende Schritt überhaupt, denn von ihm hängt alles andere ab."

„Euge!", erklang der kräftige Ruf des Publikums.

„Unsere Weisen sagen, dass die Einheit aller Kräfte ein selbstbewusstes Wesen erschaffen muss, um dadurch selbst erschaffen zu werden, denn nur ein selbstbewusstes Wesen kann den Gedanken hervorbringen, dass die Einheit aller Kräfte die unsichtbare, alles gebärende Mutter ist. Somit erschafft die alles gebärende Mutter durch ihr eigenes Kind sich selbst. Davon war schon die Rede. Alles geschieht also auf dem denkbar längsten Weg, der allein möglich ist und daher zugleich auch der kürzeste sein muss. Die Geburt dieses Gedankens verursacht den Riss und den Schrei im schweigenden Ganzen. Durch sie entsteht die hiesige wahrnehmbare Welt, die wir zu kennen glauben, und die dortige, die wir als das Gegenüber der wahrnehmbaren wohl erfinden müssen, denn angesichts aller Leiden und Drangsalen, die uns das Leben aufbürdet, brauchen wir für Gleichgewicht und Symmetrie eben einen Ausgleich, ein Gegengewicht.

*

Eine Hälfte der ewigen Möglichkeiten der gebärenden Mutter ist in der Vorstellung des nun bewussten, denkenden Lebewesens eher träge und statisch, daher grundsätzlich gegen jede Änderung, insbesondere gegen jede bedeutende Änderung. Menschwerdung ist aber die Änderung, von der alle anderen Änderungen abhängen, denn durch sie entsteht die Idee des schlechthin Anderen, das Gegenteil des als bekannt geltenden Erscheinenden, das Gegengewicht.

*

Die andere Hälfte der Möglichkeiten der erschaffenden Mutter ist dagegen eher lebhaft und dynamisch, begrüsst und fördert jede Änderung, besonders wenn sie eine wuchtige ist.

Wenn wir das Gefühl haben, dass etwas fest und stabil ist, dann sind eher jene trägen, statischen Möglichkeiten der schaffenden Mutter in uns am Werk, sie überwiegen. Haben wir dagegen den Eindruck, dass alles fliesst und sich verändert, überwiegt die Wirkung jener dynamischen Kräfte in uns. Unser Erleben der

Wirklichkeit ist also ein doppelwertiges und schwingendes, und es ist abwegig zu fragen, welche der beiden Erlebensarten eher der Wahrheit entspricht. Für den unbeweglichen Steinhaufen und für die eilende Welle gebrauchen die Menschen bei uns dasselbe Wort. Dass ein Steinhaufen und eine Welle als zwei Scheinzustände im praktischen Leben ganz verschieden sein müssen, ist ihnen wohl bewusst, aber dass sie eigentlich dasselbe sind, wissen sie ebenso genau.

Wenn jemand behauptet, dass *alles* fliesst, dann behauptet er zugleich, dass *alles* ruht, denn in beiden Fällen fehlt wegen der Ausschliessung der Vergleich mit dem Gegensatz. Genau das merken aber nur die wenigsten.

Diese Spaltung mitten durch die Welt zwischen dem Trägen und dem Beweglichen in der menschlichen Vorstellung ist genau so alt wie die ganze Welt. Gäbe es sie nicht, gäbe es keine Welt, und dann fehlte auch der Inhalt der Worte ‚es gibt‘ beziehungsweise ‚es gibt nicht‘. Dank ihr herrscht die nötige Spannung, und dank der Spannung springen die Funken, das Weltfeuer brennt, und der ewige *Sohn baut* sich ohne Unterbruch. In der Sprache unserer Weisen haben die Wörter für ‚Sohn‘ und ‚bauen‘ die gemeinsame Wurzel. Das *Haus*, in dem der Sohn sich baut, ist die *Tochter*. Auch diese beiden Wörter haben in der Sprache unserer Weisen die gemeinsame Wurzel.

Die Möglichkeiten, nach denen sich die Einheit aller Kräfte zusammenfügt, sorgen dafür, dass alles aufbewahrt wird, dass nichts verloren geht, *erinnern* sich an alles, vergessen nichts. Von unseren Weisen werden sie als der *männliche* Aspekt des Ganzen angesehen. Es ist verblüffend, dass auch die Wörter für ‚sich erinnern‘ und für ‚männlich‘ aus derselben Wurzel schöpfen.

Wer dies, was ich euch nun erzähle, wörtlich, das heisst oberflächlich versteht, ist gleich versucht, daraus eine Religion aufzubauen. Das ist auch geschehen und wird immer geschehen. Was ist aber die Religion, wenn nicht ein System von Mutmassungen über etwas Übernatürliches, das die Menschen hinter dem Vorhang der erscheinenden, wahrnehmbaren Welt für verborgen halten, und von Ritualen, mit denen sie diesem Verborgenen huldigen?

Wem es aber gelingt, diese Wörter auf einer höheren Ebene zu verstehen, der versucht keine Religion zu gründen, sondern zieht den Vorhang und schaut, was sich dahinter abspielt.

Und was spielt sich hinter dem Vorhang ab?

Jedes Wesen, das die Ebene des Intellekts betreten hat, wird offen für eine vollkommen andere Sehweise. In diesem Fall etwa, dass mit ‚Sohn' und ‚bauen' weder Sohn noch bauen im üblichen Sinn gemeint ist, sondern dass es sich dabei um die Struktur der Welt handelt: Einerlei ob schweigende Kristalle, Körper von Pflanzen, Tieren oder Menschen, alles baut sich und löst sich auf im Einklang mit den Möglichkeiten der vereinigten Kräfte. Diese Möglichkeiten, das Beständige und Beharrende in unserer unvergänglichen Mutter, erinnern sich genau an alles, vergessen also nichts, so dass alles, was verwirklicht werden kann, auch verwirklicht wird und somit die menschliche Wirklichkeit gestaltet.

Das Prinzip, das sich sozusagen an alles *erinnert*, alles zusammenhält, nach dem sich die Möglichkeiten ordnen, ist die *männliche* Seite der Welt, die als befruchtender Vater gedachte Seite unserer ewigen Mutter und Heimat. Das ist die so genannte Seele in uns. Auch die hellenischen Weisen sagen doch, dass die Seele jenes ist, was uns die Beweglichkeit und Lebendigkeit verleiht.

Die vereinten Möglichkeiten selbst sind die weibliche Seite, die befruchtete, gebärende Mutter der Welt. Aber was heisst befruchtet sein? Es heisst einfach in eine Konstellation treten – zur Frucht werden – die ihrerseits eine neue Konstellation – eine neue Frucht – schafft. Nach der Vorstellung unserer Weisen ist alles, aber wirklich alles immer zugleich das Kind und die Mutter, das Geborene und das Gebärende. Wer in allem nur das Erschaffene, nur das Kind – die Frucht – sieht, jedoch im Kind – in der Frucht – das Erschaffende, die gebärende Mutter nicht ahnt, der übersieht den Baum des Lebens und isst zwangsläufig nur von dem anderen Baum, der keine Frucht hervorbringen kann. Und was heisst davon essen, wenn nicht, es zum Inhalt seines Wesens zu machen?

So ist das praktische, wahrnehmbare Ergebnis, das *Resultat* des Wirkens der vereinten Kräfte, jenes, was ihrem Wirken *entspringt*, die weibliche Seite, der Reiz der Welt. Das ist der so genannte Körper.

Kurz gesagt, ist der Köper – einerlei welcher Art – der erscheinende, wahrnehmbare Ausdruck des verborgenen, nicht wahrnehmbaren Zusammenspiels der Kräfte. Ein jeder körperlicher Ausdruck ist immer etwas Partielles, daher Begrenztes.

Und weil das verborgene Spiel der Kräfte unablässig geschieht, bauen sich allerlei Körper ebenso ununterbrochen auf. Sich aufbauen bedeutet doch nichts anderes als aus einem Scheinzustand in einen anderen Scheinzustand hinüber zu gleiten. Und gerade dadurch, dass sie sich ständig aufbauen und dadurch fliessend neue Scheinformen annehmen, lösen sie sich ebenso gerade dadurch ohne Unterbruch auf und verlassen ebenso fliessend dieselben Scheinformen. Genau das bedeutet doch Vergehen. Somit sind Entstehen und Vergehen zwei Erlebnisarten des Selben; sie sind von gleicher Stärke und gleicher Bedeutung.

Für die übliche Denkweise ist die eine Erlebnisart des Selben das Leben, die andere das Sterben.

*

Einem unserer begnadeten Erzväter wurde die Ehre zuteil, diese beiden Wege auf einmal im Traume auf einer Leiter zu erblicken und als Einheit zu erleben. Wer das wie er erleben möchte, muss sich unermüdlich im wachen Träumen üben und versuchen, diese beiden Wege zu einem einzigen zu verbinden. Er muss sich zeitlebens im Sterben üben. Das heisst, sich selbst von dort her, von der anderen Seite ständig als nicht vorhanden denken.

Wem das gelingt, der ist ein *Ever*, der Jenseitige, unabhängig davon, wo, wann und von wem er geboren worden ist. Daher sind alle anderen, denen das nie gelingt, immer zahlreich, aber es gibt nur einen, immer *denselben* Ever."

„Euge!", rief mit voller Kraft das begeisterte Publikum.

„Alles, worüber ich bis jetzt gesprochen habe, ist bloss die Einführung zum allerersten Schritt des Menschen auf dem Weg im Drama seines Werdegangs. Dieser erste Schritt des Menschen vollzieht sich immer, wenn durch das Zusammenspiel aller Möglichkeiten, die wir Kräfte nennen, im Körper eine Konstellation entsteht, deren Ausdruck der Gedanke ist, dass der Körper zugleich das Geschöpf und der Schöpfer der Welt ist. Wie bereits gesagt, ist dieser Gedanke die Unterbrechung und der Schrei in dem schweigenden Ganzen.

*

Da dieser Körper nun weiss, dass er zugleich das Geschöpf und der Schöpfer von allem ist, weiss er auch von jenen unvergänglichen Möglichkeiten in sich, die nichts vergessen. Der Körper weiss nun, dass er den ewigen Möglichkeiten in der Mutter *gleicht*, dass er mit ihnen eins ist, und deswegen nennt er sich *Adam*, was besagen will ‚Ich bin wie du'. Darin steckt die Gefahr des Hochmuts.

Weil er aber gleichzeitig auch weiss, dass er bloss das Resultat eines verborgenen Kräftespiels ist, ein *erscheinender* Scheinzustand, dass er also ohne seine Zustimmung hervorgebracht wird, hat er zugleich auch das Gefühl, bloss ein Aspekt, eine vergängliche *Begleiterscheinung*, eine *Seite* des ganzen *Adam* zu sein. Deswegen heisst er *Hava*. Die oberflächliche Sehweise der Religion deutet diese eine *Seite* des ganzen Menschen als die Rippe, aus der der himmlische Meister die Frau erschafft.

Adam und Hava, verstanden als Mann und Frau, sind die zwei Grundempfindungen, die jenes Wesen, das sich gern ‚Mensch' nennt, während der unmündigen Phase seines Werdeganges begleiten und die ihm nicht weniger Leiden als Freuden bereiten. Das ist die Phase auf seinem Lebensweg, wenn er versucht, mit allerlei Geschichten den Spalt im Kopf zu überbrücken und das verlorene Paradies wieder herzustellen, in dem er angeblich ewig ohne irgendwelche Schwierigkeiten hätte leben können, hätte er von jenem Baum, der ja nur Frucht ist, nicht gegessen.

*

Auf dieser Ebene des unmündigen Lebensgefühls sind sowohl der Geburtsort als auch das Geburtsdatum aller Religionen zu suchen. Die Gründer von Religionen haben den Massen eine schwere Last aufgebürdet, unter der sie schwer leiden müssen, die sie jedoch wegen ihres besonderen Charakters kaum mehr vom Hals schaffen können. In den meisten Fällen haben sie nämlich keinen überzeugenden Ersatz dafür, und die Gewöhnung ist meistens stärker als das Leiden.

Der Gedanke, dass man selbst einer Welt gegenüber steht, dass man anders ist als die Welt, in der man sich befindet, vollzieht den entscheidenden Riss im Ganzen und endet im Schrei in der Stille, den ich bereits erwähnt habe.

*

Und bevor dieser Schrei verklungen war, also in demselben Augenblick, entstand durch das Zusammenspiel der Kräfte eine neue, äusserst interessante Konstellation. Von dem nun bewussten Wesen wurde diese besondere Konstellation als Gelegenheit empfunden, die gegenüber liegende Welt und somit auch sich selbst zu begreifen. Diese neu entstandene Konstellation des Zusammenspiels der Kräfte im Kopf des nun bewusst gewordenen, denkenden Wesens deutet die Welt als ursächliche Verknüpfung, in der jedes Element der Welt notwendig eine

Ursache haben muss, von etwas hervorgebracht wird, also eine Frucht ist. Dadurch wurde die Vorstellung von einem Anfang der Welt geboren, und alles, was anfangen kann, muss ebenso ein Ende haben. Damit fing die Zeit an zu fliessen, und mit ihr kamen alle Freuden und Leiden, die das neue Wesen kennt."

„Euge!", riefen die begeisterten Zuhörer aus.

„Was denken eigentlich ist, wurde schon gesagt. Das denkende Wesen vergleicht die Erscheinungen des Kräftespiels miteinander, hält sie für etwas Stabiles und Beständiges, ohne zu merken, dass es bloss Scheinzustände sind. Dieses denkende Wesen nimmt die augenblicklich genehmen Scheinzustände ernst, hängt an ihnen und möchte sie für immer festhalten. Weil sie jedoch angenehm sind, vergehen sie umso schneller. Die unangenehmen möchte es möglichst schnell loswerden, aber gerade deswegen erweisen sich jene als besonders zäh und träge.

Das denkende Wesen merkt sozusagen nie, dass alle Scheinzustände – gleich welchen Charakter sie zu haben scheinen – erst im Nachhinein erlebt werden. Wie soll man das verstehen? Allerlei Boten, die uns mitteilen, dass überhaupt etwas geschieht, ich meine die Boten wie Licht, Schall, Gerüche und alle anderen, benötigen etwas Zeit, um uns zu erreichen. So berichten sie uns – jeweils auf eine andere Art und Weise – von etwas, was bereits geschehen ist und somit der Vergangenheit angehört, wenn wir es erleben. So erleben wir *immer* nur Vergangenes und meinen, was wir erleben, sei die Gegenwart. Unser Erlebnis der Gegenwart ist also ein vollkommener Irrtum."

„Euge!", riefen die Zuhörer noch lauter.

„Und doch machen wir diesen Irrtum zur wichtigsten Leitlinie unseres Lebens und nehmen ihn so sehr ernst, dass wir bereit sind, alles zu tun, um jenes für immer Vergangene, nicht Vorhandene zu bewahren und aufrechtzuerhalten. Dabei merken wir nicht, dass sich die Scheinzustände, die Trugbilder, die wir verzweifelt vor Vergehen zu retten suchen, schon aufgelöst haben und von uns als naiv, zeitlich denkenden Wesen unendlich weit entfernt sind, für immer verschwunden, bevor wir uns überhaupt anschicken können, in dem Sinn etwas zu unternehmen. Deswegen sind wegen unserer linear-zeitlichen, chronologischen Denkweise die Ursachen unserer Erlebnisse von uns unendlich weit entfernt."

Der Redner hielt einen Augenblick inne. Die Zuhörer schwiegen.

*

„Jener Riss und jener Schrei in der Stille des Ganzen, von denen bereits die Rede war, sind zugleich die Geburt des Gefühls in uns, dass es so etwas wie Raum und Zeit sowie eine Vergangenheit und eine Zukunft gibt, das heisst unseres Gefühls, dass alles irgendwann begonnen hat und dass es ebenso irgendwann enden muss sowie dass alles durch etwas bewirkt wird und zugleich selbst etwas bewirkt.

Das ist das erste Weltbild, das sich dem gerade bewusst gewordenen Wesen anbietet. Es ist der erste Schritt des gerade zwar bewusst gewordenen, jedoch noch naiven Lebewesens, auf den ein langer, leidvoller und völlig ungewisser Weg wartet.

Diese Vorstellung von einer *schlangenartig* linearen Verkettung und Verknüpfung des Weltgeschehens ist so überzeugend, so überwältigend und berauschend, dass von ihr jedes denkende Wesen ,*gebissen*' werden muss."

„Euge!", riefen die Zuhörer spontan und laut. Der Ruf der Menge klang wie eine einzige mächtige Stimme.

„Diese Vorstellung von dem linearen, schlangenartigen Charakter des Weltgeschehens bietet sich sofort als die einzige zuverlässige, Sicherheit versprechende, göttliche Erklärung, als Erretter der Welt an, der allein imstande ist, das Heil zu bringen und von allen Leiden zu befreien. Kein Wunder, dass alle dem Ruf folgen. Das ist weder gut noch schlecht, denn es ist das einzige, was geschehen kann und daher geschehen muss.

Dieser seltsame Schlangenbiss der linear-kausalen Denkweise hat alles mit sich gebracht, was die denkenden Wesen bis jetzt erlebt haben, und wird alles mit sich bringen, was die denkenden Wesen, die sich so stolz Menschen nennen, noch erleben werden. Er wird den denkenden Wesen ermöglichen, tausend Mal höher und schneller als Dädalus zu fliegen, tausend Mal weiter, schärfer und klarer zu sehen als der Adler und aus Metallen tausend Mal geschickter und schneller als Hephaistos alles Beliebige anzufertigen. Kurzum, das denkende Wesen wird dank dieses Schlangenbisses überaus erfolgreich sein, so erfolgreich, dass es sehr gute Aussichten hat, an der Schwere der Folgen seiner eigenen Erfolge zugrunde zu gehen."

„Euge! Euge! Euge!", riefen die begeisterten Zuhörer wild und laut, als hätten sie das Innere des Himmels geschaut, nachdem jemand unverhofft die für die Sterblichen sonst fest verschlossene Pforte geöffnet und ihnen grosszügig den Einblick ins Unvorstellbare und Unbeschreibliche gewährt hätte.

Der Redner machte mit einem kurzen Kopfnicken das Zeichen, dass der Vortrag fertig war, und verliess die Rednerbühne.

Eine kurze Weile blieben Saul und seine Begleiter sitzen und rührten sich nicht. Dann standen sie auf und verliessen schweigend die Agora.

***

In seinem Zimmer angekommen, ging Saul gleich ins Bett und schloss die Augen. Er musste ausruhen, denn alles, was er soeben auf der Agora gehört hatte, war so überwältigend, dass ihm der Kopf brummte. Noch nie hatte er im Religionsunterricht auch nur etwas Ähnliches gehört. Sein ehrwürdiger Lehrer Gamaliel in Jerusalem hatte alles ganz anders erzählt. Dort hatte er immer das Gefühl, dass Gott vom Menschen und der Himmel von der Erde unendlich weit entfernt sind. Nun kommt aber ein unbekannter Redner von Alexandrien, einer Stadt, die ihm nur dem Namen nach bekannt war, und zeigte auf unglaubliche Art und Weise, dass Gott und Himmel nicht weniger Kinder des Menschen waren, als er ihres war, dass sie sich gegenseitig erschufen und voneinander abhingen. War die gegenseitige Erschaffung, die völlige Abhängigkeit des einen vom anderen nicht der eigentliche Sinn dessen, was man in der Religion seines Volkes als ‚Brit', als Bund bezeichnete? Das musste doch zweifelsohne der Fall sein, denn der Bund setzte voraus, dass die Partner ebenbürtig sein mussten, wie sie Ebenbild und Gleichnis voneinander waren. Auch sagte der Redner, dass Religionen Resultate des Missverständnisses sind, jedoch unvermeidliche und unentbehrliche, da Menschen grösstenteils unmündig sind und bleiben würden.

Vor allem gefiel ihm die Erläuterung des Redners, was Adam und was Eva eigentlich bedeuteten. Er fühlte sich irgendwie betäubt durch alles, was er auf der Agora gehört hatte. Ein jeder Vortrag des fremden Redners entschädigte ihn für die lange, anstrengende Reise von Tarschisch nach Athen. Als besonders glückliche Fügung empfand er den Umstand, dass er zum glücklichen Zeitpunkt nach der Stadt der Weisen gekommen war, während der fremde Redner auch dort weilte und seine Vorträge hielt.

Alles, was er vorher gehört und gelernt hatte, erschien ihm nun in einem ganz anderen Licht. Gott war nicht mehr ein himmlischer Alleinherrscher, der nach eigenem Gutdünken bestrafte und belohnte, gab und wegnahm, wie es ihm beliebte, ohne Grund und ohne Begründung, sondern vielmehr die abstrakte, von menschlicher Intelligenz und Phantasie geschaffene Einheit der im Stoff der Welt innewohnenden Kräfte, die ununterbrochen wirkte und auf dem Umweg über den Menschen alles – auch sich selbst – erschuf.

Sachte eingewiegt von seinen eigenen Gedanken über alles, was er auf der Agora gehört hatte, schlief Saul ein. Sein Gastgeber wartete im Garten wie üblich auf ihn, denn er wollte sich mit ihm über den verblüffenden Vortrag des Fremden unterhalten, aber der ständige Begleiter wollte Saul nicht wecken, weil er genau wusste, dass Saul wegen seines tückischen Leidens mehr Schlaf als ein üblicher Mensch benötigte.

*

Kurz vor dem Mittagessen wurde Saul doch von seinem ständigen Begleiter geweckt, denn auch heute wollte er mit seinem Gastgeber zum Vortrag des fremden Redners gehen. Während des Mittagessens unterhielt er sich mit Aristos über den Inhalt des letzten Vortrags; dabei mutmassten sie, was der Redner wohl in seinem bevorstehenden Vortrag zu besprechen vorhatte.

„Ich kann mir gut vorstellen", sagte Aristos, „dass der Redner über die neu entstandene Lage sprechen wird, in der sich der Mensch befand, nachdem er vom Baum der Erkenntnis gegessen hatte. Nach dem gestrigen Vortrag müsste das als logische Fortsetzung folgen."

„Was du sagst, klingt überzeugend. Ich bin sehr gespannt zu hören, was er darüber sagen wird, kann es kaum erwarten", erwiderte Saul.

„Der Redner scheint mit den Ideen der hellenischen Philosophen vertraut zu sein, und vieles von dem, was er erzählt, deckt sich mit deren Lehren, und doch klingt alles, was er sagt, ganz anders", sagte Aristos.

„Was er erzählt, ist wahrscheinlich eine Mischung aus den Lehren der dortigen und der hiesigen Denker", erwiderte Saul.

„Vielleicht sind es aber in erster Linie seine eigenen Ideen und Einsichten, aber er möchte sich selbst nicht als Weisen bezeichnen. Er beruft sich lieber auf Autoritäten, um seinen Worten mehr Glaubwürdigkeit zu verleihen. Auch die Hellenen hatten einen solchen Weisen, der immer behauptete, er sei nicht ein Weiser, sondern lediglich ein Freund der Weisheit. Es wird daher erzählt, dass von ihm das Wort ‚Philosophie' stammt. Was dieser Redner vorträgt, sind meiner Meinung nach meistens seine eigenen Ideen. Beeilen wir uns nun, damit wir uns nicht verspäten. Der Redner scheint sehr pünktlich zu sein, und es wäre schade, auch nur ein einziges Wort zu verpassen", sagte Aristos.

*

Bald erreichten sie die Agora und steuerten gleich auf ihre Stammplätze zu. Sie kamen nur langsam voran, denn der Platz war fast voll, und noch mehr Menschen kamen.

Auf ihren Stammplätzen sassen dieselben drei Männer wie am Tag zuvor. Und wiederum überliessen sie ihre Plätze Saul und seinen Begleitern. Saul erkannte die drei Herren sofort, und diesmal erstaunte es ihn sehr, dass sie wiederum dort sassen und dass sie ihnen sofort die begehrten Plätze abtraten, jedoch machte er auch diesmal keine Bemerkungen. Auch sein Gastgeber sagte nichts.

*

Nach wenigen Augenblicken erschien der Redner auf der Rednerbühne, begrüsste die Anwesenden und begann gleich nach einem ausserordentlich lauten „Haire!" der Zuhörerschaft zu sprechen.

„Unser Thema war gestern der Schlangenbiss, die Vorstellung vom Kausalzusammenhang in allem als die Grundlage unseres

Bewusstseins, als der erste selbstständige Schritt des Menschen. Heute erzähle ich euch, was nach der Meinung unserer Weisen auf den erwähnten Schlangenbiss folgen musste."

Ein lautes, knallartiges „Euge!", erklang wie aus einer Kehle mit gleicher Begeisterung und verstummte mit gleicher Disziplin wie am ersten Tag.

„Sobald das denkende Wesen begriffen hatte, was geschehen war und wie die Dinge nun lagen, wurde es sich seiner ausserordentlichen Lage bewusst. Es hatte das Gefühl, nackt zu sein, das heisst, nur aus seinem Körper zu bestehen, auf seinen Körper reduziert zu sein. Die erlangte Erkenntnis führte ihm den vergänglichen Charakter und das unvermeidliche Ende seines Körpers vor Augen und bestätigte dadurch sein Gefühl: Für den Körper gab es keinen Schutz; er musste vergehen und mit ihm aber auch das Wissen von sich selbst.

Indem das denkende, wissende Wesen nun sich selbst auf seinen Körper, die bloss erscheinende Seite – Frucht – des Ganzen, beschränkt erlebte, erklärte es sozusagen die ewige, schöpferische, jedoch nicht wahrnehmbare, *hauch*artige Fähigkeit der verborgenen Mutter, Frucht zu machen, für *nicht* vorhanden. Die rein nützlich denkende Seite des neuen Wesens, der *Kaufmann* – Kain – in ihm, erklärte seinen nicht wahrnehmbaren *hauch*artigen Bruder – Abel – für *nicht* vorhanden – ver*nicht*ete ihn.

Nun war Kain allein, und sein Leben vollzog sich ohne Seelenruhe im Lande der Rastlosigkeit, genannt Nod. Im Lande Nod lebt jeder, der denkt, dass der Mensch nur aus seiner wahrnehmbaren Seite, eben aus seinem Körper besteht.

*

Was ist aber jenes, was Kain für *nicht* vorhanden erklärt, eben ver*nicht*et hatte?

Das ist der Leib. Im Unterschied zum Körper besteht er aus allen jenen Möglichkeiten – Kräften – der verborgenen Mutter

Materie, die im Zusammenspiel das hervorbringen, was unsere nicht wahrnehmbare Mutter Materie immer hervorbringen kann. Diese Möglichkeiten können sich so oder so oder eben anders zusammenfügen, und ihr Spiel kennt keine Eile, denn ihm entspringt immer nur das einzig Mögliche.

Richtig verstanden, ist der Körper das jeweils fliessende Bild, der wahrnehmbare vergängliche Ausdruck des nicht wahrnehmbaren ewigen Leibes.

Weil der Körper immer fliesst, das heisst, sich andauernd verändert, ist er nie, was er zu sein scheint. Wir erleben also den Körper immer im Nachhinein, eigentlich etwas nicht Vorhandenes. Daher ist unser jedes Erlebnis bloss eine Illusion, muss es sein. Davon war aber bereits die Rede. Wer mit diesem Wunder vertraut ist, nimmt diese Illusion, dieses Spiel der ewigen Mutter ernst und beteiligt sich gern daran."

„Euge!", riefen die Zuhörer voller Begeisterung.

„Wer in dem fliessenden, flüchtigen Körper den ewigen Leib nicht erahnen kann, der versucht sich anders zu verhelfen, indem er ein ewiges Gegenteil des vergänglichen Körpers konstruiert. Das konstruierte Gegenteil – Seele genannt – ist dann nach allgemeiner Ansicht unendlich mehr wert als der Körper. Durch die Einführung der Seele wird der vergängliche Körper auf eine einzige Aufgabe herabgestuft, nämlich der Seele zu dienen. Ebenso nach dieser Vorstellung verlässt die Seele den toten Körper und lebt fort entweder im Reich vollkommener Seligkeit oder aber im Zustand ewiger Qual, je nachdem, wie es der himmlische Herr beschliesst. Das wäre etwa eine kurze Beschreibung der religiösen Vorstellung dessen, was das bewusste, denkende Wesen nach seinem Ableben erwarten kann.

Die Erfindung der Seele ist der grösste Selbsthilfeversuch, den Kain als der berechnende Aspekt des Menschen im Laufe seines Werdeganges im Land der Rastlosigkeit unternommen hat. Diese Erfindung hat vielen geholfen, ihr schweres Los leichter zu ertragen, und ebenso viele hat sie mancher Freuden des praktischen Daseins beraubt."

„Euge! Euge! Euge!", erklang aus tausend Kehlen.

Der Redner schloss seinen Vortrag mit einem leichten Kopfnicken ab, wie er es auch vorher getan hatte.

Wie nach den früheren Vorträgen verliess Saul mit seinem Gastgeber und seinem Begleiter schweigend die Agora.

***

Nach dem Abendessen sassen Saul und sein Gastgeber im Garten und unterhielten sich über den letzten Vortrag.

„In seinem Vortrag unterstrich der Redner den Unterschied zwischen Körper und Leib. Ich bin aber noch nicht sicher, dass ich genau verstehe, was er mit Körper und was er mit Leib meinte", sagte Saul.

„Wenn ich es richtig begriffen habe, meinte er, der Körper sei eigentlich unsere Art, den Leib wahrzunehmen und zu erleben. So gesehen, ist der Köper der wahrnehmbare, durch die Sinne vermittelte, flüchtige Ausdruck des Leibes. Er ist daher immer das durch die Sinne vermittelte Erleben von etwas. Was die Sinne uns vermitteln, wird in unserem Gehirn zu einem delikaten Mosaik aus sichtbaren, hörbaren, riechbaren und greifbaren Elementen zusammengefügt. Wie beim Betrachten eines Bildes erleben wir kaum einzelne Punkte des Bildes, sondern vielmehr jenes, was sie alle zusammen ausmachen, den Gesamteindruck. Jede einzelne sinnliche Wahrnehmung, jeder Gesamteindruck hat eine eigene *Stimme*, spricht uns an; unzählige solche Stimmen schaffen eine *Stimmung*. Viele Gesamteindrücke und persönlich erlebte Stimmungen werden von unserem Gehirn wiederum zu einem neuen umfangreicheren Gesamteindruck gebündelt, den wir als jeweils eigene Welt und ebenso persönliches Daseinsgefühl kennen", sagte Aristos.

„Wenn ich dich richtig verstehe, willst du sagen, dass das, was wir Welt nennen, sei lediglich das für uns wahrnehmbare Resultat des Kräftespiels in uns und um uns", sagte Saul.

„So ist es, und das deckt sich gut mit dem, was der Redner in seinen früheren Erläuterungen gesagt hatte. Man könnte auch sagen, dass es nur für den Menschen eine Welt gibt. Eine Welt ohne Menschen ist eine Wahnvorstellung", erwiderte Aristos.

„Erst jetzt habe ich das Gefühl, verstanden zu haben, was der Redner sagen wollte. Das deckt sich ebenso genau mit jener seiner Erklärung, als er vom Charakter des Himmels und der Erde sprach. Er sagte, der Himmel sei das Unbestimmbare und die Erde sei das Flüchtige. War es nicht so?", fragte Saul.

„Doch, das hat er gesagt", bestätigte Aristos.

„Wenn dem so ist, dann gibt es eigentlich keine allgemein verbindliche Wahrheit, sondern nur persönliche Erlebensarten", bemerkte Saul.

„So sehe ich es auch, aber vielleicht wird er in einem seiner nächsten Vorträge auch über die Wahrheit reden. Lassen wir uns überraschen, was er uns morgen erzählen wird", sagte Aristos und lächelte.

Sauls Begleiter gab ihm das Zeichen, dass es an der Zeit war, zu Bett zu gehen. Saul stand auf, bedankte sich bei seinem Wirt fürs Gespräch und ging schweigend auf sein Zimmer.

***

Gelehnt gegen die dicke Säule, sass Saul heute mit seinem Begleiter und mit Aristos bereits zum sechsten Mal in derselben schattigen Ecke auf dem berühmtesten Patz in der berühmtesten Stadt der Welt und wartete darauf, dass der fremde bärtige Redner über ungewöhnliche Dinge weiter erzähle.

Noch mehr als an den Tagen zuvor fühlte sich Saul heute etwas benommen. Die verblüffenden Gedanken des fremden Redners über Gott, Welt, Materie, verborgene Eltern, Zusammenspiel der Kräfte, Zeit, Raum, Vergänglichkeit, Beständigkeit, Zeitlichkeit, Ewigkeit, Körper, Leib, Seele und unzählige andere Themen mischten sich mit all den Geschichten, die er auf seiner langen Reise von Tarschisch bis Athen gehört hatte, und schwirrten ihm durch den Kopf. Jenes kurze Gespräch mit dem einsamen Ziegenhirten, den sein Begleiter nicht verstehen konnte, kam ihm in den Sinn; dann das Gespräch mit dem merkwürdigen Boostmann im Hafen von Milet; die ruhige Stimme des Weinbergbesitzers, in dessen Weinberg er mit seinem Begleiter übernachtet hatte; dann jener kleine Mann, dem er auf der Strasse nach Ephesos begegnete; dann dachte er an das betäubende Menschengewimmel auf der Strasse nach Ephesos, an das verzweifelte Flehen des kleinen Ferkels, das er im Träume gehört hatte, an die Geschichten der Müssiggänger auf der Treppe des Artemis-Tempels, an die langen, betörenden Geschichten des Seemanns auf dem Schiff von Ephesos nach Athen und zum Abschluss hörte er im Zentrum des Weltzentrums als Höhepunkt die umwerfenden Vorträge eines unbekannten fremden Redners, der gleichzeitig mit ihm nach Athen gekommen war, als wäre er bestellt gewesen, eigens für ihn, Saul von Tarschisch, Vorträge zu halten.

„Musste das alles genau so sein, oder hätte es auch anders geschehen können?", fragte er sich.

Alles, was er bis jetzt gehört hatte, klang ungeheuer, unwahrscheinlich, jedoch seltsam überzeugend.

*

Der Redner erschien auf der Rednerbühne und begrüsste die Anwesenden mit der üblichen Gebärde. Ein kurzer und sehr lauter Gegengruss der begeisterten Zuhörerschaft holte Saul aus seiner Entrückung zurück.

„Zuletzt erzählte ich euch, was unsere Weisen meinen, wenn sie von Körper, Leib, Kain, Abel und der Seele als dem grössten Selbsthilfeversuch des Menschen reden. Wenn man sich all das anhört, stellt man sich schon die Frage, ob alles notwendig so geschehen muss, wie es geschieht, oder ob es auch anders sein könnte. Wir fragen also, ob eine unerbittliche Macht, die bei den Hellenen immer wieder erwähnt wird, alles bestimmt oder ob man den Ablauf der Dinge anders verstehen kann."

„Euge!", erklang gleichzeitig aus unzähligen Kehlen.

„Bei den hellenischen Weisen scheint die Ansicht zu überwiegen, dass die unerbittliche Macht, eben die Notwendigkeit, alles bis in die kleinste Einzelheit bestimme. Ihrer Ansicht nach stehe sie sogar über den Göttern. Hier sollte man sich folgendes überlegen: Falls es eine Macht gibt, die über den Göttern steht und die alle göttlichen Beschlüsse jederzeit vereiteln kann, wäre es nicht besser, statt den Göttern als niedrigeren Mächten gleich einem Weg zu suchen, der höchsten Macht zu opfern, um sie wohlwollend zu stimmen?"

„Euge!", rief die ganze Zuhörerschaft voller Begeisterung, denn sie schienen zum ersten Mal begriffen zu haben, dass sie irrtümlich ihre Opfer jenen darbrachten, die nicht über die Entscheidungsmacht verfügten, und die oberste, die eigentliche Macht nie um Beistand baten. Nun hatte sie ein fremder Redner aus ihrer Illusion wachgerüttelt und sie auf einen schweren Irrtum in ihrer naiven Verehrung von machtlosen Gottheiten aufmerksam gemacht.

„Wenn anderseits die Notwendigkeit als die höchste Macht tatsächlich *unerbittlich* ist, was gemäss den hellenischen Weisen der Fall ist", fuhr der Redner fort, „welchen Sinn hat es noch, ihr zu opfern, um sie umzustimmen? Liesse sie sich umstimmen, wäre sie weder unerbittlich noch die Notwendigkeit."

Der Redner hielt einen Augenblick inne. Die Zuhörer schienen zutiefst gerührt zu sein, und man konnte sehen, dass sie feurig miteinander diskutierten, denn sie gestikulierten lebhaft. Kein klares Wort war jedoch zu vernehmen, sondern nur ein kaum hörbares Raunen.

„Begreift man dies, so wird es augenblicklich verständlich, warum jede Art von Opfer oder Gebet etwas Sinnwidriges ist. Das Zusammenspiel der Kräfte in der Materie sei weder gut noch schlecht, sagen unsere Weisen. Bewusste Wesen, die sich Menschen nennen, bezeichnen die Resultate dieses Spiels als gut, wenn sie sie aus persönlichen Gründen für förderlich und angenehm halten, und als schlecht, wenn sie sie – ebenso persönlich – als störend und unangenehm empfinden. Licht und Finsternis, deren Charakter praktisch jedermann aus eigener Erfahrung kennt, werden oft als Synonyme für das Gute beziehungsweise das Böse gebraucht.

*

Eine ganz neue Religion kommt soeben auf, deren wichtigster Charakterzug der Dualismus ist. Damit meint man, dass Gott als das Gute schlechthin einen mächtigen Gegner hat, nämlich den Teufel als das Böse schlechthin. Und weil in unserem Leben der Wechsel vom Angenehmen zum Unangenehmen und umgekehrt meistens unberechenbar und nie ganz ausgeschlossen ist, entsteht bei dem bewussten Wesen zwangsläufig die Vorstellung entweder von einer einzigen unerbittlichen Allmacht, der Notwendigkeit, deren Wege und Beschlüsse für den Menschen unerforschlich und unergründlich sind, oder aber von zwei Mächten, einer guten und einer bösen, die ununterbrochen miteinander ringen.

In der Denkweise der Hellenen entscheidet letzten Endes die unerbittliche Macht, die Notwendigkeit. Daher gibt es in ihrer

Welt keine Hoffnung, denn, wo das unerbittlich Notwendige herrscht, gibt es für die Hoffnung keinen Platz. Und weil es in der hellenischen Denkweise für sie keinen Platz gibt, bleibt die Hoffnung eingeschlossen in jener seltsamen Büchse, die von der unwiderstehlichen, vergänglichen Schönheit der reich begabten Welt getragen wird.

Die meisten anderen Völker dagegen erleben das wilde, bunte Treiben um sich herum als Kampf zwischen Gut und Böse. In jedem zeitlichen Rahmen halten sich nach dieser Vorstellung Freud und Leid, die sich aus diesem Kampf ergeben, die Waage, und das Gesamtresultat ist immer unentschieden.

Diese Denkweise lässt die Hoffnung zu, dass am Ende der Zeit das Gute doch siegen und der wilde Kampf aufhören werde. Die Lebenden kennen aber nur die Zeit, daher auch nur den Kampf. Die ewige Glückseligkeit können sie nie zeit ihres irdischen Daseins erfahren. Dafür dürfen sie immer hoffen, nach dem Ende der Zeit die ewige Glückseligkeit zu geniessen. Auf Hoffen und Warten gründet jede dualistische Art von Religion. So gesehen, haben die Hellenen zwar viele Götter, sogar eine echte Notwendigkeit, jedoch keine Religion."

Der Redner hielt wieder einmal inne. Die Zuhörer schwiegen.

„Der hellenische Glaube, dass ein unerbittliches Schicksal alles bestimme, ist die Vorstufe dessen, was unsere Weisen seit langem lehren, nämlich dass das ununterbrochene Zusammenspiel der Kräfte immer nur einen einzigen Scheinzustand, eine einzig mögliche Konstellation der Welt hervorbringe, die wiederum stufenlos in eine neue Konstellation und somit in einen neuen Scheinzustand übergehe, dieser wiederum stufenlos in einen nächsten und so weiter und so fort, ohne Anfang und ohne Ende. Alles, was man tut, um irgendeine erwünschte Konstellation der Welt herbeizuführen, helfe lediglich, damit jene Konstellation entstehe, die allein möglich sei. Das gleiche gelte, wenn man sich gezielt zurückziehe und nichts tue, um dadurch etwas zu verhindern. Wie man sich auch immer benehme und was man auch immer tue, trage man dazu bei, dass nur jenes geschehe, was geschehen könne. Dass es auch anders geschehen könnte, sei bloss leere Spekulation. Wichtig ist es zu begreifen, dass jedes Geschehen das Produkt aller Kräfte ist, einerlei wie wichtig oder wie unbedeutend sie zu sein scheinen. Zwar ist also jeder Einzelne am ganzen Weltgeschehen beteiligt, aber der Einzelne kann deswegen nicht erwarten, dass die Dinge genau nach seinem Belieben laufen.

Für die hellenischen Weisen ist also die Notwendigkeit eine unerbittliche, uneingeschränkte Macht, die irgendwo draussen, ausserhalb der Welt liegt, jedoch das Geschehen in der Welt bestimmt.

Für unsere Weisen bestimmt das Zusammenspiel aller Kräfte das Gesamtgeschehen. Dadurch ist immer alles mit allem verknüpft, nichts ist vom Gesamtgeschehen ausgeschlossen, nichts steht draussen unbeteiligt. Auch das Geringste und Unbedeutendste in der Welt wird ständig hervorgebracht und bringt ständig hervor, beteiligt sich ständig am Gesamtgeschehen.

Bei den Hellenen überwiegt die Meinung, dass der Mensch der Notwendigkeit ausgeliefert ist.

Bei uns überwiegt die Überzeugung, dass jeder Mensch an der Gestaltung des Gesamtgeschehens beteiligt ist. Und das gilt im gleichen Mass, wenn er sich gezielt äusserst anstrengt wie wenn er sich gezielt zurückhält und nichts unternimmt. In jedem Fall ergibt sich eine einzige fruchtbare Konstellation, die eine neue fruchtbare hervorbringen kann, diese wiederum eine neue und so weiter ohne Anfang und ohne Ende. Das heisst, jedes Mal geschieht nur das, was allein geschehen kann. Daher gibt es immer nur einen einzigen begehbaren Weg, nur eine einzige fruchtbare Konstellation, und ebenso daher ist die Welt weder gut noch schlecht, sondern zum Staunen. In der Sprache unserer Weisen haben die Wörter für *staunen* und *beten* die gleiche Wurzel. Wer über das Leben und die Welt nicht staunen kann, kann nicht beten. Wer wie ein kleines Kind über alles staunt, betet und opfert immer."

„Euge! Euge! Euge!", riefen die Zuhörer, ihre Begeisterung war grenzenlos.

*

„Je tiefer die Einsicht und das Gefühl bei dem Einzelnen sind, dass sein persönlicher Beitrag zur Gestaltung des Gesamtgeschehens unerlässlich ist, desto mehr nähert er sich der Einheit aller Kräfte, deren Frucht all das ist, was er als Welt empfindet. *Sich* in diesem Sinn der Einheit aller Kräfte *nähern* heisst in der Sprache unserer Weisen *Opfer darbringen* oder *Korban*. Wer in diesem Sinn opfert, ist keiner Notwendigkeit ausgeliefert, sondern weist ihr ihre Eigenschaften und somit auch ihren Platz zu, steht über ihr, indem er sie als ein Produkt der mangelnden Einsicht entlarvt."

Der Redner beendete seinen Vortrag auf die übliche Weise und zog sich zurück.

Wie Hammerschläge folgten kurz und laut die Rufe der begeisterten Zuhörer, und nach jedem Ruf reckten sich unzählige Arme dem Redner entgegen.

Saul und seine Begleiter erhoben sich und verliessen schweigend die Agora.

***

Nach dem Abendessen sass Saul mit Aristos im Garten. Zwar war die Ermüdung, die er im ganzen Körper verspürte, stark, aber das Bedürfnis, sich mit seinem scharfsinnigen Gastgeber über den letzten Vortrag des fremden Redners zu unterhalten, war stärker. Der Redner hatte nicht irgendein Thema besprochen, sondern genau das, was sein Gastgeber vorausgesagt hatte – die Notwendigkeit. Kaum etwas anderes hatte Saul so sehr beschäftigt wie die Frage, ob die Dinge wirklich so geschehen müssen, wie sie geschehen, oder ob es immer auch andere Möglichkeiten gebe, das heisst, ob sie auch anders geschehen könnten. Es ging also um die Frage, ob alles eigentlich in alle Ewigkeit vorausbestimmt ist oder nicht. Falls das der Fall war, von wem sollte das Weltgeschehen vorausbestimmt sein? War sie von einem Herrn der Welt in alle Ewigkeit vorausbestimmt, wie es die Religion seiner Vorväter lehrte, dann konnte der Mensch unmöglich frei sein. War das Weltgeschehen nicht vorausbestimmt, dann gab es keinen Herrn, keinen *melech ha'olam,* der die Weltordnung bestimmte, und alles geschah durch den blinden Zufall. War es der Wille Gottes oder der unerbittlichen Fügung, dass er mit seinem Leiden geboren wurde, dass ihn gerade sein körperlicher Zustand nach der Stadt der Weisen brachte und ihm ermöglichte, einem fremden Redner zuzuhören und von ihm eine zufriedenstellende Antwort auf die wichtigste Frage seines Lebens zu erhalten? Es war die Antwort, die ihm vorher niemand geben konnte, weder seine Eltern, noch sein Lehrer in Tarschisch noch sein ehrwürdiger Lehrer in Jerusalem.

Jetzt, nach den Erläuterungen des fremden Redners, hatte die unerbittliche Fügung, das blinde Schicksal, wie man oft sagt, für ihn eine völlig andere Bedeutung. Nun war er im Besitz einer neuen, unschätzbaren Erkenntnis, die ihm jede Einzelheit seines Lebens in einem ganz neuen Licht erscheinen liess. Zwar hatte er weiterhin das Gefühl, dass das ganze Weltgeschehen irgendwie vorausbestimmt wurde, aber nun war es der Mensch, der allein über das Weltgeschehen nachdachte und eine Weltvorstellung hatte, der alle Eigenschaften der Welt bestimmte, eben erschuf und sich schliesslich all dessen bewusst wurde. Der Mensch schien zwar ein Produkt der Fügung zu sein, aber er war es, der die Bedeutung des Wortes ‚Fügung' erfand und bestimmte. Der Mensch erfand und bestimmte das, wovon er selbst erfunden und bestimmt wurde. Der Kreis war geschlossen. Eine weitere Überlegung darüber war überflüssig.

*

„Deine Vermutung gestern Abend war richtig; der Redner sprach heute Nachmittag tatsächlich über die Notwendigkeit", begann Saul das Gespräch.

„Dass er über die Notwendigkeit sprach, überrascht mich nicht, dafür aber umso mehr, was er darüber sagte. Jetzt verstehe ich ganz anders, was das Wesen der Notwendigkeit eigentlich ist", äusserte sich Sauls Gastgeber bescheiden.

"Bei mir ist es auch so. Nie vorher habe ich etwas Ähnliches gehört", fügte Saul hinzu.

„Vorher war ich zutiefst überzeugt, dass der Mensch bloss ein armer Sklave der Notwendigkeit ist. Bei den Hellenen ist das die übliche Denkweise. Für mich war das eine unumstrittene und unumstössliche Tatsache, die nie eine richtige Freude aufkommen liess. Und heute begriff ich, dass das alles ein grosser Denkfehler war. Die neue Einsicht in das Wesen der Notwendigkeit, die ich soeben erlangt habe, hat mir etwas beschert, was mir kostbarer erscheint als alles, was ich in meinem bisherigen Leben erhalten habe. Zum ersten Mal verspüre ich ein Gefühl, das wahrscheinlich allein den Namen Freiheit verdient. Übrigens, habe ich den Eindruck, dass alle Vorträge des Redners nur ein Ziel haben, nur auf eines hinaus wollen, nämlich in den Herzen seiner Zuhörer das Gefühl der Freiheit zu schaffen. Mit dem heutigen Vortrag hat er den Kreis fast geschlossen. Es fehlt meiner Meinung nach nur noch eine klare, eindeutige Erklärung, was Freiheit eigentlich ist. Vielleicht bringt er das in seinem morgigen Vortrag. Was er bis jetzt gesagt hat, genügt einzelnen Zuhörern völlig, jedoch nicht den meisten. Morgen wird er sich vielleicht bemühen, das bereits Gesagte noch einmal einfacher zu sagen, um es für die meisten verständlich zu machen", sagte Aristos.

„Dasselbe Gefühl habe ich auch. Was mich in dem heutigen Vortrag am meisten beeindruckt hat, ist der Gedanke, dass der Mensch die Fügung sozusagen erfunden und sie mit ihren Eigenschaften ausgestattet hat", sagte Saul.

„Natürlich ist das etwas Umwerfendes, aber nach der Meinung des Redners ist das nur der erste Schritt, der weiter führen muss", sagte Aristos.

„Ich kann mir nicht vorstellen, was ein weiterer Schritt sein könnte", erwiderte Saul.

„Der nächste Schritt des Redners könnte darin bestehen, den Zuhörern zum Bewusstsein zu verhelfen, dass sie selbst die Notwendigkeit erfunden haben und dass sie daher über ihrer Notwendigkeit stehen, höher sind als sie. Erst der Schritt bräche dem furchtbaren, tyrannischen Phantom seinen giftigen Stachel", sagte Aristos.

„Ich verstehe nicht ganz, was du damit meinst", unterbrach ihn Saul.

„Wer die Notwendigkeit erfindet, muss unter dem unerbittlichen Charakter seiner eigenen Erfindung schwer leiden, viel mehr als andere, die sich dessen nicht bewusst sind. In der hellenischen Sagenwelt musste der fähigste und erfindungsreichste aller Sterblichen am meisten leiden, weil er gegen die Götter zweimal schwer sündigte. Das erste Mal geschah es, als er von den Göttern das Feuer stahl und es den Menschen zur Verfügung stellte. Das zweite Mal sündigte er, als er die unbarmherzige Macht der Notwendigkeit erfand, die unendlich stärker war als alle Götter zusammen genommen. Dadurch wurden die Götter entthront und galten nicht mehr als das Höchste in der menschlichen Vorstellung, also nicht mehr huldigungswürdig. Zur Strafe schickten die Götter einen Geier, heisst es dort, der nachts von seiner Leber frass und sein Leben zur reinen Qual machte. Obwohl seine geistige Tat grossartig war, bereitete sie ihm unendliche Schmerzen, weil sie zum Menschsein nicht ausreichte. Und sie genügte offenbar nicht, weil noch ein zweiter Schritt fehlte, den er nicht zu vollziehen vermochte. Er hatte keinen würdigen Ersatz für das, was er aufgegeben hatte.

*

Glücklicherweise ergab es sich, dass gerade um die Zeit ein ausserordentlich starker Mann, dazu noch ein tüchtiger Bogenschütze, im Auftrag seines Königs die Quelle der ewigen Jugend suchte sowie dass ein anderer ihn begleitete, der uralt und todkrank, sich nach dem Tode sehnte, jedoch zur Strafe nicht sterben konnte, weil ihn der oberste der Götter mit der ewigen Qual bestraft hatte. Nur diese zwei besonderen Menschen konnten den furchtbaren Geier töten und den leidenden Menschenfreund von seiner unvorstellbaren Qual befreien.

Der zweite Schritt, den der grosse legendäre Menschenfreund nicht gemacht hatte, sollte darin bestehen, dass man die Notwendigkeit, von der man doch hervorgebracht worden ist, als seine eigene Erfindung erkennt und ihr dadurch ihren Platz zuweist, sie sozusagen bestimmt. Durch das Erlangen dieser Erkenntnis könnte der Mensch sich selbst ständig überteffen", sagte Aristos.

Saul schwieg.

*

Sein Begleiter gab ihm das Zeichen, dass es an der Zeit war, zu Bett zu gehen. Saul stand auf, wünschte seinem Gastgeber noch gute Nacht und begab sich auf sein Zimmer.

274

Die Nacht verbrachte Saul ruhig. Er schlief gut und träumte kaum etwas. Die Einsicht, die er aus dem letzten Vortrag des fremden Redners gewonnen hatte, schien ihm eine Gelassenheit beschert zu haben, so dass er eine Art Zuversicht verspürte, die ihm vorher unbekannt war.

Er wachte früh auf, fühlte sich frisch und ausgeruht, wollte jedoch nicht gleich aufstehen, sondern blieb liegen, bis ihn sein Begleiter daran erinnerte, dass es Zeit zum Mittagessen war.

Nach dem Mittagessen begab er sich mit seinem Gastgeber zur Agora. Es war das siebte Mal, dass er dem Vortrag des Fremden beiwohnen wollte. Als sie dort ankamen, war der Platz bereits voll, aber es strömten noch immer weitere Besucher auf den Platz zu und versuchten, irgendwo eine freie Ecke oder Lücke zu finden.

*

Der Redner kam, begrüsste die Anwesenden und begann gleich nach ihrem Gegengruss zu sprechen.

„Gestern besprachen wir das Wesen der Notwendigkeit oder des Schicksals, wie sie im Volksmund heisst. Ob ich klar gesprochen habe, weiss ich nicht, aber bemüht habe ich mich aufzuzeigen, dass aus jeder Konstellation der Welt nur eine einzige neue hervorgehen, diese wiederum eine einzige neue hervorbringen kann und so weiter und so weiter, ohne Anfang und ohne Ende. Begreift man das, merkt man sofort, dass in jeder Konstellation der Welt, in jedem ihrer Scheinzustände alle vorausgehenden sowie alle folgenden Scheinzustände, eben die ganze Scheinvergangenheit und die ganze Scheinzukunft enthalten sind. Sobald man das erkannt hat, sieht man auch sofort ein, dass die Vorstellung von einem Anfang und einem Ende der Welt ein gewaltiger Denkfehler ist, ein tragischer Irrtum, dem das ganze Leid der Menschheit entspringt, die Quelle allen Übels.

Heute spreche ich von der wichtigsten Folge, die diese Erkenntnis für das Leben eines jeden Einzelnen hat, sobald er sie erlangt hat."

Die disziplinierte Zuhörerschaft erwiderte mit einem explosionsartigen „Euge!"

*

„Einer der grössten hellenischen Weisen vertrat die Ansicht, das Gefühl der Glückseligkeit sei wichtiger als sonst etwas. Das erhabene Gefühl der Glückseligkeit tritt aber erst ein, wenn der Mensch sich frei fühlt. Daher sollte sich seiner Meinung nach der Mensch mehr um die Freiheit bemühen als um alles andere.

Einer unserer Weisen – ein König übrigens – betonte immer wieder, dass die Erkenntnis kostbarer sei als alle anderen Güter, welcher Art auch immer. Liebe und Glückseligkeit, meinte er, seien die treuesten Begleiterscheinungen der Erkenntnis. Er behauptete, dass man sich nicht anstrengen könne zu lieben oder glücklich zu sein, da diese Gefühlsregungen nicht dem Willen unterliegen. Anderseits jedoch könne man an sich arbeiten und sich dadurch um eine höhere Einsicht bemühen. So gesehen, ist die Erkenntnis das errettende Bindeglied zwischen fühlen und wollen. Auch die Höhe der Liebe und Glückseligkeit, glaubte er, hingen ausschliesslich von der Höhe der Erkenntnis ab. Daher könne jemand mit niederer Erkenntnis von albernen, oberflächlichen Dingen entzückt sein. Jemand mit hoher Erkenntnis dagegen liebe das Wesentliche; darauf beruhe seine Glückseligkeit.

Das sei weder gut noch schlecht, meinte er, sondern die einzige Möglichkeit, die sich aus dem jeweiligen Zusammenspiel der Kräfte ergebe.

Die Liebe zu Nebensächlichkeiten, führt der weise König weiter aus, mache den Menschen zum Sklaven, auch wenn er in den Augen anderer ein König sei. Anderseits macht die Liebe zum Wesentlichen aus dem Sklaven einen König, auch wenn er in der Gesellschaft als sprechendes Werkzeug behandelt wird."

„Euge!", erklang der laute Ruf, und nur einen Augenblick lang ging ein leises Raunen durch die Menge.

„Jeder aufmerksame Zuhörer muss sich wohl fragen, welche Nebensächlichkeit so wirksam sein kann, dass sie den König in einen Sklaven verwandle, und was wohl so wesentlich sein könnte, dass es aus dem Sklaven einen König zu machen vermag. Die Antwort ist in dem bereits Besprochenen zu finden.

Das Nebensächliche ist alles Vergängliche, einerlei ob es sich dabei um ein Blatt auf einem Baum im Wald, den Thron im mächtigsten Staat oder einen Stern am Himmelgewölbe handelt. Wer an irgendetwas Vergänglichem hängt, ist ein Sklave, selbst wenn das Vergängliche sein eigener Körper ist. Die wohl delikateste Form der Sklaverei ist, wenn man der Sklave seines eigenen Körpers ist. Kurzum, wer am Vergänglichen hängt, kennt nicht die Freiheit.

Aber was kann als wesentlich gelten?

Das Wesentliche sind unsere unvergänglichen Eltern, die unzerstörbare, unberührbare, eben ewig jungfräuliche Mutter Materie, und die ihr innewohnenden, sie ausmachenden Wirkungsmöglichkeiten als das Männliche in ihr. Im Menschen werden diese ewigen Eltern als solche erkannt, bestimmt, eben erschaffen. Unsere Weisen sagen, dass sich jeder sein ganzes Leben lang darum bemühen sollte, diese ewigen Eltern zu schätzen und zu ehren, damit es ihm gut ergehe.

Natürlich taucht hier gleich die Frage auf, wie man an seine himmlischen Eltern denken könne, wenn der Alltag so oft so mühsam und qualvoll ist.

Man denke nur daran, wie viele Unschuldige schwer leiden müssen, während nicht selten schlimmste Verbrecher volle Freiheit und jeglichen erdenklichen Luxus geniessen dürfen?

Man denke ebenso daran, wie viele mit kränkelndem, schwachem Körper geboren und somit der üblichen Lebensfreuden seit dem ersten Tag ihres qualvollen Lebens beraubt werden. Wie kann man sie dazu bringen, die himmlischen Eltern zu schätzen und zu ehren?

Solche Fragen sind berechtigt, aber im bereits Gesagten ist auch das schon erklärt worden: Wer sich in jedem anderen Menschen erkennt, der freut sich und leidet mit jedem anderen. Er führt zugleich ein Leben aus Leid und Freude, unabhängig von seinem Aussehen, seiner Stellung und seiner Tätigkeit. So lebt der Mensch, der nicht bloss den Verstand, sondern auch die Vernunft hat.

Wer nur den Verstand hat, lebt für das Vergängliche.

Wer die Vernunft hat, lebt mit den vergänglichen Dingen, aber nicht für sie. Es geht also um zwei völlig verschiedene Daseinsweisen.

Diese beiden Daseinsweisen meinen jeweils etwas ganz anderes, wenn sie von Freiheit reden.

Der ohne Vernunft meint, Freiheit bestehe darin, dass man machen könne, was man wolle.

Der mit Vernunft meint, frei sei man nur, falls man alles, was geschieht, als Ausdruck des Kräftespiels auffasst, dessen Zentrum man selbst ausmacht.

Die erstere Ansicht sorgt für Kriege und Elend in der Welt.

Die letztere Ansicht klingt seltsam, sollte jedoch nicht überraschen, wenn man weiss, dass der Mensch in allen seinen einzelnen Variationen jeweils das Produkt eines einmaligen Kräftezusammenspiels ist und dass daher jede eigene Welt eines jeden Einzelnen anders sein muss. Manchmal ist sie so düster, dass die betreffende Verkörperung des Menschen in ihr elendiglich zugrunde gehe. Nicht selten wiederum scheiden bestimmte Verkörperungen des Menschen freiwillig aus dem Leben, weil sie von allem zu viel haben und den Druck des Überflusses nicht vertragen können."

*

Der Redner hielt inne, und eine kurze Stille trat ein. Auch keiner der Zuhörer rührte sich. Saul hatte den Eindruck, dass alle einen Abschluss nicht nur des heutigen Vortrags, sondern aller Vorträge ahnten. Man erwartete, dass der Redner mit einigen Sätzen alles abrunde, was er in den sieben Vorträgen erzählt hatte.

Der Redner spürte wohl den Wunsch der Zuhörerschaft und fuhr fort.

„In den sieben Vorträgen habe ich versucht, euch in Kürze die Weltauffassung unserer Weisen vorzustellen.

Die Rede war von unserer verborgenen, nicht wahrnehmbaren Mutter Materie und ihren wahrnehmbaren Kindern, von Kräften als Möglichkeiten unserer verborgenen Mutter, von Gott als der Resultierenden aller Kräfte, von der Formlosigkeit und Unteilbarkeit des Weltstoffes, von Anfang und Ende der Welt, von der ewigen Wiedergeburt des Phönix, von der Scheinvergangenheit, von der Scheinzukunft und von der trügerischen Gegenwart, vom Zusammenhang als Schmuck und vom Unzusammenhang als Chaos, vom Baum der Erkenntnis und vom Baum des Lebens, vom Männlichen und vom Weiblichen, vom Körper und vom Leib, davon, wie Gott und Mensch sich gegenseitig erschaffen, vom Verstand, Intellekt und Vernunft, von der Geburt des Menschen, vom Erkennen seiner selbst, von Wandel und Beharren, von der Welle und dem Steinhaufen, von dem doppelten Erleben der Wirklichkeit, vom Fliessen und Ruhen, von unseren himmlischen Eltern, von der Tochter als dem reizvollen, sich unablässig verändernden Haus der Welt und vom ewigen Sohn als der sich unablässigen erbauenden Welt, von Leben und Sterben als zwei Arten, dasselbe zu erleben, von den Schritten im Prozess der Menschwerdung, vom grossen Riss und Schrei, vom Erleben und Scheinmeinen, von dem Kausalitätsprinzip als dem Biss der biblischen Schlange, die sich als Messias aufdrängt, der alle Probleme lösen kann, von Kain und Abel als Personifizierungen von Körper und Seele des ganzen Menschen, von der Fügung, von der Glückseligkeit und zum Schluss von der menschlichen Freiheit.“

Der Redner hielt inne, und es entstand wiederum eine kurze Pause. Alle schwiegen, und niemand rührte sich.

„Ich habe mich bemüht, euch zu vermitteln, was ich euch gern vermitteln wollte, jedoch, was ich euch vermittelt habe, wisst nur ihr.

Meine Freude ist grenzenlos, dass ich auf diesem berühmten Platz zu den Zuhörern reden durfte, die das Übliche vom Wesentlichen unterscheiden. Unter solchen Zuhörern ist immer jemand vorhanden, der dafür sorgt, dass alles, was hier gesagt wird, für die künftigen Geschlechter treu aufbewahrt wird. Freuen wir uns deren Ankunft und empfangen wir sie mit weit offenen Armen. Die Gekommenen haben nur eine Aufgabe, nämlich den Weg zu ebnen für die, die kommen sollen.

Die noch kommen sollen, sind wichtiger als jene, die bereits gekommen sind. Nur wer so denken kann, kann auch wirklich frei sein. Der Freie hängt an nichts Vergänglichem. Alles, was ihm begegnet, empfängt er als Geschenk und schenkt sich selbst das Glück, indem er es jedem anderen gönnt. Bemühen wir uns also, immer frei zu sein."

Wie ein Donnerschlag krachte der wuchtige Beifall der begeisterten Menge und erfüllte den bis in die letzte Ecke besetzten Platz.

Auf die äusserst lauten Rufe der Zuhörer erwiderte der Redner mit dem kaum merklichen Kopfnicken, wobei er den Blick über die Zuhörerschaft streifen liess und die ihnen entgegen gestreckten Arme weit offen hielt, als wollte er sie alle umarmen, wie er es auch jedes Mal vorher getan hatte.

Erst nach langem, lautem Rufen der begeisterten Zuhörerschaft zog sich der Redner zurück und war bald nicht mehr zu sehen.

Saul verliess mit seinen Begleitern schweigend die Agora.

*

Im Haus seines Gastgebers angekommen, ging er gleich auf sein Zimmer, denn er brauchte etwas Ruhe, um sich alles, was er soeben gehört hatte sowie seinen weiteren Reiseplan noch genau zu überlegen. Das war nötig, denn es war offensichtlich, dass der fremde Redner keine weiteren Vorträge zu halten beabsichtigte. Saul persönlich hatte das Gefühl, dass weitere Vorträge gar nicht erforderlich waren, denn der Redner hatte alle entscheidenden Fragen besprochen. Die vielen Besucher der Vorträge besagten, dass die Athener selbst nichts Besseres anzubieten hätten. Daher beschloss er, gleich nach dem Abendessen seinem Gastgeber zu sagen, dass er mit dem ersten Schiff, das nach einem der Häfen in Judäa fahre, abzureisen vorhatte.

*

Nach dem Abendessen sass Saul mit seinem Gastgeber im Garten und unterhielt sich mit ihm über den letzten Vortrag des fremden Redners. Beide gaben zu, dass sie erst durch den Vortrag des Redners den eigentlichen Sinn der Freiheit begriffen hatten. Die übliche, oberflächliche Auffassung, die Freiheit für den Einzelnen sei die Möglichkeit zu tun, was ihm beliebe, erschien ihnen nun als das reine Gegenteil der Freiheit, die beste Voraussetzung für den Krieg aller gegen alle. Nun wussten sie, dass die eigentliche Freiheit eine besondere Einsicht voraussetzte. Es war die Einsicht, dass nur der Mensch frei sein konnte, da nur er ein Bewusstsein hatte und von dem Zusammenspiel der Kräfte wusste, deren Erzeugnis und Erzeuger er selbst war.

„Jene, die glauben, die Freiheit könne durch Waffen errungen werden, sind von der Freiheit weiter entfernt als die Sterne von der Erde", sagte Saul.

„Unendlich weiter", erwiderte Aristos, „und je mehr sie sich auf ihre Weise bemühen, die Freiheit zu erlangen, desto mehr entfernen sie sich von ihr."

„Ich wollte, die ganze Welt könnte irgendwie auf die Agora kommen und diesen Redner hören", sagte Saul.

„Die Idee ist nicht schlecht, aber der Platz ist viel zu klein, selbst für all die neugierigen Bürger von Athen zu klein", erwiderte Aristos.

„Vielleicht finden die Menschen eines Tages die Mittel und Wege, die Ideen schnell zu verbreiten; dann wird es für alle möglich sein, die Einsicht und zugleich die Freiheit zu erlangen, ohne zu dem Zweck weit reisen zu müssen", sagte Saul.

„Sollte es einmal wirklich möglich sein, schnell die Ideen zu verbreiten, welche allen Menschen die Einsicht und dadurch auch die Freiheit bescheren könnten, wird es gleichzeitig ebenso möglich sein, ihnen die verwirrenden Albernheiten aller Art anzubieten, so dass die Freiheit auch dann nur den allerwenigsten bekannt sein wird", sagte Aristos.

*

„Ich habe den Eindruck bekommen, dass der heutige Vortrag der letzte war", sagte Saul, um sich zu vergewissern.

„Im heutigen Vortrag wiederholte der Redner alle wichtigen Punkte, die er besprochen hatte, und rief zum Schluss die Zuhörer auf, sich um die Freiheit zu bemühen. Er hat uns mitgeteilt, was er uns mitteilen wollte, und wird bestimmt keine Vorträge mehr halten", sagte Aristos.

„Ich verstehe", erwiderte Saul und rieb sich dabei einen Augenblick die Stirn; er überlegte, was er weiter machen sollte. Er verspürte nicht einmal das geringste Interesse, sich die Werke der grossen hellenischen Baumeister und Künstler auch nur anzuschauen. Was er in Athen hören wollte, hatte er gehört. Ein Weiser schien eigens seinetwegen gekommen zu sein, um ihm im Zentrum der Weisheit zu begegnen und ihm als seinem besonderen Jünger rechtzeitig mitzuteilen, woran es ihm noch fehlte. Den Eindruck hatte er plötzlich. Zwar hatte der Redner zu allen und für alle gesprochen, aber er war möglicherweise, ja bestimmt jener Auserwählte, den der Redner erwähnte und der den Auftrag hatte, alles, was auf der Agora gesagt wurde, den künftigen Geschlechtern mitzuteilen. Und je mehr er darüber nachdachte, desto mehr war er überzeugt, dass er und kein anderer dazu berufen war.

*

„Wie könnte ich erfahren, wann das nächste Schiff nach Cäsarea oder Joppe fahre?", fragte er dann seinen Gastgeber, denn er sah keinen Grund, sich in Athen noch länger aufzuhalten.

„Übermorgen fährt ein guter Freund von mir nach Cäsarea. Er ist Kaufmann und fährt einmal jährlich dorthin. Soll ich ihn fragen?", fragte Aristos.

„Frag ihn, das wäre sehr gut", sagte Saul ruhig, als wäre es selbstverständlich, dass ein Schiff gerade jetzt nach Cäsarea fahre, wenn er dorthin will. Auch das war offensichtlich noch ein Beweis dafür, dass er einen ganz bestimmten hohen Auftrag haben musste. Was sein Auftrag sein konnte, wusste er natürlich nicht, aber das wollte nicht viel besagen. Entscheidend war, dass er an seiner Auserwähltheit nicht mehr zweifeln konnte.

Auch erschien es ihm plötzlich einerlei, ob er von einer der vielen Gottheiten, mit denen die Hellenen offensichtlich tagtäglich zu tun hatten, oder vom alleinigen Gott seiner Ahnen oder aber vom Zusammenspiel der Kräfte, wie dass der fremde Redner erklärt hatte, auserwählt worden war. Er wusste nun einfach um seine Auserwähltheit und musste nur noch auf den richtigen Augenblick warten, wo sie zur Geltung kommen konnte. Wer ihn auserwählt hatte, werde sich schon melden und ihn ansprechen, wenn seine Zeit komme.

Alles, was er ab sofort zu tun hatte, war, an seine Auserwähltheit und an die unendliche Gnade der Macht, die ihn auserwählt hatte, zu glauben; vor allem aber an ihre Bereitschaft, ihm alles zu vergeben und die Erlösung zu gewähren, und zwar nicht etwa als Belohnung dafür, was er in der Vergangenheit getan hätte und in der Zukunft noch tun sollte, sondern allein aus Gnade und als Geschenk dafür, dass er bis zum Schluss bei eben dieser Überzeugung beharrt hatte. Nicht seine Werke – das wusste er jetzt – sondern allein die Gnade würde ihm die Erlösung schenken. Was er also fortan tun sollte, war ohne Bedeutung, allein sein Glaube galt, denn wer ihn auserwählt hatte, brauchte nicht seine Werke, sondern lediglich seinen Glauben, dass die unbekannte Macht unendlich gnädig und bereit ist, alle Sünden und Untaten zu vergeben. Ein Gefühl der Selbstgefälligkeit, ja des Triumphes erfüllte ihn, denn er wusste nun, dass er wohl die wichtigste aller Zauberformeln gefunden hatte. Sie leuchtete heller als jene Feuersäule in der Wüste und zeigte ihm den Weg, den er fortan zu beschreiten hatte. Aber auch sie wurde ihm wegen seiner Auserwähltheit gegeben, denn ein Gewöhnlicher, nicht Auserwählter, wäre nie darauf gekommen. Die unendliche Macht der Gnade hatte ihn auserwählt und beauftragt, sie zu erkennen und ihn, ihr Kind, eben dadurch zu ihrem eigenen Schöpfer gemacht. Noch höher steigen konnte man nicht – er wusste es.

*

„Gut, morgen früh werde ich mit ihm alle Einzelheiten besprechen. Er hat ein neues Schiff mit grossen dreieckigen Segeln; er ist ein erfahrener Seemann, kennt sich in Sachen Seefahrt bestens aus. Ich schlage vor, dass wir jetzt schlafen gehen. Morgen gibt es viel zu tun, wir müssen alles für die lange Reise vorbereiten", sagte Aristos.

Saul stand auf, bedankte sich bei seinem Gastgeber für die Freundlichkeit und begab sich mit seinem ständigen Begleiter auf sein Zimmer.

Mit dem Bisherigen war er sehr zufrieden und, obwohl er in der Nacht viel träumte, schlief er gut, denn die Träume waren unterhaltsam. Zuerst erschien ihm im Traum sein ehrwürdiger Lehrer Gamaliel und sagte ihm freundlich lächelnd, sein Wissen übertreffe jetzt jenes seines Lehrers, und auf ihn wartete eine sehr wichtige Aufgabe. Dann erschien ein hellenischer Weiser und forderte ihn auf zu bedenken, dass alles fliesse und sich ständig verändere; gleich darauf trat ein anderer Weiser und sagte, eigentlich ruhe alles, und jede Veränderung sei bloss eine Täuschung. Zum Schluss kam ein bärtiger Mann und sagte ihm, er müsse auf seine Schritte gut achten, denn auch der kleinste und kürzeste entscheide, dass nur jenes geschehe, was allein möglich sei.

Der erste Teil des Traumes schmeichelte ihm und weckte seinen Stolz.

Der zweite Teil scheuchte den Stolz fort.

Der dritte Teil war nicht eindeutig, klang zugleich als Aufforderung und als Warnung. Es war jedoch nicht klar, wozu er aufforderte und wovor er warnte.

Der Inhalt des dritten Traumes weckte ihn. Als er aufwachte, stand sein Begleiter neben dem Bett und sagte ihm, er sollte aufstehen.

***

Den letzten Tag seines Aufenthaltes verbrachte Saul im Gespräch mit seinem Gastgeber. Sie unterhielten sich hauptsächlich über die Ideen, die sie vom fremden Redner gehört hatten und inwiefern sie mit den Ansichten der hellenischen Weisen übereinstimmten. Saul stellte seinem Gastgeber allerlei Fragen und versuchte von ihm über die hellenische Denkweise möglichst viel zu erfahren. Der aufrichtige Grieche sagte ihm alles, was er wusste, und jedes Mal stellten sie fest, dass es zwar grosse Ähnlichkeiten zwischen der Denkweise des fremden Redners und den Ansichten der Hellenen gab, dass aber trotzdem bedeutende Unterschiede nicht zu übersehen waren. Der grösste Unterschied schien darin zu bestehen, dass die Hellenen und die Weisen, von denen der fremde Redner sprach, etwas völlig Verschiedenes meinten, wenn sie von den Göttern sprachen.

Die hellenischen Götter gediehen in der menschlichen Welt; eigentlich konnten sie nur dort leben. Sie wohnten auf dem höchsten Berg, und von dort aus unternahmen sie andauernd Ausflüge unter die Sterblichen, mischten sich in die Angelegenheiten ihrer Schöpfer ein und paarten sich sogar immer wieder mit deren Töchtern und zeugten mit ihnen Halbgötter. So liessen sich die Ewigen herab, unter den Sterblichen zu leben, die bei der Bewältigung ihres schweren Alltags auf den Beistand ihrer eigenen göttlichen Geschöpfe nicht verzichten konnten.

Die Weisen des Volkes, dem der Redner entstammte, sprachen dagegen vom Zusammenspiel der ewigen Möglichkeiten, die als Kräfte im Verborgenen wirkten, und von der Welt als der Verwirklichung ihres Zusammenspiels.

Die hellenischen Götter waren nah, benahmen sich wie alle Sterblichen, und von ihnen konnte man genau dasselbe erwarten, was man von den Sterblichen erwarten konnte, Neid und Eifersucht, Liebreiz und Hässlichkeit, Keuschheit und Lüsternheit. Heimlich wussten die Hellenen zwar um die Schwäche einer solchen Götterauffassung, aber einen besseren Ersatz für sie hatten sie nicht. Sie kannten die Fügung, aber, wie sie die Welt erlebten, war sie kein geeigneter Ersatz für die unberechenbaren Götter, denn man konnte sie weder mit Opfern bewegen noch ihr für die Grosszügigkeit danken, und für die Hoffnung liess sie sowieso keinen freien Raum. Statt dessen war sie bei den meisten Aufgeweckten eher der Ausdruck des heimlichen Bewusstseins, dass die Welt weder von jemandem erschaffen noch von jemandem regiert wurde, sondern dass der Mensch sie mit all den Eigenschaften so ausschmückte und gestaltete, wie er sie gerade erlebte und sich vorstellte.

Zwar gab es einige wenige besonders scharfsinnige Denker unter den Hellenen, die diese heimliche Auffassung auch deutlich aussprachen, aber sie schien für die meisten zu hoch zu sein. Sie erforderte nämlich endgültige Aufgabe der Vorstellung, dass irgendwelche göttlichen Herrscher die Welt regierten und die Wege der Menschen bestimmten. Es braucht jedoch nicht betont zu werden, dass es den meisten gewöhnlichen Menschen schwer gefallen wäre, auf das Recht zu verzichten, die Götter als höhere Mächte in Not wenigstens um Hilfe bitten zu dürfen. Schwer war es für die meisten Sterblichen, die Willkür der Götter zu dulden, aber noch schwerer schien es ihnen, auf die Götter zu verzichten und auf sich selbst angewiesen, eben mündig zu werden. Daher gediehen die Götter bei den Hellenen aufs prächtigste.

Die Weisen des Volkes, dem der fremde Redner entstammte, hatten in einer Schrift ihre Weltauffassung auf verschiedenen Ebenen verfasst. Die oberflächliche Schicht verstanden die meisten, und daher huldigten sie dem Gott, von dem dort die Rede ist. Daher gedieh die Religion bei seinem Volk nicht weniger prächtig als bei den Hellenen. Die wenigen, die jene tiefere Schicht verstehen konnten, machten eine so winzige Minderheit aus, dass ihre Stimme unmöglich vernommen werden konnte. Sie wussten das und schwiegen. Das war auch verständlich, denn wie hätten sie jemandem mit sehr bescheidener Phantasie und mit ebenso sehr bescheidenem Abstraktionsvermögen erklären können, dass die wahrnehmbare Welt nur ein Scheinzustand des ununterbrochen fliessenden Kräftespiels war? Und weil daher auch selbst jedes Erlebende und jedes Erlebte bloss fliessende Scheinzustände waren, gab es eigentlich nur die Meinung, dass dem so oder so oder eben anders war. Nur die Meinung, sonst nichts.

Die hellenischen Weisen brachten das vieldeutige Wort *Logos* in Umlauf, und jeder stellte sich darunter etwas anderes vor und legte es so aus, wie es seinem Auffassungsvermögen und seiner Phantasie am besten passte. Für die einen war es lediglich ein Wort wie ein beliebiges anderes Wort in der Sprache; für andere bedeutete es *Gesetz* oder *Prinzip* oder reine *Denkkraft*; und für andere wiederum war es *Gott* selbst.

Die Weisen, von denen der fremde Redner sprach, nannten den Schöpfer der Welt *Elohim, die Einheit aller Kräfte*. Dahinter steckte aber die grösste denkbare Abstraktion, denn schon eine einzige Kraft lässt sich nicht denken, geschweige denn die noch unendlich abstraktere Resultierende *aller* abstrakten Kräfte. Sich darunter irgendetwas vorzustellen ist die Unmöglichkeit an sich. Daher verbot die Schrift ihrer Weisheit, vom Schöpfer der Welt irgendwelche Bilder anzufertigen oder sich ihn vorzustellen. Hätte man dieses Verbot zu Ende verstanden, hätte man auch sofort begriffen, dass das Verbot zugleich eine Aufforderung war, jegliche Form von Ritual und somit jegliche Form von Religion abzulehnen.

Aber genau wie bei den Hellenen bedingte die Unfähigkeit der meisten Menschenkinder, abstrakt zu denken, dass wegen Missverständnis die höchste Einsicht ein tragisches Ende erlebte: Aus der abstrakten Einheit aller Kräfte wurde ein unberechenbarer, jähzorniger Weltherrscher, der sich alles erlaubte und der trotzdem von seinen elenden Untertanen immer verteidigt werden musste. Sie waren also nicht weniger unmündig als die Hellenen.

Am Abend verabschiedete sich Saul von seinem Gastgeber früher als an Abenden davor, denn am nächsten Morgen musste er früh aufstehen; das Schiff sollte in der Frühe den günstigen Nachtwind nutzen und ungestört in See stechen, ohne dass man zu rudern brauchte.

*

Im Bett überlegte sich Saul, wie sich wohl die beiden Weltanschauungen, die seiner Ahnen und die der hellenischen Weisen, zu einer allgemein verständlichen, befriedigenden miteinander verbinden liessen. Es dauerte aber nicht lange, bevor er einschlief, ohne eine Lösung gefunden zu haben.

Am nächsten Morgen in der Frühe ging Saul mit seinem ständigen Begleiter und seinem Gastgeber zum Schiff. Nach einer kurzen Verabschiedung ging er mit seinem ständigen Begleiter an Bord. Unmittelbar danach wurden die Segel gehisst, und dass Schiff legte geräuschlos ab und bewegte sich langsam auf die offene See zu.

Aristos stand auf der Mole und sah und winkte dem Schiff mit einem weissen Tüchlein nach, bis auch das Heck hinter dem mächtigen Wellenbrecher verschwunden war.

Saul erwiderte das Winken nicht, wandte sich nicht einmal um.

***

Auf dem Schiff stellte Saul weder dem Steuermann noch sonst jemandem irgendwelche Fragen im Zusammenhang mit den philosophischen Ansichten der Hellenen. Eigentlich bekam er nur den Steuermann zu sehen. Von ihm versuchte er lediglich zu erfahren, wie lange etwa die Fahrt dauern sollte. Die Nacht davor hatte er wenig geschlafen, und da es noch dunkel war, riet ihm sein Begleiter, er solle sich gleich legen und noch ein wenig schlafen.

Die Schlafgelegenheit war bequemer als jene auf dem Schiff von Ephesos nach Athen. Saul war froh darüber, denn die Fahrt nach Caesarea sollte wesentlich länger dauern, mindestens fünf Wochen, hatte der Steuermann seinem Begleiter gesagt.

Der Wind war günstig, wehte genau in die Richtung, in die sich das Schiff bewegen sollte. Für Saul war das ein weiterer Beweis, dass eine unsichtbare Macht seine Reise plante.

*

Er wachte erst um die Mittagszeit auf. Sein Begleiter unterrichtete ihn unaufgefordert über alles was die Reise betraf. Jener hatte sich vorher mit dem Steuermann unterhalten und alles erfahren, was für Saul interessant sein konnte.

„Die Küste ist nicht mehr zu sehen, obwohl die Sicht sehr gut ist.

Das Schiff fährt sehr schnell. Die Fahrtrichtung ist grundsätzlich Süden, nur leicht gegen den Osten", berichtete der Begleiter.

Auch bestätigte er noch einmal, dass die Fahrt voraussichtlich etwa fünf Mal länger als die Fahrt von Ephesos nach Athen dauern würde.

Saul machte keine Bemerkungen. All die Angaben, die ihm sein Begleiter mitteilte, waren für ihn belanglos.

Er hatte nur eines im Kopf, jenes, was er auf der Agora gehört hatte. Der fremde Redner hatte so vieles gebracht, und das meiste davon war auch für ihn neu, obwohl es eigentlich nicht hätte sein sollen. In seinen Vorträgen hatte der Redner viele Namen und Begriffe erwähnt, die Saul von seinem Lehrer in Jerusalem gehört hatte, aber bei dem fremden Redner hatten sie eine völlig andere Bedeutung. Und das verwirrte, ja irritierte ihn, denn er wusste zwar, wovon die Rede war, dennoch kam ihm alles ganz neu vor. Er beschloss daher, die lange Fahrt bis nach Caesarea zu nutzen, um sich alles, was er in Athen gehört hatte, genau zu überlegen. Während seines Aufenthaltes dort hatte er keine Zeit dafür gehabt, denn die Lücken zwischen Vorträgen, die täglich aufeinander folgten, waren zu kurz. Das anregende Gespräch, das er mit seinem freundlichen Gastgeber jeden Abend gehabt hatte, war für die Fülle der neuen Gedanken ganz und gar unzulänglich.

Eigentlich war für Saul nicht nur der Inhalt dessen, was der fremde Redner in seinen Vorträgen brachte, harte Kost, sondern alles, was mit seinem Aufenthalt in Athen zu tun hatte. Erst jetzt, im Nachhinein, erschien ihm jede Einzelheit seines Aufenthaltes in der Stadt der Weisheit von irgendjemandem eigens für ihn geplant gewesen zu sein, aber wer konnte der Planer sein? Auch verlangte sein überaus freundlicher Gastgeber keine Zahlung. Auf der jedes Mal überfüllten Agora gab es für ihn immer einen bequemen, schattigen Sitzplatz. Für alles war gesorgt. Wieso sollte gleich nach den Vorträgen des fremden Redners ein grosses, bequemes Schiff genau dorthin fahren, wo auch er hinwollte? Und als Höhepunkt von allem erschien ihm die Tatsache, dass der Redner von weither, sozusagen gleichzeitig mit ihm, nach Athen gekommen war. Womit hatte er all das verdient? Konnte all das bloss ein blinder Zufall sein, oder war das jemandes Wille, ein Zeichen, dass auf ihn ein grosser Auftrag wartete? Falls es aber ein Auftrag war, was für einer war es, und wer war der Auftraggeber?

Saul nahm sich vor, während dieser langen Reise all diesen Fragen nachzugehen. Es gab vieles abzuklären, dessen war er sich bewusst; er hoffte aber dennoch, eine Antwort zu finden. Deswegen beschloss er, nicht zum Bug des Schiffes zu gehen und sich nicht mit den Seeleuten zu unterhalten, wie er das auf der Fahrt von Ephesos nach Athen getan hatte, sondern nach Möglichkeit die ganze Zeit in seiner Ecke zu verbringen und über alles, was er in Athen gehört hatte und was ihm dort begegnet war, nachzudenken.

*

Der Wind war günstig, das Meer ruhig, und das Schiff, mächtig geschoben von seinen grossflächigen dreieckigen Segeln eilte geräuschlos seinem Ziel entgegen.

Zuerst fuhren sie an der südlichen Spitze der Insel Kythnos vorbei, die seit Menschengedenken für seine Thermalbäder berühmt war. Legenden wollten wissen, dass Götter dort regelmässig badeten, um nie alt zu werden, dass Halbgötter die Höchsten nachahmten, um selbst Götter zu werden, dass Heroen wiederum es jenen gleich taten, um den Status der Halbgötter zu erlangen, und dass schliesslich Verrückte der Versuchung nicht widerstehen konnten, alle anderen nachzuahmen, denn nachahmen war das einzige, dessen sie fähig waren. Somit sorgte die winzige Insel dafür, dass es in der ganzen Welt an Göttern, Halbgöttern, Heroen und vor allem an Verrückten jeder Art nie mangelte.

*

Ohne die Richtung zu ändern, fuhr das Schiff an der nordöstlichen Küste der Insel Serifos vorbei. Obwohl klein und felsig, konnte auch Serifos auf eine grossartige Vergangenheit zurückblicken. Eine Sage will nämlich wissen, dass der Urahne und Lehrer aller Schmiede das Eisenerz für seine himmlische Werkstatt meistens dort bezog. Einmal wollte er ein Netz anfertigen, mit dem er seine mächtige, jedoch hartherzige und lieblose Mutter an ihren himmlischen Thron festzubinden und somit zum Spott unter den Himmlischen zu machen beabsichtigte. Er wusste, dass das Netz aus unsichtbar feinen Fäden sein musste, damit seine Mutter nichts merke. Deswegen wollte er das Netz aus reinem Gold schmieden, denn er achtete seine Mutter trotz allem, aber Gold war zu weich, und seine Mutter hätte das Netz leicht zerrissen. Daher musste er das übliche, dafür feste Metall benutzen, und zum Schluss vergoldete er es einfach. So diente das Netz dem Zweck und erfreute das geistige Auge; für das körperliche Auge blieb es jedoch unsichtbar.

*

Während das Schiff, von Kybernetes sicher geführt, seinem Ziel entgegen steuerte, ruhte Saul auf seinem bequemen Lager und dachte über die Worte des Redners in Athen nach. Zuerst sprach jener von der verborgenen Mutter, die er Materie nannte, und von deren erscheinenden Kindern. Mit Kindern meinte er aber offensichtlich nicht bloss die Kinder im üblichen Sinn, sondern vielmehr alle menschlichen Einzelerlebnisse irgendwelcher Art. Alles also, was sich der Mensch irgend vorstellen, was er sich irgend denken konnte, gehörte dazu, Sterne und Wassertropfen, Blitze und Wirbelwinde, scheinbar strömende Wassermassen und ebenso scheinbar ruhende Berge; auch alles, was in irgendwelcher Form das Leben in sich trug, war ein Teil davon, daher auch der menschliche Körper und alles, was irgendwie mit ihm zu tun hatte. Und was hatte mit dem menschlichen Körper nichts zu tun? Konnte es überhaupt etwas geben, das mit dem Menschen nichts zu tun haben musste? Selbst die fernen Sterne hatten viel, sehr viel mit dem Menschen zu tun. Erfand er doch für die leuchtenden Körper sogar einen Namen. Auch allerlei Eigenschaften schrieb er ihnen zu. Der Gedanke selbst, dass es sie überhaupt gab, war nur ein menschlicher Gedanke. Und waren nicht die Vermutungen, dass vielleicht irgendwo im Universum auch andere mit Verstand begabte Wesen lebten und über die Welt nachdachten, bloss menschliche Gedanken? Nur die Menschen sprachen nämlich davon, dass es etwas gab oder nicht gab, dass es geben könnte oder nicht könnte. Der Inhalt dieser und aller anderen Worte war eine rein menschliche Erfindung. Der menschliche Körper als Ganzes sowie dessen jede Teiläusserung waren Kinder der Mutter Materie. Der menschliche Körper war aber ein besonderes Kind unter den Äusserungen der verborgenen Mutter. Dieses besondere Kind brachte die Vorstellung von einer beständigen Mutter Materie hinter ihren vergänglichen Kindern hervor. Somit war der Mensch zugleich beides, das Geschöpf und der Schöpfer seiner eigenen Mutter.

Und was waren die Möglichkeiten der Mutter Materie, von denen der Redner so viel sprach? Statt Möglichkeiten gebrauchte er gelegentlich auch das Wort Kräfte. Nie vorher hatte sich Saul Gedanken darüber gemacht, was eigentlich Möglichkeiten oder Kräfte waren. Wahrscheinlich tat er es nicht, weil ihn niemand danach fragte und weil er daher so etwas nie jemandem erklären musste. Auch konnte er sich nicht daran erinnern, dass sein Lehrer in Jerusalem auch nur andeutungsweise darüber gesprochen hatte. Vielleicht tat es jener nicht, weil er selbst das Wesen der Beziehung des Menschen zur Materie nicht verstand. Vielleicht wusste er darum genau, vermied aber jede Diskussion darüber, weil er wusste, dass sie unausweichlich zu einem Schluss hätte führen müssen, der das ganze geltende religiöse Weltbild seines Volkes zerstört hätte. Der Redner in Athen wies darauf hin, dass gemäss der Schrift der Weisen seines Volkes, aus der auch Saul gelernt hatte, eben die Kräfte die Welt erschufen. Sie taten es nicht als voneinander getrennte Splitterkräfte, jede für sich, sondern als vereint, in einer einzigen resultierenden Kraft. Wie jede Teilkraft war auch die aus allen Einzelkräften resultierende nicht wahrnehmbar, denn sie war das Wirken selbst. Das Resultat des Wirkens war das, was der Mensch als Werke bezeichnete, sei es wahrnehmbare, sei es bloss gedachte Begriffe, eben seine ganze Weltvorstellung. Die vergänglichen Werke weckten im

Menschen das Bedürfnis nach etwas Unvergänglichem, und so wurde in einigen wenigen Köpfen die unvergängliche Mutter Materie geboren; in den meisten jedoch siedelten sich personifizierte Götter als Herren der Welt an. Der Redner meinte, dass ebenso alle, denen es an Fähigkeit, abstrakt zu denken, fehlte, einen allmächtigen Herrn einführten, der die Welt irgendwann in der Vergangenheit aus dem Nichts erschaffen hatte. Weder sein Lehrer noch sonst jemand in Jerusalem hatte sich jemals in dem Sinn geäussert. Die Frage, ob der Herr der Welt vielleicht bloss eine menschliche Erfindung war, durfte dort wahrscheinlich gar nicht gestellt werden. Jetzt, nach seinem kurzen Aufenthalt in Athen neigte er persönlich eher zur Annahme, dass dort niemand auf den Gedanken gekommen war, überhaupt eine solche Frage zu stellen, obwohl die Schöpfer der Heiligen Schrift seines Volkes gerade die Einsicht ganz am Anfang ihres grossartigen Werkes schriftlich festgehalten hatten. Das war umso erstaunlicher als seine ehrwürdigen Lehrer ihr ganzes Leben dem Studium ebendieser Schrift widmeten.

Was waren aber die Möglichkeiten oder die Kräfte, aus denen die Mutter Materie bestand? Waren sie nicht bloss die Scheinbewegungen, die jenes ausmachten, was wir, als Geschehen und Wirken kennen, was nie begonnen hatte und nie enden sollte? Und waren die menschlichen Erlebnisse – welcher Art auch immer – nicht Resultate des Wirkens? Waren sie nicht bloss die Scheinraststätten im Scheinlauf der Welt? Diese Erlebnisse boten sich dem bewussten Erlebenden unablässig als etwas objektiv Bestehendes, gaukelten ihm eine auch ohne ihn vorhandene Welt vor. Das war die erste Ebene des ganzen Missverständnisses, dem das bewusste, erlebende Wesen zum Opfer fiel.

Diese Ebene des ganzen Missverständnisses spornte das bewusste Wesen an, nach Mitteln und Wegen zu suchen, wie sich das Vergehen von bestimmten angenehmen und daher begehrten Elementen dieser von ihm erschaffenen Welt verhindern liesse. Als Resultat dieser Bemühung entstanden alle

Naturwissenschaften, also jene Bereiche der menschlichen Tätigkeit, in denen nur logisches Denken das Sagen hatte. Diese für objektiv vorhanden gehaltenen Inhalte der Erlebnisse lösten sich aber trotz aller Bemühungen des Verstandes unfehlbar auf und verschwanden aus dem menschlichen Erlebnisbereich.

Dadurch, dass sie verschwanden, schufen sie die zweite Ebene des ganzen Missverständnisses. Auf dieser zweiten Ebene entstanden alle Religionen in der vom Menschen erschaffenen Welt. Anders als Naturwissenschaften versuchten die Religionen nicht, das ewige Leben hier in der vom Menschen erschaffenen Welt zu schaffen. Stattdessen versprachen sie ein ewiges Leben, das man erst nach diesem mühsamen Dasein als eine Art Belohnung bekommen kann. Im Reich des von den Religionen versprochenen ewigen Lebens begehrte man nichts, weil alle Begierden entweder völlig ausgelöscht oder immer gestillt wurden, bevor sie überhaupt aufkamen, so dass es nichts zu begehren gab.

Auf diesen beiden Ebenen des ganzen Missverständnisses hat der Mensch alle seine Wissenschaften und alle seine Religionen, eben das Gebäude seiner ganzen Weltvorstellung errichtet.

In einem seiner Vorträge betonte der Redner, dass die Schrift der Weisen seines Volkes, die Saul wohl vertraut war, ganz am Anfang gerade die Unbestimmbarkeit und Unstetigkeit, das grundlegende Ideenpaar des reinen, abstrakten Denkens, als Inhalt-Pole der Schöpfung nennt. Ebenso sagte er, dass sich dieses Ideenpaar aus dem Spiel der Einheit aller Kräfte ergab, dass Phantasielose jedoch aus den beiden Irrlichtern den folgenschweren Gegensatz, das banale Duo aus Himmel und Erde, schufen. Das Ganze wurde endgültig in das Hier und das Dort gespalten. Der Keil aus Scheinmeinen, der zwischen die beiden Hälften getrieben wurde, liess sich nicht mehr entfernen. Auf dem erschaffenen Gegensatz zwischen der wahrnehmbaren Erde und dem nicht wahrnehmbaren Himmel konnten, ja mussten dann verschiedenste Religionen spriessen und prächtig gedeihen. Der so entstandene Himmel wurde zum Sitz der unsterblichen, selig lebenden Gottheiten; die Sterblichen dagegen mussten sich mit dem leidvollen und ungewissen Dasein auf der Erde begnügen. Die in den Köpfen der phantasielosen Menschen wohnenden Götter beschützten ihre Wirte, und die Wirte ihrerseits sorgten für das Fortbestehen und Wohlergehen ihrer Beschützer. Diese seltsame Symbiose, meinte der Redner, bestimme den Lebensweg der Menschen und sei die Hauptquelle des menschlichen Leidens.

Über die Mutter Materie sagte er noch, sie sei unteilbar, nur ihre Scheinraststätten in ihrer Scheinbewegung, das heisst die einzelnen, getrennten menschlichen Erlebnisse, verleiteten zur Annahme, sie bestünde aus Teilen. Der Redner hatte wahrscheinlich auch Recht, denn, bestünde sie aus Teilen, gäbe es nur Kinder, jedoch keine Mutter. Das wäre der beste Beweis, dass die Welt aus dem Nichts erschaffen wurde, also einen Anfang haben musste und dass sie irgendwann einmal ein Ende haben werde.

*

Der personifizierte ewige Gott als Vater und die unzerstörbare, daher nicht erschaffene Mutter Materie waren zwei gedachte Quellen, aus denen die ganze Welt hervorging. Für die wenigen genügte die Materie allein als Mutter der Welt. In ihrer Vorstellung war ein himmlischer Vater überflüssig. Für die meisten hingegen war der personifizierte Gott als Vater der Welt unbedingt notwendig, denn nichts konnte von selbst kommen – auch die Materie nicht –, sondern musste von jemandem erschaffen werden. Die Behauptung der Materie-Befürworter, sie sei nicht erschaffen worden, lehnten die Gottesanhänger entschieden ab. Warum eigentlich? Offenbar weil sie zwischen den vergänglichen Erscheinungen der Welt als den Kindern der Materie und der Materie als Mutter aller Erscheinungen nicht unterscheiden konnten. Die vergänglichen Äusserungen der Materie, ihre Scheinraststätten, hielten sie für Materie und dachten, auch die

Materie müsste erschaffen werden. In ihrer Weltschau musste alles seinen persönlichen Schöpfer haben. Die Frage jedoch, wer denn Gott erschaffen habe, falls alles seinen persönlichen Schöpfer haben musste, durfte man ihrer Meinung nach nicht stellen, da Gott selbst der Anfang war, was Materie nicht sein konnte.

*

Einen wesentlichen Unterschied zwischen Gott als dem Vater und der Materie als der Mutter der Welt gab es offenbar nicht, falls man die Dinge zu Ende dachte, denn nach der Ansicht beider Lager, des göttlichen und des materiellen, brachten beide, Gott und Materie, die Welt hervor, waren beide Weltschöpfer, und das war entscheidend. Ausserdem suchten die Gottvater-Anhänger immer nach geeigneten Müttern für ihre männlichen Götter, denn ihre Götter waren zwar nicht erschaffen worden, aber geboren werden mussten sie irgendwie schon. Und das geschah auch, und zwar meistens in reizvollen Geschichten.

Wodurch sich Gott als der Vater von der Materie als der Mutter der Welt grundsätzlich unterschied, zeigte sich nur im Verhalten deren Anhänger, das heisst Befürworter.

Die Gottvater-Anhänger mussten sich vor ihrem Schöpfer erniedrigen, zu ihm beten, ihm opfern und huldigen. Als Lohn dafür durften sie auf Schutz während ihres irdischen Lebens und auf bevorzugte Behandlung nach dem Ableben hoffen. Ihr Gott war jedoch zu nichts verpflichtet.

Die Mutter-Materie-Befürworter hatten keine solchen Verpflichtungen, konnten aber deswegen weder auf einen Schutz in diesem Leben noch auf irgendwelche Vorteile nach dem irdischen Dasein hoffen. Sie waren nur auf sich selbst angewiesen, schuldeten nur sich selbst Rechenschaft und brauchten sich nur vor Strafen auf Erden, nicht aber im Jenseits zu fürchten.

*

Hier hielt Saul plötzlich inne, als wäre er in seinen Überlegungen auf etwas ganz Besonderes, ausserordentlich Wichtiges gestossen, eine Art Zauberformel, die irgendeinmal von entscheidender Bedeutung für ihn persönlich sowie für viele sein konnte. Was es genau war, wusste er nicht, denn die künftige Zauberformel hatte noch keine klare Form, aber sie hatte offensichtlich etwas mit dem blossen Glauben an einen allmächtigen Herrn der Welt und den Werken des Menschen zu tun. Die Befürworter der Mutter Materie neigten offensichtlich dazu, den Bemühungen und Taten des Menschen, eben seinen Werken den entscheidenden Wert zuzuschreiben; den Glauben an einen Gott hielten sie wahrscheinlich für einen zufälligen persönlichen Zug, daher etwas Nebensächliches. Für sie war es unvergleichlich wichtiger, was man tat als woran man glaubte. In einem kleinen persönlichen Rahmen konnte eine solche Einstellung wohl annehmbar sein, dachte er für sich, aber für einen grossen Plan war sie bestimmt unbrauchbar. Das war auch leicht zu begründen, denn grosse Pläne schliessen unfehlbar auch furchtbare Taten ein, jedoch fielen solche Taten nicht ins Gewicht, falls der Glaube an einen allmächtigen und allgütigen Gott vorhanden war, der alles vergeben konnte, solange man an ihn als solchen glaubte. Der Fund schien ihm von unschätzbarem Wert zu sein, und er spürte einen noch nie vorher gekannten Stolz, denn offensichtlich war der Gedanke, dass nicht die Werke, sondern allein der Glaube an einen allmächtigen, allgütigen Gott selig machen konnte, zwar von ihm geprägt, jedoch ihm von jemandem eingegeben worden, der mit ihm offensichtlich einen grossen Plan zu verwirklichen vorhatte. Ihm persönlich wurden also offenbar keine Anweisungen, keine Gebote gegeben; vielmehr erhielt er einen Vorschlag, wie er mit Gott einen Deal machen konnte.

Er hatte das Gefühl, soeben einen wichtigen, wenn nicht gar den wichtigsten Schritt auf dem Weg zum Ziel, das auf ihn wartete, gemacht zu haben. Jetzt wusste er plötzlich, dass sein körperlicher Zustand und das unangenehme Leiden, mit dem er leben musste, nur Zeichen der Auserwähltheit waren. Jener grosse Mann, der lange vor ihm gekommen war, hatte zwar die Worte der Unterweisung, die *Gebote* erhalten, wie er und sein ganzes Volk ihrem Gott zu opfern und sich zu verhalten hatten; er, Saul, wurde aber von dem Ewigen selbst zum *Partner* bestimmt. Das war natürlich etwas grundsätzlich anderes. Zum ersten Mal verspürte er die Zufriedenheit mit sich selbst.

Er drehte sich auf die Seite und schlief ein.

***

Als Saul am nächsten Tag erwachte, stand die Sonne bereits hoch am Himmel. Er hatte einen guten Schlaf gehabt; nur kurz, bevor er aufwachte, hatte er einen Traum. Ein Feuervogel erschien ihm in Form einer brennenden Taube. Ein greller Sonnenstrahl schlich sich durch eine winzige Öffnung in der Wand gerade oberhalb seiner Liegebank in seiner schattigen Ecke ein und endete auf seinem Gesicht; dem Feuervogel verlieh er äusserste Helligkeit, so dass Saul die Augen schmerzten. Neben dem Bett stand sein Begleiter und berichtete über die Fahrt. Vom Steuermann hatte er erfahren, dass das Schiff ausserordentlich schnell fuhr und dass sie bereits im Laufe des späten Nachmittags in der Nähe der Insel Sifnos sein würden. Die eingeweihten unter den Inselbewohnern wussten zu berichten, dass der himmlische Urahne der Kunstschmiede sich nach Sifnos begeben musste, wenn er für seine Kunstwerke Gold benötigte, denn auf Serifos gab es nur Eisenerz. Man gestattete ihm grosszügig, von der Insel Gold zu holen, das er für die unsichtbaren Fäden benötigte, um seine unfreundliche himmlische Mutter an ihren Thron zu fesseln und somit vor der himmlischen Götterrunde zu demütigen. Aus Dankbarkeit beschenkte er die Kunstschmiede auf der Insel mit ausserordentlicher Kunstfertigkeit, so dass die jungen Mädchen dort besonders reizvollen Schmuck trugen. Das machte die mächtige, jedoch nicht gerade reizvolle Mutter des himmlischen Kunstschmieds auf die Schönheit der jungen Frauen auf Sifnos eifersüchtig, und sie rächte sich, indem sie nicht gestattete, dass die dortigen Mädchen trotz des kunstvollen Schmucks schöner erschienen als andere Frauen, die gar keinen Schmuck trugen. Die Gemahlin des grossen Kunstschmieds, die ja mit der Macht der Liebe besser als sonst jemand vertraut war, half jedoch den jungen Mädchen. Sie tat es auf ihre besondere Weise, indem sie nur jenen Männern, die in die jungen Frauen auch wirklich verliebt waren, gestattete, deren Schönheit klar zu sehen. Alle anderen Frauen erschienen ihnen üblich.

*

Saul hörte dem Begleiter kaum zu. Ihn beschäftigte der Feuervogel, den er im Traum gesehen hatte. Er ähnelte einer Taube, die, frei in der Luft schwebend, so schnell mit den Schwingen schlug, dass sie tausend Flügel zu besitzen schien, ohne sich auch nur ein wenig von der Stelle zu bewegen. Aus jeder Feder züngelte eine helle Flamme empor und verlieh dem Körper des Vogels die Form eines brennenden Strauches. Aus dem feinen Rauschen und Prasseln des brennenden Gefieders glaubte er herauszuhören, dass er einen neuen, ganzen, eben heiligen Boden betrat und daher aufgefordert wurde, das übliche Schuhwerk abzulegen; es trennte ihn vom Fundament der Welt.

Auf die neugierige Frage, wer es sei, mit dem er redete, hätte er fast die Antwort des unsichtbaren Wesens erhalten; dazu kam es jedoch nicht, denn er wurde von seinem Begleiter geweckt.

Dieser entfernte sich aber sofort, denn er hatte gemerkt, dass Saul etwas Wichtiges im Geiste wälzte und an einem Bericht über die Fahrt kaum interessiert sein konnte.

Die berühmte Antwort, die jener begnadete Führer seines Volkes bei einem ähnlichen Gesicht erhalten hatte, kannte Saul zwar, aber sie kam ihm immer zu verschlüsselt, ja völlig unverständlich vor, und er hätte gern eine klarere und verständlichere gehört.

Der Feuervogel, von dem er zum ersten Mal in den Vorträgen des fremden Redners gehört hatte, vermischte sich im Traum leicht mit dem brennenden Busch in der Überlieferung seines Volkes, denn in beiden Fällen ging es doch darum, dass das sonst verzehrende Feuer eben nichts verzehrte und der Wandel letzten Endes alles beliess, wie es immer war. Der brennende Strauch blieb von der eigenen Veränderung unberührt, und der brennende Feuervogel erschuf sich neu aus seiner eigenen Asche.

*

Von dem Redner in Athen hatte er auch gehört, dass die Vorstellung von Anfang und Ende der Welt einfach ein grosses Missverständnis war sowie dass es weder einen Anfang noch ein Ende der Welt geben konnte.

Und weil es keinen Anfang und kein Ende geben konnte, gab es auch keine Vergangenheit und keine Zukunft. Wenn der brennende Strauch von seinem eigenen Wandel unberührt bleiben und der sterbende Feuervogel sich selbst neu zu erschaffen vermochte, konnte es nur den jetzigen Augenblick ohne Dauer geben, in dem die Vergangenheit und die Zukunft immer enthalten waren. Jeder jetzige Augenblick war also zugleich der Anfang und das Ende der Welt, die Pforte des Abgrunds, in den die Welt ständig verschwand, und aus dem sie ebenso ständig neu erschien.

„Das ist eine herrliche Einsicht, jedoch nur für höchst persönliche Bedürfnisse, für die wenigen Auserwählten; alle brauchen das nicht zu wissen. Wäre das allgemein bekannt, gäbe es keine Aussererwählten, und das wäre nicht gut, dann hätte meine lange Reise keinen Sinn", dachte er.

„Es freut mich", fuhr er mit seinen Gedanken fort, "dass die Athener zwischen Philosophieren nur zum persönlichen Vergnügen und dem Praktizieren streng unterscheiden. Das ist eine vernünftige Einstellung, eine gesunde Grundlage, auf der man ruhig bauen kann."

Saul stand auf, liess sich von seinem Begleiter den Oberkörper waschen, ass etwas – ob es Frühstück oder eine andere Mahlzeit war, kümmerte ihn nicht. Nachdem er schnell gegessen hatte, lief er einige Schritte auf und ab, um sich die Beine zu vertreten, und legte sich dann wieder in seine Ecke.

*

Er erinnerte sich, dass der Redner auch manches über die Vielgötterei und über den Glauben an einen Gott gesagt hatte.

Nach der Meinung des Redners, war der Glaube an einen Gott zwar anspruchsvoller, jedoch nicht weniger ein Irrtum als der Glaube an viele Götter. Das war für ihn eine völlig neue Ansicht, etwas, was er in jener Welt, in der er aufgewachsen war, unmöglich hätte hören können. Wie es der Redner schilderte, entsprach der Glaube an viele Götter der Weltvorstellung eines mit Verstand begabten, jedoch noch unerfahrenen Wesens. Der Glaube an einen Gott dagegen kam auf, als das mit Verstand begabte Wesen ein bereits bedeutendes Wissen gesammelt hatte, jedoch noch nicht imstande war, rein abstrakt zu denken. Es war offensichtlich, dass der Glaube an einen Gott sich mit zunehmendem Wissen langsam durchsetzen musste, und das freute ihn, denn mit der Vielgötterei sah er keine Möglichkeit, etwas von bleibendem Wert aufzubauen; mit einem einzigen Gott dagegen liess sich die ganze Welt für immer erobern.

Natürlich wäre bei der gewaltigen Menschenzahl und den unzähligen Wünschen, die ein jeder hatte, die Vielgötterei geeigneter, denn jeder konnte sich jederzeit eine eigene, für sein persönliches Anliegen zuständige Gottheit aussuchen und ihr opfern. Unter den vielen Himmlischen herrschte also eine saubere Arbeitsteilung, so dass auch die höchste unter den Gottheiten nur eine von vielen war. Mit einer solchen auf viele verteilten Macht war nichts anzufangen; sie erschien ihm verdünnt zu sein, irgendwie demokratisch.

Was ihm vorschwebte, war in einer einzigen Gottheit verdichtete, uneingeschränkte Macht, die alle anderen Gottheiten aus den Köpfen der Menschen verdrängen konnte. Nur im Namen einer solchen Macht lohnte es sich zu sprechen und sie gleichzeitig für die eigenen Zwecke zu nutzen. Natürlich musste sie mit Eigenschaften ausgestattet werden, die immer gültig sein sollten und jedermann zusagten. Nach langem Wälzen aller göttlichen Eigenschaften im Geiste kam Saul zum Schluss, dass zwei von ihnen alles abdeckten, was er für sein Ziel benötigte.

Als erste und wichtigste göttliche Eigenschaft war natürlich die Allmacht. Nur ein allmächtiger Herr der Welt, der uneingeschränkt herrschen und auf niemanden hören musste, der machen konnte, was er wollte, und der immer Recht hatte und gerecht war, genügte ihm für seinen persönlichen Zeck.

Als zweite, ebenso unbedingt notwendige Eigenschaft, die der allmächtige Gott besitzen musste, war die unendliche Gnade. Er vergab alle Sünden, falls man an ihn als allmächtigen und allgnädigen Gott glaubte. Es gab keinen Zweifel, dass sich die Vorstellung von einem so entworfenen Gott auch am besten annehmen und verbreiten liess. Dass jemand einen noch einfacheren und geeigneteren Gott entwerfen könnte, brauchte er nicht zu fürchten. Eine andere Gefahr lauerte jedoch bestimmt: Später könnten sich andere Ehrgeizige wie er seiner Kreation bedienen und ihn mit seiner eigenen Waffe bekämpfen, seinen Ruhm schmälern, ja ihn sogar überragen. Die Vorstellung erschien ihm zwar schrecklich, aber es gelang ihm, sich zusammenzunehmen und nicht mehr daran zu denken.

*

Der Redner in Athen sprach ebenso von der Notwendigkeit der Erkenntnis des eigenen Wesens als dem höchsten Ziel des Menschen. Saul erinnerte sich gut an die Worte des bärtigen Mannes. Er fand sie zwar gut, jedoch für die Verwirklichung seines persönlichen Plans äusserst hinderlich, denn wie konnte man jemanden, der begriffen hatte, dass er selbst eigentlich der Schöpfer der Welt war, überhaupt dafür gewinnen, einem himmlischen Herrn zu dienen? Nein, das ging zu weit, war nicht geeignet. Die Erkenntnis des eigenen Wesens sollte für die Wenigsten vorbehalten sein. Die Vielen brauchen nichts davon zu wissen.

Auch vom Baum der Erkenntnis und dem Baum des Lebens sprach der Redner in Athen, aber was er sagte, klang anders als alles, was Saul vorher gehört hatte. Leben mit der Vorstellung, dass die Welt von jemandem erschaffen war, dass sie einen Anfang hatte und ein Ende haben würde, entsprach nach der Ansicht des Redners, dem Essen vom Baum der Erkenntnis. So gesehen, war die Welt von jemandem erschaffen, also eine Frucht, jedoch eine unfruchtbare, die selbst unmöglich eine neue Frucht, das heisst eine neue Welt hervorbringen konnte. Anderseits entsprach das Leben mit der Vorstellung, dass die Welt selbst etwas Lebendiges war, sich selbst ständig neu erschuf, also keines äusseren Schöpfers bedurfte, dem Baum des Lebens, der immer eine Frucht war und ebenso immer eine Frucht machte, zugleich vergangen und künftig, Ursprung und Ziel.

*

Natürlich war es unendlich einfacher, von dem Baum der Erkenntnis zu essen und ihn zum Inhalt seines Wesens zu machen, meinte der Redner, denn der von der Trennung lebende Verstand konnte ohne Unterschiede im Allgemeinen nicht auskommen; daher nicht ohne die Zeitspaltung in die Zeitebenen, genannt Vergangenheit, Gegenwart und Zukunft, ohne einen Anfang und ein Ende von allem und erst recht nicht ohne einen Aussenschöpfer. Alles musste eine Ursache haben; das stand fest und klang sehr überzeugend. Und doch gab es in diesem Konstrukt des Verstandes eine schwache Stelle, denn die Frage drängte sich auf, ob dann als Konsequenz die erste Ursache auch eine Ursache haben musste. Um einen Widerspruch zu vermeiden, durfte sich der Verstand diese Frage gar nicht stellen, denn die würde die Unzulänglichkeit des Verstandes an den Tag legen. Deswegen durfte der gesunde Menschenverstand die Frage nach der ersten Ursache nicht stellen, wenn von Gott als Schöpfer der Welt die Rede war.

*

Die Vorstellung von einer schlangenartig ursächlichen Verkettung des ganzen Weltgeschehens bot sich als helfende und befreiende Antwort auf die brennenden Fragen an, die sich das soeben bewusst gewordene Wesen stellte. Der trennende Verstand konnte nicht widerstehen, die Verlockung war viel zu gross. Somit war die Geburt eines zeiträumlich festgelegten Erretters vorbereitet. Was noch fehlte, war jemand, der die Geburt des Erwarteten geschickt bezeugen und der ganzen Welt überzeugend mitteilen konnte, dass das Ereignis der Ereignisse bereits geschehen war.

*

Auch vom Unterschied zwischen Leib und Körper sprach der fremde weise Mann. Die unzähligen, ewig spielenden Möglichkeiten der unvergänglichen Mutter Materie waren der Leib, der sich in ebenso unzähligen fliessenden Variationen zeigte. Jede solche fliessende Variation war ein Körper, eine Scheinraststätte. Durch die jeweils eine andere Konstellation der Möglichkeiten unterschied sich ein jeder Körper notwendig von allen anderen. So bestand die ganze wahrnehmbare Welt aus lauter fliessenden Unikaten. Diese Tatsache bildete den Boden, auf dem der trennende Verstand gedeihen konnte, der Intellekt darben musste und die Vernunft daher nur äusserst selten eine Wohnstätte fand. Die unzähligen Körper waren, meinte er, fliessende, vergängliche Bilder des unvergänglichen Leibes. Das Leben des Leibes nannte er Ewigkeit, das Leben des Körpers Zeitlichkeit. Der Verstand bemühte sich unermüdlich, jede Zeitlichkeit mit einem Anfang und einem Ende auszustatten und ihre Dauer zu berechnen. Selbst dem Universum schrieb er einen Anfang, ein Alter und ein Ende zu.

*

Hier wurde Saul wiederum aus seiner Träumerei geweckt. Neben dem Bett stand sein Begleiter und berichtete unaufgefordert wieder einmal, was er soeben vom Kybernetes gehört hatte. Das Schiff fahre ausserordentlich schnell, habe ihm jener gesagt, viel schneller als sonst. Eine Erklärung hatte er nicht dafür. Eines wusste er aber, der günstige Zephir allein konnte das Schiff unmöglich so schnell vorantreiben. Er konnte sich nicht des Eindrucks erwehren, dass andere Kräfte im Spiel waren. Sollte der günstige Wind nicht nachlassen, würden sie bereits im Laufe des nächsten Tages die Insel Ios erreichen. Saul schwieg.

„Die Inselbewohner von Ios", erzählte der Begleiter weiter, was er vom Kybernetes kurz davor gehört hatte, „sind stolz auf ihre Vergangenheit, insbesondere jedoch darauf, dass der grösste Dichter auf ihrer Insel die letzten Jahre seines Lebens verbracht hatte. Es war nicht einfach ein grosser Dichter, sondern der grösste von allen. Alle grossen Dichter, die nach ihm kamen, lernten von ihm und ahmten ihn nach. Sie alle überholten ihn in der Zeit, denn sie kamen, als er körperlich bereits nicht mehr zu sehen war. Keiner erreichte ihn aber, denn bereits bei Lebzeiten war er in die ferne Zukunft entrückt, hat sich dort angesiedelt, und nun spricht er von dort her mit allen, die ihm folgen können. Wer ihm nicht folgen kann, spricht nie mit ihm, sondern nur über ihn. Was aber über ihn erzählt wird, ist Gefasel, hat mit ihm nichts zu tun."

Saul schwieg. Sein Begleiter entfernte sich schweigend.

Der Sonnenstrahl fiel nicht mehr direkt auf sein Gesicht. Er schloss die Augen und drehte sich auf die Seite mit der Absicht, noch nicht aufzustehen.

„Einen seltsamen Namen hat die Insel, die wir morgen erreichen sollten", überlegte er.

*

„Wie kamen die Leute bloss auf den Gedanken, ihrer Insel einen solchen Namen zu geben? Dass man sie als Rost bezeichnete, leuchtet mir schon ein, denn Rost im Eisenerz kann die Felsen färben und somit die ganze Insel als verrostet erscheinen lassen. Aber wieso heisst sie auch Pfeil und Gift? Und erst recht schwer ist es zu verstehen, warum dieselbe Insel auch noch *derselbe* heisst. Nichts scheint so verworren wie die Sprache; dabei ist sie das einzige Mittel, mit dem man jemandem etwas erklären kann. Auch der Redner sprach viel über seltsame Zusammenhänge zwischen bestimmten Wörtern. Nie vorher hatte ich darüber nachgedacht, dass das Männliche mit der Erinnerung, also mit dem Nichtvergessen und das Weibliche mit dem vergänglichen bunten Treiben der Welt, also mit dem Haus, zu tun hat, in dem das Männliche untergebracht ist. Der verspielte, vergängliche Reiz der Welt mit all ihren unablässig fliessenden Formen und Farben ist also der weibliche Aspekt des Ganzen; die Beständigkeit dieser Vergänglichkeit ist das Männliche des Ganzen; der Mensch ist das Wissen davon und dem Zusammenhang zwischen den beiden Aspekten des Ganzen. Das ist etwa meine Auffassung dessen, was der Redner gesagt hat; vielleicht meinte er es aber ganz anders."

*

Diese Gedanken im Kopf wälzend, schlief Saul ein und wachte erst auf, als er die Stimme seines Begleiters vernahm, der ihm von den neuesten Einzelheiten über die Fahrt berichtete.

„Du hast lange geschlafen, ich wollte dich nicht wecken. Die Insel Ios liegt schon weit hinter uns. Jetzt folgt eine lange Strecke ohne Inseln vor uns. Dann kommt die Insel Rhodos. Unsere Fahrtrichtung ist Süd-Südost. Das Wetter ist prächtig, der Wind passt sich uns an. In Rhodos machen wir einen längeren Halt. Hast du irgendwelche Wünsche? Soll ich dem Schiffsbesitzer irgendetwas ausrichten?"

Saul sagte nichts. Er drehte sich auf die andere Seite und fuhr mit seinen Überlegungen fort. Sein Begleiter entfernte sich geräuschlos.

*

„Der Redner sprach auch von zwei Wirklichkeiten, jener, die wir erleben können, und jener, die sich nur denken, jedoch nie erleben lässt. Jene ist vornehmlich eine Angelegenheit der Sinne, diese eher des reinen Denkens. Jene liegt dem Menschen näher, innerhalb der Reichweite seiner Sinne, zieht ihn jedoch zum Tier hinunter, hindert ihn daran, seinen Namen verdient zu tragen. Diese anderseits liegt ihm fern, zieht ihn jedoch nach oben, hilft ihm, mehr als bloss ein Tier zu sein. Jene kennt nur die Unterschiede und verästelt sich mit der Zunahme der Erkenntnis immer weiter, wird zu einem gewaltigen Baum, der köstliche Früchte trägt und unwiderstehlich zur weiteren, immer feineren Trennung und Verästelung reizt. Werden sie gekostet, wird die Welt mit all ihren Freuden und Leiden geboren; werden sie nicht gekostet, verschwinden beide Bäume zusammen, eben die ganze Welt.

*

Dann sprach er vom Körper und vom Leib. Wenn ich ihn richtig verstanden habe, ist der Körper unser augenblickliches, oberflächliches Erleben des an sich nicht wahrnehmbaren Leibes. Und weil der Körper sich andauernd verändert, ist er unweigerlich ein fliessendes Bild. Denke ich dies zu Ende, dann heisst es, dass es den Körper eigentlich nicht gibt. Was es gibt, ist der Wandel. Der Wandel selbst ist aber nicht ein Etwas, sondern das unablässige Auftauchen und Verschwinden von jedem Etwas. Er ist also der *Weg* von Etwas zu Etwas. Ein jedes Etwas ist aber ein trügerischer Stillstand, ein Scheinverweilen. Unser Körper ist auch ein solcher trügerischer Stillstand, ein Scheinverweilen, in dem das flüchtige, bunte Treiben der Welt entsteht. In ihm kann, muss aber nicht, auch die errettende Einsicht geboren werden, so dass trotz des ununterbrochenen Schwindens von allem eigentlich nichts verloren geht. In der Sprache der Weisen hiesse es, der Körper kann, muss aber nicht, in der Welt den brennenden Busch erblicken und zugleich die Stimme hören, die sagt, dass die Welt das ist, was sie immer ist. Der Redner wird schon Recht haben, unser Körper ist in der Tat der Ort des ganzen Welttreibens. Er ist jedoch zugleich der Schleier, der alles einhüllt und nicht zulässt, dass man das Zusammenspiel der Kräfte unmittelbar erlebt, aber auch das einzige, was das so verborgene Zusammenspiel der Kräfte erahnen lassen kann. Hätte ich nicht den Dorn im Fleische und wäre mein Körper nicht so, wie er ist, hätte ich diese Reise nie unternommen, hätte diesen Redner nie gehört und diese Einsicht nicht erlangt. Wegen meiner körperlichen Schwächen bleibt mir zwar manche vergängliche Freude verwehrt, und zugleich bescheren mir gerade diese Schwächen jenes, was kostbarer ist als Gold und Edelsteine, wie es in den Sprüchen des weisesten aller Könige heisst. Vielleicht sind die Schwächen meines Körpers das Zeichen dafür, dass ich auserwählt und beauftragt bin, mich den höchsten Taten, die auf mich warten, voll und ganz zu widmen. Was für Taten es sein könnten, weiss ich nicht. Vielleicht geht es um den grössten denkbaren Ruhm, der mir unzählige Anhänger und Verehrer bringen könnte, und zwar so feurige und treue, dass sie für meine Sache jederzeit zu sterben bereit wären, wenn ich sie dazu aufforderte. Alles, was mir begegnet ist, seit ich Tarschisch verlassen habe, spricht schon dafür. Ich muss gut aufpassen, dass ich keinen grossen Fehler mache und ein falsches Schiff besteige. In Caesarea bleibe ich nur einen Tag. Danach muss ich gleich weiter nach Jerusalem. Dort wird sich zeigen, ob es eine für mich passende Aufgabe gibt. Sollte es keine geben, werde ich eine schaffen müssen."

***

Eine angenehmere Fahrt konnte sich Saul nicht wünschen. Seine Schlafgelegenheit war bequem, der Fahrtwind hielt die Kajüte ständig durchlüftet, und sein Begleiter erledigte unaufgefordert alles, was er benötigte. Immer wieder kam er vorbei und, falls Saul wach war, erzählte er ihm alles, was er im Gespräch mit dem Kybernetes erfahren hatte.

„Die Insel Thera liegt schon weit zurück, hat mir der Steuermann gesagt", berichtete er diesmal. „Zwar konnte man die Insel nicht sehen, denn sie liegt weit weg von unserer Fahrtroute, aber der Steuermann versicherte mir, dass sie nun sehr, sehr weit hinter uns liegt. Die Insel hat eine spannende Geschichte. Sie entstand aus der Glut, als das Meer Feuer spie. Ursprünglich soll sie ziemlich gross gewesen sein. Aber wie sie entstanden war, ging sie auch unter, wurde verschlungen, zugleich von Feuersbrunst und von Meerestiefe. Mit ihr verschwand etwas, was den Hellenen fremd war, so fremd, dass niemand sagen kann, wie es war. Die Inselbewohner wissen zu erzählen, dass auf ihrer Insel ursprünglich weder Krankheiten noch irgendwelche Leiden bekannt waren und dass dort zu jener glücklichen Zeit Götter und Menschen zusammenlebten und sich gegenseitig unterstützten. Dann aber wurden die Menschen überheblich, glaubten, sie könnten alles selber bewältigen und brauchten keinen Beistand der Himmlischen. Die beleidigten Götter beschlossen, das glückliche Land zu verlassen und zur Strafe alles Leben sowie alle prächtigen Werke, die dort mit ihrer Hilfe errichtet wurden, dem Untergang zu weihen. Im glühenden Schlund der Erde versank alles, schmolz zur flüssigen Formlosigkeit und kehrte in den Urzustand zurück. Das war das Ende des letzten gescheiterten Versuchs zusammenzuleben, den die Himmlischen einst mit den Irdischen unternommen hatten. Danach unternahmen die Himmlischen noch einen Versuch – der läuft noch immer. Die ältesten Inselbewohner behaupten, dieser Versuch sei zugleich der letzte, abschliessende Akt des Dramas, das im Welttheater aufgeführt werden kann. Die Jungen dagegen trinken Betäubendes und nehmen nicht ernst, was die Alten erzählen. Wie dieser letzte göttliche Versuch enden soll, wird sich zeigen."

Saul streckte sich kräftig und gähnte laut.

„Wenn der günstige Wind anhält, werden wir in zwei Tagen die Insel Rhodos erreichen", fügte der Begleiter noch hinzu.

Saul hatte seinem Begleiter die ganze Zeit mit geschlossenen Augen zugehört, ohne ihn ein einziges Mal zu unterbrechen. Nun drehte er sich, ohne etwas zu sagen, auf die andere Seite.

Der Begleiter verstand Sauls Art, ohne Worte zu sprechen, und entfernte sich geräuschlos.

***

Der Steuermann erzählte dem Begleiter vieles über die Insel Rhodos, und dieser hörte dem Erzähler gespannt zu. Er wollte über die Reise Bescheid wissen, um Saul zur passenden Stunde über gewöhnliche Dinge unterrichten zu können. Das war erforderlich, denn Saul konnte nicht mehr vorn sitzen und die kostbare Zeit für Nebensächliches verschwenden. Jetzt musste er sich mit höheren, dringenden Fragen beschäftigen und durfte nicht abgelenkt werden. Das wusste der Begleiter nur allzu gut.

„Der Göttervater liebte grosse Werke, erzählte mir der Steuermann, insbesondere wenn sie mit der Schönheit der Welt zu tun hatten. So beschloss er einmal, im offenen Meer eine Insel aus der Tiefe zu heben und für sie eine glorreiche Zukunft zu bestimmen. Als oberster Gott wusste der Göttervater wohl um die Vergänglichkeit aller erschaffenen Dinge, somit auch all dessen, was er selbst erschuf. Um seiner Insel ein möglichst langes Leben zu sichern, band er den Meeresgott in seinen Plan ein. Er wusste, dass dieser eine Tochter von ausserordentlicher Schönheit hatte, die Rhode hiess und die ihrem Vater überaus lieb war. Also beschloss er, dem Meeresgott etwas zu schenken, was mit dem Namen dessen geliebten Tochter zu tun hatte. Noch in derselben Nacht, als er die Insel aus dem Meer hob, liess er überall Rosenstöcke aus dem Boden schiessen, die unzählige duftende Blüten trugen. Ein Abbild des Himmels bot seine Schöpfung. Die Gattin des Göttervaters witterte in der grossen Bemühung ihres Gemahls eine Gefahr. Sie wusste nämlich, dass der Göttervater seine schönen irdischen Geliebten grosszügig zu beschenken pflegte. Um ihm seine geheimen Pläne zu durchkreuzen, setzte sie auf die duftende Insel unzählige giftige und ungiftige Schlangen aus. Der Meeresgott war von dem Geschenk begeistert, wusste aber nicht, welcher Gefahr sich jeder aussetzte, der die Insel betrat. Um seine Tochter zu erfreuen, nannte er die von Zeus geschenkte, in Rosenduft eingehüllte Insel Rhodos.

*

Die Inselbewohner liebten zwar ihre duftende Insel sehr, und doch trübte etwas ihr Glück: Immer wieder wurden sie von giftigen Schlangen gebissen, wussten sich aber nicht zu helfen und starben einen qualvollen Tod. Die Abhilfe kam erst, als der himmlische Arzt Apollo sich der Insel annahm und seinen begnadeten Schüler Asklepios beauftragte, die Menschen zu lehren, wie man aus Schlangengift das Gegengift herstellt. Er tat es aus Dankbarkeit für die Gastfreundlichkeit, die einst die Inselbewohner seiner schwangeren Mutter erwiesen hatten. Den Menschen verriet Apollo jedoch nicht das höchste Wissen und alle Geheimnisse der Heilkunst, so dass die Irdischen trotz ihres grossen Wissens erkranken können und sterben müssen. Er tat es, damit die Menschen nie aufhören, neugierig zu sein sowie herauszufinden bemüht, wie sie wie die Himmlischen ewig leben und immer jung bleiben könnten. Und weil ihnen das unfehlbar misslingen muss, hilft er ihnen als Trost von irgendeiner Art von Paradies nach dem Ableben zu träumen und somit in beiden Fällen zugleich für sein eigenes Bestehen zu sorgen.

Bald verliebte sich der Sonnengott, der eigentlich Apollos Ebenbild war, in die schöne Rhode und zeugte mit ihr nicht weniger als sieben Söhne. Ihr ältester Sohn zeugte drei Söhne, und jeder von ihnen gründete eine prächtige Polis. Natürlich erzählte man auch andere Geschichten, so etwa, dass die ersten Städtegründer auf Rhodos eigentlich die Einwanderer von Peloponnes waren. Die Inselbewohner kümmerte das nicht. Sie liebten den Sonnengott und opferten ihm, obwohl die anderen Hellenen das nicht taten. Helios verliess die Insel nie, und aus Dankbarkeit errichteten die Insulaner ihm zu Ehren eine riesige Statue, die dank der Geschichten der Seefahrer als eines der Weltwunder berühmt wurde."

*

Das und noch vieles mehr erfuhr Sauls Begleiter vor und nach dem Aufenthalt auf Rhodos. Während des Aufenthaltes in Rhodos ging Saul nicht an Land. Die ganze Zeit blieb er in seiner schattigen Ecke auf dem Schiff und überlegte sich, wie er in Jerusalem Brot verdienen sollte. Bemühen wollte er sich auf jeden Fall, in den Staatsdienst zu treten. Eine Vorstellung davon, was er dort machen und wie er am schnellsten befördert werden könnte, hatte er natürlich nicht. Nur eines wusste er bestimmt: Zelte wollte er nicht mehr anfertigen.

Es vergingen weitere fünf Wochen, bevor das Schiff in Caesarea anlegte. Da er bereits seit mehreren Wochen wenig Bewegung gehabt hatte, fühlte sich Saul steif und war nun froh, wieder auf dem Festland zu sein und sich frei bewegen zu können. Als er den Seemann fragte, was er für die lange, angenehme Fahrt schulde, sagte ihm jener, er müsse darüber mit dem Schiffsbesitzer sprechen.

„Wo kann ich ihn finden?", fragte Saul.

„Es tut mir leid, aber ich weiss es nicht", antwortete der Seemann.

„Soll ich auf ihn warten?", fragte Saul, nun richtig erstaunt.

„Du brauchst nicht zu warten; wenn der Schiffsbesitzer es für nötig erachtete, wäre er bestimmt da", erwiderte jener.

Saul stand da und rieb sich die Stirn. Er verstand nicht, was das zu bedeuten hatte. Mehrere Wochen lang durfte er mit dem Schiff fahren, Hunderte von Meilen bequem zurücklegen, und nun war er am Ziel der langen Fahrt wohlbehalten angekommen, und für all das brauchte er nichts zu zahlen.

Plötzlich hörte er auf, sich die Stirn zu reiben, und ein kaum bemerkbares Lächeln der Befriedigung überflog sein Gesicht. Sein Blick verriet, dass er eine zufriedenstellende Erklärung gefunden hatte.

„Es ist einfach noch ein Beweis", dachte er.

***

Im Hafen von Caesarea herrschte reges Treiben. Schiffe von Alexandria und Salamis, Syracuse und Neapolis, Massilia, Valentia, Carthago Nova und viele andere waren zu sehen. Einige wurden gerade entladen, andere wiederum beladen. Unzählige Männer schleppten grosse Ballen und Säcke von den Schiffen und zu den Schiffen. Sie alle schienen ein wichtiges Ziel zu haben, denn sie alle hatten eine ernste Miene, und alle eilten. Der ganze Hafen ähnelte einem riesigen Jahrmarkt. Überall wurden allerlei Waren feilgeboten, und Menschen in verschiedensten Trachten flanierten gemächlich entlang der breiten Uferstrasse an Buden und Ständen der Kaufleute vorbei, die ihre Ware laut anpriesen. Ebenso unzählige eilten, besorgt hin und her schauend, als suchten sie etwas Kostbares, was sie verloren hatten. Andere wiederum standen unbeweglich und starrten vor sich hin, merkten wohl nichts von allem, was um sie herum vor sich ging.

*

Mitten in dem bunten Treiben und nur einige Schritte von ihm entfernt fiel Saul ein junger Mann auf, der nur ein ärmelloses, sackartiges Kleid aus Kamelhaar, das ihm bis an die Knie reichte, und um die Lenden einen ledernen Gürtel trug. Sein Haupthaar und sein Bart waren zerzaust und ungepflegt. Er war barfuss. Immer wieder streckte er seinen rechten Arm gen Himmel und wiederholte laut immer dieselben Worte, mit denen er die Anwesenden aufforderte, ihre Gesinnung zu ändern und den Weg für den Angekündigten zu bereiten, da das Himmelreich nahe sei. Voller Entzückung war sein Gesicht dorthin gerichtet, wo sein Arm hinwies, als wollte er alle auf etwas in der Höhe aufmerksam machen, was er entdeckt hatte; seine Augen waren aber geschlossen. Saul blieb eine Weile unbeweglich stehen und hörte dem energisch redenden jungen Prediger zu. Er verstand gut, was jener sagte, wusste aber nicht, in wessen Namen er sprach. Die Worte des Predigers machten ihn neugierig, und er fragte einen älteren Mann, der neben ihm stand, wen der junge Prediger vertrat.

„Es ist ein Eremit, der in der Wüste lebt und sich von Heuschrecken und wildem Honig ernährt. Er hat viele Jünger, und einer von ihnen ist dieser junge Prediger", erwiderte jener.

„Ist der Eremit der Angekündigte, von dem dieser hier redet?", fragte Saul weiter.

„Sofern ich weiss, ist er es nicht. Dieser Prediger wiederholt nur, was jener in der Wüste sagt."

„Wen meint der Wüstling mit dem Angekündigten, der nach ihm kommen soll?"

„Ich weiss es nicht genau, aber er betont immer, er sei nicht würdig, die Sandalen des Angekündigten zu berühren", antwortete der Mann.

„Und sagt er irgendetwas, wann der Angekündigte kommen sollte?", fragte Saul.

„Den Tag nennt er nicht, sondern sagt bloss, das Himmelreich sei sehr nah."

„Macht er irgendwelche weiteren Angaben über den, der kommen soll?"

„Nicht, dass ich wüsste."

*

Saul stellte keine weiteren Fragen im Zusammenhang mit dem angekündigten Meschiach.

„Wie weit ist Joppe", wollte er noch wissen.

„Du hast ein gutes Reittier, wie ich sehe; wenn du weder eilst noch weilst, brauchst du zwei Tage", antwortete jener.

„Und von Joppe nach Jerusalem?", fragte Saul weiter, froh, zufällig jemanden angesprochen zu haben, der ihm genaue Auskunft geben konnte.

„Von Joppe brauchst du bis Lydda einen Tag, und von dort bis nach Jerusalem sind es noch zwei Tage."

Saul wollte dem Mann noch zwei Fragen stellen, aber jener kam ihm zuvor.

„Gehe zuerst über das Forum und dann noch etwa zweihundert Schritte weiter. Dort ist das Aquädukt, dort kannst du die Bälge mit Wasser füllen und etwas Essbares besorgen. Dann musst du wiederum zum Forum zurückkehren und dort die Strasse nehmen, die zur Ostpforte führt. Die Strasse führt dich nach Joppe. "

Sein Begleiter half Saul, auf sein Maultier zu steigen, und sie verliessen das Treiben im Hafen.

*

„Es ist gut, dass der Wüstling gerade jetzt von der Ankunft des angekündigten Meschiach redet, denn die Zeiten sind hart; viele suchen einen Trost, es wird etwas zu tun geben, möglicherweise viel. Den geeigneten Augenblick darf ich nicht verpassen. Schon viele Male wurde die Ankunft des Erretters angekündigt, und jedes Mal gab es eine bittere Enttäuschung. Das musste auch so sein, denn alle erwarten, dass ein Meschiach sie von ihren Leiden befreit. Sie begreifen nicht, dass alle Leiden mit dem Körper kommen. Der Körper ist wohl der einzige rechtmässige Erbe des Leidens. Nur wer von seinem Körper befreit wird, wird auch vom Leiden befreit. Mit dem Verschwinden des leidenden Körpers verschwinden aber auch die Freuden. Das bringt nichts, es muss einen anderen Weg geben", überlegte Saul, während sein Maultier emsig voranschritt, sichtbar froh, nach langem Ruhen wieder laufen zu dürfen. Die Strasse, auf der sie ritten, führte die Küste entlang. Das Meer lag nun zur Rechten.

„Zwischen hier und dort liegt das Meer, mehrere Wochen Schifffahrt. Dort sind die Hellenen, hier sind wir", überlegte er weiter.

„Aber wer sind wir? Wir sind für sie die undeutlich redenden Barbaren, und sie sind für uns die viel zu vielen anderen, die Gojim. Für uns haben sie eigentlich einen – für unsere Ohren, natürlich – sehr schönen und bedeutungsträchtigen Namen, denn, wenn sie uns ,Barbar' nennen, sagen sie etwas, was uns in der lebensfeindlichen Trockenheit unseres Alltags grosse Freude bereitet, nämlich ,Brunnen-Brunnen'. Übrigens, unsere Heilige Schrift sagt gleich am Anfang, dass auch die Kraft aller Kräfte das Material für die Erschaffung der Welt aus dem Brunnen schöpft. Das habe ich von dem Redner in Athen gelernt. Wenn sich das hellenische Wort Barbar nur auf uns beziehen würde, würden sie uns ungewollt tatsächlich Auserwählte nennen, aber sie gebrauchen dasselbe Wort auch für alle anderen Nichthellenen. Also sind wir in ihren Augen doch nicht die Auserwählten, kein Brunnen-Brunnen, sondern eher wie alle anderen ein Brummen-Brummen. Sind sie für uns die Minderwertigen? Ich weiss es nicht, aber den Eindruck habe ich, dass die meisten bei uns glauben, die Kraft aller Kräfte habe sich nicht bloss zuerst in uns verliebt, sondern uns auch zuerst ihre Liebe erklärt. Ausserdem sind wir überzeugt, dass alles, was andere später taten, bloss eine Nachahmung unserer Ursprünglichkeit ist. Und wie klingt es, wenn wir den Hellenen und allen anderen ,Gojim' sagen? Es klingt gar nicht schlecht, denn wir sagen ihnen, dass sie alle die inneren Bereiche sind, also nicht die Oberfläche, sondern etwas Wesentliches. Wie dem auch sei, sollten wir beide, sie und wir, zufrieden sein, denn selbst abwertende Namen für sie und für uns klingen gut. Würde jener Redner, der auf Agora von den Hellen mit Begeisterung aufgenommen wurde, auch bei uns in Jerusalem willkommen sein? Ich glaube es kaum. Die Hellenen scheinen für andere Ansichten viel offener zu sein als die Leute bei uns. Woran liegt das wohl? Abraham, der Erfinder des alleinigen Gottes und der aufgeschlossenste aller Menschen, stammt zwar von uns, scheint in Sachen Aufgeschlossenheit jedoch mehr die Hellenen als uns geprägt zu haben. Vielleicht kommt das gerade daher, dass sie an so viele verschiedene Gottheiten glauben. Und da so viele ewige Götter nebeneinander wirken können, ohne sich gegenseitig zu bekriegen, ergibt sich eine Atmosphäre, in der verschiedene Ansichten geduldet werden. Das ist für den Einzelnen angenehmer, gestattet es ihm doch, einen eigenen persönlichen Kontakt mit den Göttern herzustellen und zu pflegen. Bei uns kann nur eine Möglichkeit als richtig gelten, und ein persönlicher Kontakt mit dem alleinigen Gott ist ausgeschlossen. Die Hellenen suchen ihr Heil und Segen individuell, jeder auf eigene Art und Weise. Wir dagegen haben die Botschaft und die Zusicherung, dass wir als Volk auserwählt sind, Kinder Gottes zu sein, durch unsere Oberhäupter erhalten. Nur sie waren würdig genug – so denkt man bei uns – die Botschaft des alleinigen Gottes persönlich zu vernehmen und an uns alle weiterzugeben, somit Vermittler zwischen Gott und uns zu sein. Das ist der Hauptunterschied zwischen den Hellenen und uns: Wir haben einen Vermittler, der für uns alle die Unterweisung erhalten hat; die Hellenen haben keinen. Bei uns gilt nur das, was der Vermittler sagt, bei den Hellenen entscheidet jeder individuell, für sich selbst, wem und wie er huldigen will. Was sie haben, ist angenehmer, führt jedoch unfehlbar zum Chaos. Was wir haben, ist nicht leicht zu ertragen, wirkt aber dem Zerfall entgegen. Ich wollte, ich könnte in zweitausend Jahren nochmals leben, um zu sehen, was sich durchgesetzt hat. Mein Eindruck ist, dass die Hellenen sich über die Ereignisse überhaupt nicht ärgern, weil sie an ein Schicksal glauben und daher auch daran, dass alles genau so sein muss, wie es ist. Weil sie gegen den spontanen Lauf der Dinge nichts unternehmen, fördern sie irgendwie den allgemeinen Zerfall. Unsere Vorgesetzten verlangen von uns strengste Disziplin, um dadurch diesem spontanen Zerfall entgegen zu wirken. Ich frage mich, was Rabbi Gamaliel dazu sagen würde. Was ich von ihm gehört habe, klang anders als jenes, was der Redner auf der Agora erzählte. Möglicherweise denken sie dasselbe, aber jeder von ihnen hat seine persönlichen Gründe, bestimmte Ansichten für sich zu behalten und den anderen etwas ganz anderes zu erzählen", führte Saul sein lautloses Selbstgespräch.

*

Wie auf der Strasse von Tarschisch nach Ephesos begegneten Saul und sein Begleiter Kamelkarawanen und Einzelpersonen, die, in Gedanken versunken, ihre schwer beladenen Lasttiere führten. Sie überholten viele, wurden jedoch von niemandem überholt. Einige Abschnitte des Weges kamen Saul bekannt vor, denn einige Jahre davor war er mit seinen Eltern nach Jerusalem gereist, um dort bei Rabbi Gamaliel das von Moses mitgeteilte Gesetz zu studieren. Nun ging er wieder nach der Stadt der friedlichen Gesamtschau mit der Absicht, dort eine zu ihm passende Beschäftigung zu finden. Im Unterschied zu damals war er diesmal reich an unzähligen neuen Erkenntnissen und neuer Erfahrung, die er im Schnellverfahren dank besonderer Begegnungen und Erlebnisse in einer völlig anderen Welt gesammelt hatte. Nun war er volljährig, im wahrsten Sinn des Wortes.

*

Die erste Nacht verbrachten Saul und sein Begleiter in ihrem Zelt, das sie in einem winzigen Palmenhain aufgeschlagen hatten. Auch eine Quelle mit gutem Trinkwasser gab es dort, und sie waren etwas erstaunt, dass nicht noch mehr Reisende denselben Ort aufgesucht hatten.

Am Ende des zweiten Tages erreichten sie Joppe. Im Hafen sahen sie mehrere Schiffe unbeweglich wie aus Stein vor Anker liegen.

„Sie alle warteten auf etwas, was sie in der Art grosser Tiere in ihre Bäuche aufnehmen sollten, bevor sie wieder in See stechen und verschwinden, um nach einer Zeit woanders wieder anzulegen und wieder zu warten wie hier", dachte Saul.

„Mich hat ein solches hierher gebracht; eines von diesen wird womöglich Reisende eben dorthin bringen, wo ich meine Seefahrt begann. Wir alle sind unterwegs auf der Suche nach etwas, dessen Inhalt uns eigentlich unbekannt ist. Das einzige, was wir über das Ziel unseres Suchens wissen, ist, dass wir es suchen müssen, obwohl wir es nicht kennen, sonst nichts. Ich suche jetzt einen geeigneten Posten, aber was für einen, weiss ich nicht. Es ist ein Glück, dass wir Menschen nicht wissen, wie das Resultat unserer Suche aussieht, sonst würden die meisten – möglicherweise sogar alle – auf die Suche verzichten. Der Drang nach Wissen treibt uns an, lockt uns ins Ungewisse, erleichtert das Leben, macht es bequemer und zerstört es. Das Unwissen erschwert uns das Dasein, zwingt uns zu kämpfen und erhält uns eben dadurch am Leben. So etwa würde es vielleicht der Redner in Athen sagen. Von allem, was er erzählt hatte, habe ich sehr wenig verstanden und davon wiederum sehr wenig behalten, und doch habe ich das Gefühl, dass ich jetzt ganz anders denke und überhaupt alles anders sehe. Die Hellenen schienen von seinen Reden hell begeistert zu sein. Verstanden sie ihn wirklich, oder war ihre laute Begeisterung nur ihre freundliche Art, jedem Redner für seine Bemühung zu danken? Eine Antwort auf diese Frage werde ich bestimmt nie wissen. Auch weiss ich nicht, warum ich kein Bedürfnis verspürte, mich allen anderen anzuschliessen, als sie ihm zujubelten, obwohl ich von dem, was ich in seinen Reden verstanden zu haben glaube, sehr beeindruckt war", überlegte er weiter.

*

Der Weg nach Lydda führte durch eine zerfurchte, menschenleere Landschaft voller felsiger Anhöhen und Plateaus.

„Dies soll das gelobte Land sein", dachte Saul, „kein Wasser, bis auf wenige Palmen keine Obstbäume, keine Blumen, nur Sand und Steine. Warum hat Gott so ein lebensfeindliches Land als ein ganz besonderes Geschenk für sein auserwähltes Volk bestimmt? Wie soll ich das verstehen? Rabbi Gamaliel sagt, Gott erziehe besonders streng jenes Volk, das er für sich auserwählt hat. Jener Redner in Athen würde vielleicht sagen, das Zusammenspiel der Kräfte damals gestattete keine andere Möglichkeit. Das Zusammenspiel der Kräfte, das jener Zeit vorausging, versprach genau jenes, was sich aus dem Zusammenspiel der Kräfte später ergeben musste. Daher geschah damals wie zu allen Zeiten auch das einzig Mögliche, und heute ist es nicht anders. Der Gott des Redners in Athen hat mit unserem Gott nichts zu tun. Sein Gott gleicht eher der Notwendigkeit bei den Hellenen. Nimmt man die Notwendigkeit ernst, braucht man keinen Gott in unserem Sinn. Die Notwendigkeit der Hellenen kennt nur eine einzige Möglichkeit, jene, die sich aus dem Zusammenspiel der Kräfte ergeben kann und immer ergibt. Daher lässt sich die Notwendigkeit auch nicht umstimmen. Und doch bitten die Hellenen ihre Götter um Beistand und bringen ihnen Opfer dar. Das ist schon ein merkwürdiges Verhalten, denn sie wissen, dass die Götter nichts bewirken können, wenn die Ananke es anders beschliesst. Wir dagegen glauben, dass unser Gott jederzeit seinen Plan ändern kann, wie es ihm beliebt, und bringen ihm daher Opfer und flehen ihn an, er möge uns erhören und unsere Wünsche erfüllen. Dabei glauben wir, dass Gott uns als seine Auserwählten besonders liebt und für uns sowieso immer das Beste tut. Wenn er es sowieso tut, wozu das Betteln? Sowohl die Hellenen als auch wir handeln also sinnwidrig. Ist dem wirklich so? Wahrscheinlich nicht, sondern es ist vielmehr so, dass sowohl bei den Hellenen als auch bei uns und überall auf der Welt jene, die nicht scharf denken können, eine gewaltige Mehrheit stellen. Wegen ihrer geistigen Trägheit haben sie das Gefühl, sie könnten ohne eine fähige Führungsschicht nicht leben. Die Führenden haben daher ständig alle Hände voll zu tun, indem sie für die Vielen immer neue Spiele, Vergnügungen, Feste, Feiern, Riten und – selbstverständlich - Kriege bestimmen und veranstalten. Genau das ermöglicht es den Mitgliedern der weltlichen und der religiösen Führungsschicht, ein sehr bequemes und ein ausserordentlich spannendes Dasein zu haben. Durch allerlei weltliche und religiöse Vorschriften und Gesetze zügeln und lenken sie die gewaltigen Massen der geistig Trägen und schaffen somit in ihnen das Gefühl, ohne allerlei Führer und Vormunde wäre das Leben überhaupt nicht möglich. Bequem ist ihr Leben, weil sie sich im Alltag weder mit finanziellen noch mit irgendwelchen materiellen Schwierigkeiten herumzuschlagen brauchen und somit die ganze Zeit für ihre persönlichen Anliegen nutzen können. Da sie andauernd damit beschäftigt sind, neue Strategien zu entwerfen, den Status quo aufrecht zu erhalten und nach Möglichkeit für sich und für ihre Nachkommen noch vorteilhafter zu gestalten, bestimmen sie zugleich den Geschichtsverlauf ihrer eigenen Zeit. So führen sie ein spannendes Dasein, und das Resultat ihrer Bemühung ist, dass sie bereits zu Lebzeiten manchmal bewundert, häufiger beneidet und fast immer gefürchtet und gehasst werden. Das kümmert sie aber kaum. Nebst einem bequemen und spannenden Leben tun sie immer etwas, um nach ihrem Ableben, wenn nicht gelobt, dann wenigstens immer wieder erwähnt zu werden. Mit der Ausführung des von ihnen persönlich entworfenen Planes betrauen sie natürlich – falls irgend möglich – die braven, einseitig Sachverständigen; diese wiederum spannen die Massen, die viel zu Vielen, vor den grossen, schweren Karren ein. So läuft das. Man mag dagegen sein, aber offensichtlich geht es nicht anders. Allein der Umstand, dass dank der Bemühung der wenigen starken Persönlichkeiten die Geschichte geschrieben und somit der grossen Taten ständig gedacht wird, rechtfertigt alles, was sie tun, denn gerade daraus schöpfen die neuen grossen Persönlichkeiten Kraft und Mut, es ihren Vorgängern gleich zu tun."

Solche und ähnliche Gedanken gingen Saul durch den Kopf, während sein Maultier unter ihm hurtig voranschritt und ihn jede Minute jener Stadt näher brachte, von der aus man – so die Überlieferung – alles auf einmal überschauen konnte.

Saul war sich seiner Fähigkeiten bewusst sowie fest entschlossen, seine Fähigkeiten auch zu gebrauchen. Daher zweifelte er nicht daran, dass in Jerusalem, der Stadt der Gesamtschau, eine wichtige Aufgabe auf ihn wartete.

***

Der Vormittag war fast vorbei, als Saul mit seinem Begleiter in Jerusalem ankam. Da er sich in der Stadt auskannte, wusste er, wo sie sich erfrischen und ausruhen konnten. Am Nachmittag besuchte Saul seinen ehemaligen Lehrer Gamaliel und fragte ihn, ob er ihm eine sinnvolle Arbeit vermitteln könnte. Der hoch angesehene Lehrer erkannte seinen eifrigen Schüler sofort und nahm ihn in seinem Haus freundlich auf.

„Hier ist ein Zimmer für dich, ruhe aus, meine Helferin bringt dir etwas zu essen. Ich gehe jetzt zu einer Sitzung des Hohen Rates, wir haben Wichtiges zu besprechen, ich darf nicht fehlen. Wenn ich zurückkomme, werden wir sehen, was sich machen lässt", sagte Gamaliel freundlich lächelnd. Seine Stimme klang wie immer mild und beruhigend, dennoch glaubte Saul, in den Worten seines Lehrers leichte Besorgnis zu vernehmen.

*

Die Sitzung des Hohen Rates fand im Palast des Hohepriesters Kajaphas statt, der zugleich auch der Ratspräsident war.

Als Gamaliel im Palast ankam, waren bereits alle anderen Ratsmitglieder da. Ein Türsteher schloss die schwere Tür des Versammlungsraumes und verriegelte sie. Kaum hatte sich Gamaliel auf seinen Stammplatz gesetzt, erhob sich der Kajaphas von seinem Präsidentensessel, überflog mit kurzem, prüfendem Blick die Runde, als wollte er sich vergewissern, dass alle siebzig Mitglieder anwesend waren. Er hätte es nicht tun müssen, denn alle einundsiebzig Graubärte – der Präsident dazu gerechnet – waren da. Es konnte auch nicht anders sein, denn alle waren mit dem Ernst der Lage vertraut, wussten eigentlich, wovon der Präsident des ehrwürdigen Sanhedrins sprechen wolle.

*

„Gelobt seist du, Ewiger, unser Gott, König der Welt", schickte er voraus, und alle sprachen im Chor mit.

„Wir wissen alle, warum wir uns heute versammelt haben. Obwohl einige von uns sich gesundheitlich gar nicht wohl fühlen und jeglichen Grund hätten, der Sitzung fern zu bleiben, sind alle erschienen. Seit dem Aufstand der Rotte Korachs, Datans und Abirams waren wir nie in einer so gefährlichen Lage wie jetzt. Die Gefahr droht nicht nur von aussen, sondern nicht weniger auch von innen. Ein gewisser Joschua, ein Möchtegernrabbi, der Sohn von irgendeinem Maurer oder Zimmermann. Dieser Taugenichts zog eine Zeitlang mit einer Rotte von Seinesgleichen von Ort zu Ort, predigte gegen uns alle, nannte uns falsch, heuchlerisch, Schlangenbrut und ähnlich. Seine Anhänger verführte er zum Glauben, er sei der Sohn Gottes und der versprochene Messias. Die Lage wurde unhaltbar, und er wurde zum Tode verurteil und vor drei Monaten hingerichtet. Wir hofften, dass dadurch seine Sekte verschwinden würde. Das Gegenteil ist jedoch geschehen: Die Zahl seiner Anhänger steigt seit seiner Hinrichtung von Tag zu Tag, ja von Stunde zu Stunde. Die Folgen spüren wir bereits: Das Haus der Zusammenkunft ist halbleer, die Kasse auch, denn seine Anhänger kommen ihren Verpflichtungen nicht nach. Am Anfang folgten ihm nur die Armen, jetzt sind auch immer mehr Anständige unter ihnen. Nun verbreiten sie Geschichten, er hätte aus den Besessenen Dämonen ausgetrieben und Kranke geheilt. Angeblich würden dank dem Glauben an ihn Blinde sehend, Aussätzige gesund, Taube hörten wieder, selbst Tote würden wieder lebendig. Tausende von Hungrigen machte er angeblich mit ein paar Broten satt. Er versprach der Menge das ewige Leben im Himmel, wenn sie ihm folgten, und nannte sich Gottessohn, der mit dem himmlischen Vater eine unzertrennliche Einheit bilde. Wenn es uns nicht gelingt, den weiteren Einfluss seiner Lehre auf die Massen zu unterbinden, sind wir bald verloren. Wir müssen uns gut überlegen, was sich machen lässt. Ich persönlich möchte an alle und jeden von euch eine Frage richten. Auf die Frage müssen wir eine vernünftige Antwort finden. Gelingt uns das, werden wir auch wissen, was zu tun ist. Wie ist es zu erklären, dass er plötzlich so viele Anhänger hat? Das wäre meine Frage. Wenn jemand glaubt, eine gute Antwort zu haben, soll er gleich jetzt sprechen", sagte der Präsident.

„Die Unterdrückung durch die Besatzungsmacht ist unerträglich", sagte Rabbi Jakow.

„Das wissen wir alle, aber das erklärt nicht, warum sich die Leute von uns abwenden", meldete sich ein anderer.

„Die Unterdrückung durch die Besatzungsmacht schafft eine Stimmung, in der so einer wie der Joschua überhaupt auftauchen kann, denn es ist nicht zu leugnen, dass er ihnen in dieser Zeit voller Leid und Drangsal etwas Neues verspricht, etwas, was unsere Lehre nicht kennt", versuchte Rabbi Jakow seine Meinung zu verteidigen.

„Und was wäre das Neue?", fragte der andere.

„Er verspricht ihnen nach dem Tod das ewige Leben in Seligkeit, wo sie das Antlitz Gottes werden ewig schauen und die Herrlichkeit unseres himmlischen Vaters geniessen dürfen. So etwas können wir ihnen nicht versprechen", antwortete Rabbi Jakow.

„Ich habe den Eindruck, dass seine Lehre sehr einfach und leicht verständlich ist. Wir haben zu viele Gebote und Verbote", sagte Rabbi Josef.

„Es stimmt, dass seine Lehre ganz wenige Gebote kennt, aber jedes einzelne ist so radikal, dass man es kaum einhalten kann. So sagt er zum Beispiel, dass man seine Feinde lieben soll. Das ist für uns unvorstellbar, denn, wer seinen Feind liebt, hat keinen Feind, da jemand, den man liebt, kein Feind sein kann. Und wie kann man seine Feinde lieben, wenn man keine mehr hat? Oder er sagt, dass man seiner Frau untreu ist, sobald man eine andere begehrt, obwohl man mit ihr nichts gehabt hat. Allein der Wunsch also oder das Gefühl ist bereits eine schlimme Sünde, obwohl man nichts getan hat und nichts zu tun beabsichtigt. Er verlangt, dass man ganz anders denkt, wünscht und handelt, als wir uns gewohnt sind", meldete sich ein anderer.

„Die Leute wenden sich von uns ab, weil das, was sie von uns hören, nicht mehr ihren Wünschen und Hoffnungen entspricht", begann Rabbi Gamaliel, „die Zeiten ändern sich, und mit den Zeiten ändern wir uns ja auch. Unsere ganze Vergangenheit, von Adam bis jetzt, ist nichts anderes als ein Bericht von der ständigen Veränderung, vom ständigen Ringen. Warum sollte auch das, was gerade jetzt geschieht, nicht ein Teil dieses ewigen Ringens, der ewigen Veränderung sein, der wir uns stellen müssen? Rabbi Joschua redet anders als wir, aber er ist nicht durch seinen Willen gezeugt und geboren worden. Der Ewige – geheiligt werde sein Name – gestattet, dass er lebt und redet, wie er gestattet, dass wir leben und reden. Was für uns gilt, muss auch für ihn gelten. Weder er noch einer von uns ist ohne Gottes Willen auf die Welt gekommen. Leugnen wir das, so leugnen wir, dass Gott der König der Welt ist. Dabei sagen wir in jedem Gebet, dass Gott der König der Welt ist. Denken wir darüber nach. Die Sonne scheint für ihn und seine Anhänger wie für uns alle, nicht mehr und nicht weniger. Wenn das nicht stimmt, dann redete Salomon Unsinniges. Wir alle glauben aber, dass er weise war. Dass das Denken und Handeln von Rabbi Joschua mit dem herrschenden Denken und Handeln nicht übereinstimmt, will nicht heissen, dass er gegen den Ewigen lästert. Unser Vater Abraham dachte und handelte anders als die Welt, die ihn umgab. Er war allein, aber heute sind wir überzeugt, dass er richtig dachte und handelte, und nennen uns seine Kinder. Das sollten wir nicht vergessen. Wenn das, was Rabbi Joschua sagt, vom Ewigen – geheiligt werde sein Name – kommt, dann wird der Ewige gestatten, dass es lebt und Früchte trägt. Wenn es aber nicht vom Ewigen stammt, dann wird es verschwinden, denn der Ewige als der Herr der Welt entscheidet, was untergehen muss und was weiterleben und gedeihen soll. Hüten wir uns deswegen davor, dass wir überheblich handeln, in der Überzeugung, wir allein seien im Besitze der ganzen Wahrheit."

Alle schwiegen.

Da sich niemand mehr zu Wort meldete, schloss der Präsident des Hohen Rates die Sitzung.

Was in der Sitzung besprochen wurde unterlag strengster Geheimhaltung. Deswegen erzählte Rabbi Gamaliel Saul nichts davon.

*

„Ich muss jetzt noch schnell in die Stadt gehen und etwas Dringendes erledigen, hoffe aber, bald zurück zu sein", sagte Saul seinem Gastgeber, sobald dieser von der Konferenz zurückgekehrt war.

„Rabbi Gamaliel ist zwar ein lieber und freundlicher Mensch und er kann mir schon nützlich sein, aber ich brauche ihm trotzdem weder von meinem Aufenthalt bei den Hellenen noch von meinen Zukunftsplänen zu erzählen. Ebenso darf ich seine Denkweise nicht übernehmen, denn das könnte sich auf meine Karriere hemmend auswirken. Keiner der Schriftgelehrten denkt wie er. Von ihm muss ich möglichst viel lernen und das Gelernte für mich behalten, aber ich muss ganz anders als er handeln, wenn ich es zu etwas bringen will. Von meinem Aufenthalt bei den Hellenen darf ich auch Kajaphas nichts sagen. Für Rabbi Gamaliel und für ihn bin ich direkt von Tarschisch hergekommen", dachte Saul auf dem Weg zum Präsidenten des Hohen Rates.

*

Im Haus des Hohen Rates wurde Saul von einem Diener gleich zu Kajaphas geführt.

„Friede sei mit dir, junger Mann, was hast du für ein Anliegen?", war Kajaphas erste Frage.

„Mein Name ist Saul. Ich komme von Tarschisch. Vor etwa fünf Jahren weilte ich hier in Jerusalem und ging bei Rabbi Gamaliel zur Schule", sagte Saul.

„Ich verstehe. Und mit welcher Absicht kommst du jetzt nach Jerusalem?", fragte der Präsident.

„Ich bin in der Diaspora aufgewachsen, spreche Hebräisch, Griechisch und Lateinisch gleich gut, bin diszipliniert und unermüdlich und möchte meine Kenntnisse und meine Fähigkeiten dem Hohen Rat zur Verfügung stellen", antwortete Saul kurz und entschieden.

Kajaphas lächelte zufrieden und streichelte dabei seinen langen, grauen Bart. Er hatte jeglichen Grund, zufrieden zu sein, denn Saul war unerwartet im richtigen Augenblick aufgetaucht, als wäre er bestellt gewesen.

Nach der Konferenz des Hohen Rates war er nämlich überzeugt, dass man unverzüglich etwas unternehmen musste, wenn man der zersetzenden Wirkung, die durch das Erscheinen des seltsamen Nazareners eingesetzt hatte, Einhalt gebieten wollte.

„Es ist erfreulich zu wissen, dass es so fähige und entschlossene junge Männer wie du gibt. Wir brauchen gerade jetzt jemanden wie du, der eine besonders wichtige und besonders anspruchsvolle Aufgabe übernehmen könnte", sagte der Kajaphas.

„Worum geht es?", fragte Saul, erfreut darüber, dass ihm gleich bei seiner Ankunft die Gelegenheit geboten wurde, zu zeigen, was er wert war, und vorwärts zu kommen.

„Irgendeiner von Nazareth, der Sohn eines Zimmermanns oder Maurers, ein Niemand, hat eine Sekte gegründet, ist mit seinen Anhängern umhergezogen und hat gegen uns alle gelästert sowie behauptet, er sei der Sohn Gottes. Kürzlich wurde er zum Tode verurteilt und an den Pfahl geschlagen. In der Nacht stahlen seine Anhänger seine Leiche und verbreiteten die Nachricht, er sei auferstanden. Nun, nach seinem Tode, wächst die Sekte unglaublich schnell; in jeder Stadt gibt es eine Zelle der Nazarener, so werden sie nach ihrem Meister genannt …"

„Und was wäre meine Aufgabe?", unterbrach ihn Saul.

„Wir befinden uns in einer sehr schweren Lage. Die Sekte läs- tert gegen den wahren Gott unserer Väter, aber die naiven Leute verlassen jetzt nach seiner angeblichen Auferstehung in Scharen unsere Religion und schliessen sich der Sekte an. Wir müssen die Zellen aufspüren und ausheben – die gefährliche Irrlehre muss ausgemerzt werden. Dazu brauchen wir einen mutigen, energi- schen, entschlossenen Mann. Seine Aufgabe bestünde darin, die Zellen aufzuspüren und den Soldaten, die ihn ständig begleiten, zu befehligen. Sie würden alles ausführen, was er ihnen befiehlt. Das wäre vorläufig alles", sagte Kajaphas.

„Und wann könnte der geeignete Mann mit der Arbeit beginnen?", fragte Saul.

„Am besten wäre es sofort", antwortete Kajaphas.

„Darf ich die Aufgabe übernehmen?", fragte Saul.

„Selbstverständlich, wir sind froh, einen geeigneten Mann für die heikle Aufgabe gefunden zu haben. Noch etwas – das darf ich ja nicht vergessen, dir zu sagen", erwiderte Kajaphas.

„Ich höre zu", sagte Saul.

„Hier im Haus des Hohen Rats haben wir für dich einen schönen, grossen Raum. Du musst hier wohnen, damit wir in ständigem Kontakt sind und schnell entscheiden können, was zu tun ist", sagte Kajaphas.

„Das gefällt mir", erwiderte Saul.

„Heute kannst du bereits dein Quartier beziehen, morgen kannst du deine Begleiter, deine Leibgarde sozusagen, kennen lernen, und übermorgen kannst du mit der Arbeit anfangen. Du wirst vollkommen selbstständig arbeiten und nur mich direkt regelmässig auf dem Laufenden halten, sonst wirst du niemandem Rechenschaft schulden. Wenn du irgendetwas brauchst, wende dich direkt an mich. Bist du damit einverstanden?", fragte Kajaphas.

„Das ist sehr gut", sagte Saul.

***

Das Quartier, in dem Saul mit seinem Begleiter wohnte, war sehr bequem. Eine Dienerin sorgte für alles in seinem Haushalt. Seine Leibgarde bestand aus kampferprobten Soldaten, jederzeit bereit, die Befehle ihres Vorgesetzten auszuführen.

Saul hatte alles erhalten, was er sich vorläufig wünschte.

Kaum war er eine Woche im Amt, da zeigte er schon, wie entschieden und zuverlässig er handeln konnte.

Ein Anhänger des Nazareners namens Stephanos wurde der Lästerung gegen den Gott, den Sauls Vorväter verehrt hatten, und der Verleumdung des Gesetzes, bezichtigt. Nachdem sich Saul die Zeugenaussagen und die Verteidigungsrede des Angeklagten angehört hatte, befahl er dessen Steinigung. In einem bequemen Sessel sitzend, wohnte er der Hinrichtung bei. Bevor der Angeklagte starb, sagte er etwas. Saul war kaum zwei Speerlängen von dem Sterbenden entfernt und glaubte gehört zu haben, dass Stephanos zu Gott um Gnade für seine Peiniger betete. Nach der Hinrichtung löste sich die schaulustige Menge auf.

*

Auch Saul zog sich gleich nach seinem ersten erfolgreichen Einsatz auf sein Quartier zurück. Er fühlte sich seltsam müde. Als er Kajaphas von seinem ersten Einsatz berichtete, wurde er von seinem Vorgesetzten gelobt. Kajaphas wollte den guten Anfang feiern und liess für alle, die in der Aktion mitgemacht hatten, ein Festmahl zubereiten. Er war wegen des grossen Erfolgs seines neuen Beamten sehr aufgeregt und merkte nicht, dass Saul kaum etwas ass. Nach Sauls entschiedenem Eingreifen hatte er keinen Grund, daran zu zweifeln, dass sein oberster Schnüffler der rechte Mann war, dem man auch die schwierigsten Aufgaben zumuten konnte.

Saul seinerseits bestätigte die Erwartungen seines Arbeitgebers, denn jeden Tag fand er mehrere Nazarener, liess sie verhaften, in den Kerker werfen und anschliessend nach einem Scheinprozess auch unverzüglich hinrichten.

Nach etwa vier Wochen liess Kajaphas Saul zu sich kommen.

„Nach diesen ersten erfolgreichen Einsätzen", sagte er mit zufriedener, lobender Stimme, „sollten wir etwas Grösseres unternehmen. Bis jetzt fanden alle Einsätze hier in Jerusalem statt, wo dir jede Ecke vertraut ist. Der nächste Einsatz führt in eine entfernte Stadt, in der wahrscheinlich die grösste Zelle der gefährlichen Sekte ihr Unwesen treibt. Deine Aufgabe wäre, die dortige Zelle aufzuspüren und möglichst viele Anhänger, aber mindestens die Anführer zu verhaften und herzubringen. Für das Unternehmen wirst du noch zusätzliche Soldaten und viel Geld brauchen. Alles steht schon bereit. Wann könntest du aufbrechen?", fragte Kajaphas.

„Morgen", antwortete Saul, ohne zu überlegen.

Ein zufriedenes Lächeln spreizte Kajaphas Lippen, und sein Vollbart wurde noch breiter.

„Gehe jetzt gleich schlafen, damit du morgen frisch bist. Es ist eine lange Reise, wird mindestens acht Tage dauern. Einige deiner Begleiter kennen den Weg genau. Du kannst deinen Begleitern befehlen, was du willst. Ihre einzige Aufgabe ist, dir zu gehorchen. Sie alle wissen das. Gute Nacht, schlaf gut", sagte Kajaphas, zufrieden, dass er einen wirklich fähigen und zuverlässigen Spürhund gefunden hatte.

*

Kajaphas hatte Saul einen guten Schlaf gewünscht, aber Saul wälzte sich die ganze Nacht im Bett und schlief kaum. Die Hinrichtung des Stephanos, sein mit Blut überströmter Körper, seine herzzerreissenden Schreie, das tierische Verhalten der aufgehetzten Menge, die verstörten Gesichter der bereits zahlreichen Nazarener, die er persönlich fesseln, schlagen und in den Kerker werfen liess, verscheuchten den Schlaf. Er wusste, dass sie nun alle auf seinen Befehl in eigens dazu ausgehobenen tiefen Löchern unter schweren Steinplatten verdursteten und vom eigenen Kot besudelt vermoderten. Ihre verängstigten, verzweifelten Gesichter tauchten in der Nacht vor ihm auf und verharrten hartnäckig vor seinem geistigen Auge in der Dunkelheit. Erst mit dem Tagesanbruch verschwanden sie – dann musste er aber todmüde aufstehen, um neue verängstigte, verzweifelte Menschen zu jagen und in den Kerker zu werfen. Zwar verbreiteten sie eine Lehre, die jene bestehende, also jene, der auch er angehörte, für heuchlerisch und untauglich erklärte, jedoch liess sich deren Verfolgung dadurch nicht rechtfertigen. Er wusste, dass seine fernen Vorfahren, die Begründer des Ritus, dem auch er angehörte, anfänglich von der herrschenden Religion verpönt und verfolgt wurden. Nun aber, da seine Religion die herrschende war, duldete sie keine andere, nicht einmal jene, die sich auf denselben Gott, Herrn der Welt, berief.

Schlaflose Nächte und ein schlechtes Gewissen schienen Saul ein äusserst hoher und unangenehmer Preis zu sein, den er zu zahlen hätte, wenn er bei dem Hohen Rat aufsteigen wollte. Von seinem Eifer und von seinen bisherigen Erfolgen war Kajaphas begeistert. Nun wurde er offensichtlich als Belohnung mit einer besonders delikaten Aufgabe betraut, die, falls zufriedenstellend ausgeführt, ihm hohe Beförderung einbringen konnte, denn von dem Unternehmen versprach sich sein Arbeitgeber sehr viel, nicht weniger als das Ende der neuen ketzerischen Lehre. Die Zahl der bewaffneten Soldaten und die Geldmenge, die ihm für die Durchführung der Aktion zur Verfügung gestellt wurden, sprachen deutlich, dass der Hohe Rat auf den Erfolg der Mission den grössten Wert legte.

***

Saul stand auf und schaute durch die Luke auf den Hof hinunter. Bewaffnete Soldaten, seine Begleiter, warteten bereits auf ihn. An die Metallringe in den Mauern gebunden, standen zahlreiche bepackte Pferde und Maultiere regungslos wie Statuen.

Nach kurzer Erfrischung und einem kleinen Frühstück stieg Saul die Treppe hinunter, die in den Hof führte. Die Soldaten erwarteten jeden Augenblick seine Ankunft und waren nicht überrascht, als er erschien. Sobald das geschah, reckten sie sich und blieben dort stehen, wo sie sich gerade befanden. Sie begrüssten ihn mit einem schneidigen „J'hi!", wobei sie sich selbst mit der rechten Faust einen zackigen Schlag auf die linke Brustseite versetzten. Das geschah so gleichzeitig, dass nur ein einziger dumpfer, aber lauter Schlag zu hören war. Saul erwiderte den Gruss nicht. In den Augen der Soldaten schien das seine Autorität noch zu steigern. Unaufgefordert wies ein Soldat, der gleich neben ihm stand, mit ausgestrecktem Arm auf ein prächtiges Maultier hin und half ihm, es zu besteigen. In dem Augenblick kam hinter einer Säule Kajaphas hervor. Er hatte heimlich die Begegnung zwischen den Soldaten und ihrem Befehlshaber verfolgt. Sauls kühle, überlegene Haltung ähnelte der eines Kriegsherrn. Er näherte sich Saul und übergab ihm, zufrieden lächelnd, einen Lederbeutel mit Geld. Saul bedankte sich mit einem Kopfnicken und verstaute den Beutel in einen der grossen Ledersäcke, die vorn an seinem Sattel befestigt waren. Dann gab Saul das Zeichen zum Aufbrechen, und wenige Augenblicke später war die Kolonne bereits auf dem Weg nach der Stadt, die Saul nur dem Namen nach bekannt war.

***

„Herr", sagte derselbe Soldat, der Saul geholfen hatte, sein Reittier zu besteigen, und der seit dem ersten Schritt neben ihm her geritten war, "ich bin vom Hohen Rat zu deinem persönlichen Adjutanten bestimmt worden, und diese beiden Soldaten helfen mir, dir zu dienen", sagte der stramme junge Mann und wies auf die beiden ebenso grossen, strammen, diensteifrigen Kerle hin, die dicht neben her ritten. „Wir alle drei kennen den Weg genau, und sollte mir etwas zustossen, übernimmt einer der beiden meine Aufgabe. Unser Weg führt zuerst fast gerade Richtung Norden bis Sychar. Von dort geht es weiter Richtung Nord-Osten bis Skythopolis und dann in die gleiche Richtung bis Hippos am See Gennesaret. Das ist etwa die Hälfte des Weges. Dort müssen wir grössere Wasservorräte mitnehmen, denn nach Hippos folgt eine lange Strecke durch die Wüste bis Damaskus. Wir führen zusätzlich zehn Lasttiere, um genügend Wasser mitnehmen zu können."

Saul schwieg.

Das störte den Adjutanten nicht, denn er vermutete, dass sie auf einer sehr wichtigen Mission waren und dass sein Herr nun schwere Fragen im Geiste wälzte und daher nichts kommentieren konnte.

*

Sie ritten lange, ohne zu reden. Dann aber unterbrach Saul das Schweigen.

„Wann wurde der Nazarener hingerichtet?", fragte er den Adjutanten.

„Es ist nicht lange her, denn seitdem hatten wir nur dreimal Vollmond", antwortete der Adjutant.

„Hattest du die Gelegenheit, ihn zu sehen?", fragte Saul.

„Doch, am Tag seiner Hinrichtung. Dann sahen ihn viele; vorher hörte man von ihm dies und jenes, aber den meisten war er unbekannt. Die neugierige Menge schaute bloss zu, als er den Pfahl trug, an den er geschlagen werden sollte", antwortete der Adjutant.

„Wie sah er aus?", fragte Saul.

„Ich war etwa zwanzig Schritte entfernt und konnte die Einzelheiten nicht sehen, denn es gab viele Leute zwischen ihm und mir, aber ich hatte den Eindruck, dass er weder besonders gross noch besonders klein war, sondern wie ein ganz gewöhnlicher Mensch. Seine Kleider waren, glaube ich, zerrissen und ungepflegt. Sein langes, zerzaustes Haupthaar und sein Vollbart liessen nicht zu, dass man sein Gesicht genauer sieht. Jedenfalls würde ich ihn nie auf der Strasse erkennen", sagte der Adjutant.

„Ist es dir bekannt, warum er an den Pfahl geschlagen wurde?", fragte Saul.

„Ich weiss es nicht genau, aber manches habe ich gehört. Ob irgendetwas von all dem stimmt, weiss ich nicht", sagte der Adjutant.

„Erzähle mir, was du gehört hast", bat Saul.

„Es wird erzählt, dass er die öffentliche Religion kritisiert hat. Er soll gesagt haben, dass man auch am Sabbat arbeiten könne, wenn es nötig ist. Auch soll er behauptet haben, dass man nicht unbedingt koscher essen müsse. Er lehrte, sagt man, dass ein Reicher niemals das ewige Leben im Himmel verdienen kann, denn er lebe nur für die Welt der vergänglichen Dinge. Er soll einmal gesagt haben, dass nur jene, die imstande wären, auf alles zu verzichten, ihm folgen könnten. Die höchsten Schriftgelehrten soll er Heuchler und sogar Schlangenbrut genannt haben. Auch soll er gesagt haben, dass er Gottes Sohn sei und mit unserem Vater im Himmel eine Einheit bilde", sagte der Adjutant.

„War das, was du mir soeben erzählt hast, der Grund, dass ihm so viele Leute folgten?", fragte Saul.

„Wahrscheinlich nicht, sondern eher die Geschichten, dass er den Leuten das ewige Leben in Seligkeit nach dem leidvollen Dasein versprach, wenn sie seiner Lehre folgten. Und weil die meisten im Lande ein leidvolles Dasein hatten und noch immer haben, sprach und spricht seine Lehre viele an, gibt ihnen Hoffnung, hilft ihnen, die Leiden des Alltags leichter zu ertragen. In der Heiligen Schrift, die wir von Moses erhalten haben, ist von keinem ewigen Leben nach dem Tode die Rede. Selbst unser Vater Abraham ging nicht in den Himmel, um in aller Ewigkeit die göttliche Nähe zu geniessen, sondern wurde in der doppelten Höhle bestattet. Die geltende Lehre sieht für die besonders schwer Leidenden keinen Ausgleich für ihre Qual in diesem Dasein vor, verspricht nichts. Er hat ihnen aber genau das versprochen, und vielleicht ist das die Erklärung, warum plötzlich nach seinem Tod so viele die geltende Religion verlassen und seine annehmen.

Es wird ausserdem erzählt, dass seine Leiche nicht im Grab geblieben ist, wie das bei einem gewöhnlichen Menschen geschieht, sondern dass er von den Toten auferstanden ist, und das hat besondere Wirkung. Seine Anhänger sagen, er habe den Tod überwunden. Das ist übermenschlich, und deswegen glauben sie, dass er nicht nur ein gewöhnlicher Mensch, sondern in der Tat Gottes Sohn war.

Hinzu kommt, dass er viele Wunder vollbracht haben soll; durch sein Wort und seine Berührung wurden Blinde plötzlich sehend, Taube hörten, Aussätzige und Fallsüchtige wurden von ihrem schweren Leiden geheilt, und Besessene wurden von den bösen Geistern befreit. Und weil man von ihm überall solches erzählte, suchten ihn ständig die vielen Leidenden und Verzweifelten. Ununterbrochen waren und sind also viele Kranke und Elende dieser Welt auf der Suche nach jenem, der Gesundheit, Glück und ewiges Heil verspricht", sagte der Adjutant.

*

Saul hörte seinem Adjutanten jeden Tag zu, und dieser erzählte seinem Vorgesetzten gern alles, was er über den Nazarener wusste.

Es gefiel ihm vor allem der kurze Kommentar des Adjutanten, dass die Elendsten dieser Welt immer auf der Suche nach jenem sind, der ihnen in ihrer Not helfen könnte, nicht der hilft, sondern, der helfen *könnte* und der ihnen einen unvorstellbaren Lohn im Himmel später verspricht, wenn ihre irdischen Leiden einmal vorbei sind, also erst nach dem Ableben, wenn man nichts zu beweisen braucht und wenn nichts bewiesen werden kann. In diesem Kommentar glaubte Saul eine Fundgrube gefunden zu haben, deren Inhalt unendlich kostbarer war als jener aller Schatzkammern dieser Welt zusammen genommen.

Wie geplant, erreichten sie nach vier Tagen Hippos. Dort ruhten sie gut aus, füllten alle Bälge mit Wasser und Säcke mit Nahrung.

*

Bevor er in Jerusalem aufbrach, spürte Saul, dass die Jagd auf die Nazarener ihn nicht weiter bringen konnte. Einen höheren Posten als Mitglied des Hohen Rates gab es nicht, aber auch der Präsident des Hohen Rates selbst war lediglich der oberste Jäger auf die Nazarener, der, um Erfolg zu haben, jemanden mit seinen Eigenschaften anstellen musste, jemanden, der die Elendsten der Elenden dieser Welt, die Menschen, die er nicht kannte und die ihm nichts Böses angetan hatten, zu verhaften, zu foltern und zu töten bereit war.

Die viertägige Reise bis nach Hippos, während der er von seinem Adjutanten vieles über den Nazarener und dessen Lehre gehört hatte, vor allem aber jener kostbare kurze Kommentar des Adjutanten, hatten für Saul plötzlich eine Pforte geöffnet, von der er nie hätte träumen können.

*

Am fünften Tag tauchten sie in die Wüste ein, wie Seeleute in See stechen und kämpften sich drei Tage lang durch den bläulichen Dunstschleier aus flimmernder Luft und sengenden

Sonnenstrahlen. Saul wusste um sein tückisches Leiden und die Wirkung, welche starkes Sonnenlicht auf ihn haben konnte.

Nun fühlte er, dass seine Stunde gekommen war, denn alles schien sich plötzlich zu fügen. Es war der Tag, an dem sogar jenes, was jenseits der Stille des siebten Tages liegt, willig war, nur ihm zu erscheinen und seinen Plan zu verwirklichen. Die Hitze war unerträglich, und er musste mit dem Ausbruch dessen rechnen, was er immer in sich trug.

Die Elendsten dieser Welt, die gewaltige Mehrheit, waren bereit, alle Qualen hier auf Erden zu erdulden, um das ewige Leben nach dem Tode zu verdienen. Sie hatten weder Reichtum noch Bildung; das Einzige, was sie hatten, war ihre Entschlossenheit und Bereitschaft, im irdischen Dasein alles zu ertragen, falls es dafür später eine Belohnung geben sollte, die ihnen dereinst den Triumph über ihre Unterdrücker und Peiniger gewähren könnte, die um der Gerechtigkeit und des Gleichgewichts Willen im kochenden Pech für immer schmoren und die Zähne knirschen müssten.

Alles Erforderliche war also plötzlich da, vor ihm, bot sich an, und er, Saul, wusste, dass dank seines einmaligen Wissens, seines besonderen gesundheitlichen Zustands, seines eisernen Willens und seiner Vertrautheit mit der Gesamtlage des riesigen Reiches kaum jemand ausser ihm fähig dazu war, die gewaltigen Heere von Elenden auf die ewige Seligkeit im Himmelreich zu vertrösten. Die Stunde der Ankunft des Himmelreiches war zwar unbekannt, aber sie war gewiss, und das war entscheidend.

*

„Wie ist dein Name?", fragte Saul seinen Adjutanten.

„Ich heisse Barnabas, mein Herr", antwortete der flotte junge Mann.

„Wann sollten wir Damaskus erreichen?", fragte Saul.

„Heute ist der achte Tag, dass wir unterwegs sind. Gegen Mittag sollten wir dort sein. Kann ich meinem Herrn irgendwie dienen?", fragte Barnabas und sah dabei Saul an, als würde er etwas Unangenehmes erwarten.

„Ich habe ein seltsames Gefühl; noch nie habe ich etwas Ähnliches gehabt. Unzählige Stimmen höre ich, und keine einzige verstehe ich. Woher sie kommen, weiss ich nicht. Jetzt werden sie noch lauter", sagte Saul und richtete dabei seinen Blick gegen den Himmel.

Barnabas merkte sofort, dass sein Herr undeutlich sprach. Schnell lenkte er sein Reittier an das seines Herrn, das gleiche tat auch sein Helfer. Barnabas nahm den Zügel aus Sauls Hand, und alle drei Reittiere hielten. Er und sein Helfer stiegen schnell ab, holten ihren leblosen Herren aus seinem Sattel und legten ihn auf den Boden. Sauls ganzer Körper zitterte, und seine Arme und Beine machten unkontrollierte, zuckende Bewegungen. Alle Soldaten stiegen sofort ab. Die einen hielten die Tiere zusammen, die anderen umkreisten ihren ohnmächtigen Herrn und dessen Adjutanten, der sich um ihn kümmerte.

„Gib mir einen Schwamm mit etwas Wasser!", sagte Barnabas seinem Helfer. Dieser reichte ihm gleich, was er verlangte, denn er wusste, was man brauchte.

Saul knirschte mit den Zähnen und strengte sich krampfhaft an, als wollte er etwas sagen, aber statt der Worte waren nur kaum hörbare Geräusche zu vernehmen. Barnabas wischte den Schaum vom Mund seines Herrn. Sauls Glieder zitterten krampfhaft, als wollte er unbedingt irgendwohin eilen.

Während sich Barnabas mit seinen Helfern um Saul kümmerten, hielten vier Soldaten ein grosses Tuch befestigt an den Spitzen ihrer Speere gespannt über ihnen, um ihren ohnmächtigen Gebieter vor den sengenden Sonnenstrahlen zu schützen.

Nach einer Weile hörten Sauls Glieder auf zu zittern, und er öffnete die Augen.

„Herr, geht es dir wieder gut?", fragte ihn Barnabas.

„Ist er noch da?", fragte Saul.

„Wen meinst du, mein Herr?", fragte Barnabas verdutzt.

„Ihn", sagte Saul und drehte den Kopf, als suchte er jemanden.

„Und wer ist es?", fragte Barnabas.

„Es ist jener, dessen Anhänger wir jagen", sagte Saul noch wie betäubt.

„Der Nazarener?", fragte Barnabas.

„Genau. Er ist mir erschienen und hat mich gefragt, warum ich ihn und die Seinigen verfolge", antwortete Saul.

Barnabas sah seinen Herrn überrascht an.

„Dieselbe Frage hatte ich mir selbst auch gestellt, aber darüber wollte ich mit niemandem sprechen."

„Ich danke dir für die Unterstützung", sagte Saul.

„Und was sollen wir jetzt machen?", fragte Barnabas.

„Wir haben keinen Grund, unseren Plan zu ändern; wir gehen genau dorthin, wohin wir gehen wollten, wir suchen die Zelle auf. Hilf mir jetzt bitte in den Sattel!", sagte Saul. Barnabas tat es schon unaufgefordert. Die anderen Soldaten hatten gar nicht mitbekommen, was mit ihrem Herrn eigentlich geschehen war. Sie unterhielten sich über die sengende Hitze und die Gefahren, die sich aus einem Hitzschlag ergeben könnten.

***

In Damaskus hatte Saul keine Schwierigkeiten, die führenden Mitglieder der neuen Sekte zu finden. Sie alle waren im dortigen Haus der Versammlung und predigten der Judengemeinde vom kommenden Himmelreich.

Als Saul mit seinen Soldaten erschien und sie ansprach, erschraken sie. Er beruhigte sie aber, indem er ihnen seinen Wunsch äusserte, ihr Bruder zu werden. Dann teilte er ihnen mit, dass er als ihr Verfolger auf dem Wege eine Bekehrung erlebt habe und dass der auferstandene Rabbi Joschua ihm persönlich erschienen sei und mit einer einzigen Frage sein Herz berührt und ihn erleuchtet habe. Er sei nun ein anderer Mensch und will sein ganzes Leben in den Dienst dessen stellen, der ihm den Weg der Errettung gewiesen habe.

*

Die verängstigten Anhänger des Nazareners weinten vor Glück, denn sie sahen im neuen Mitglied einen Engel, der von dem Messias selbst zu ihnen geschickt wurde.

Saul liess sich sofort taufen, und das gleiche taten sein Adjutant Barnabas und dessen beide Helfer.

Darauf teilte Barnabas den Soldaten, die mitgekommen waren, mit, was ihrem Herrn begegnet war, und stellte ihnen anheim, nach Jerusalem zurückzukehren oder ebenso getauft zu werden und in Damaskus zu bleiben. Alle liessen sich taufen. Statt ausgehoben und ausradiert zu werden, wurde die Gemeinde der Nazarener in Damaskus nun bedeutend vergrössert und materiell versorgt, denn Saul übergab der Gemeinde das Geld, das er mitgenommen hatte.

„Seid guten Muts, unser Herr, der König der Welt, wird für alles sorgen. Ich ziehe mich in die Wüste zurück, um mir über diese unermessliche Gnade, die Gott mir hat angedeihen lassen, Gedanken zu machen. Als schwerer Sünder habe ich sie nicht verdient. Seid geduldig und wartet auf mich, ich werde bald zu euch zurückkehren. Inzwischen schwärmt aus und sorgt dafür, dass möglichst viele Menschen das errettende Wort unseres Vaters im Himmel kennen lernen. Du, Jacob, sei zum Vorbild der Gemeinde", sprach Saul zuerst zur ganzen Gemeinde und dann besonders zu einem der Barnabas' Helfer, den er zum Oberhaupt der Gemeinde bestimmt hatte. Barnabas und dessen anderen Helfer nahm er mit als Begleiter auf dem Weg in die Einsamkeit.

***

„Nun habe ich lange in der Wüste geweilt, mindestens zehnmal so lange wie Moses oder der Rabbi Joschua. Moses gelang es, ein Hirtenvölkchen für seine Lehre zu gewinnen, aber auch das ging gar nicht leicht. Zuerst das goldene Kalb, dann die Rotte Korah und natürlich die ganze Zeit das Nörgeln und Klagen der Hungrigen und Durstenden. In der Gefangenschaft mussten sie zwar jeden Tag schwer arbeiten, aber sie hungerten nicht, und verdursten mussten sie auch nicht, hatten sogar genug Wasser, nicht nur zum Trinken, sondern sogar um ihre Scham zu waschen. Deswegen klagten sie in der Wüste und wollten sogar zurückkehren, aber die Zeit lässt sich nicht umkehren, sie fliesst nur in einer Richtung, so, wie wir sie erleben. Das Geschehene bleibt das Geschehene, lässt sich nicht ungeschehen machen. Deswegen mussten sie ihren Weg durch die Wüste des praktischen Lebens fortsetzen.

*

In Babylon wurden sie während ihrer Gefangenschaft mit einer anderen Weltschau vertraut, wonach der Widersacher Gottes keine spätere Erscheinung, kein abtrünniger Engel Gottes war, sondern gleich wie der himmlische Herr selbst seit Anbeginn lebendig und wirksam. Das war eine neue, glückliche Entfaltung und Weiterentwicklung der einst eigenen einseitigen Sehweise, eine gewaltige Bereicherung, denn plötzlich gab es die kostbare Spannung zwischen dem so genannten Guten und dem so genannten Bösen. Damit zog der Teufel in ihr Gedankengebäude ein, und so hatten sie jemanden, dem sie alles Üble in die Schuhe schieben konnten. Dieser ständig aktive Übeltäter wurde während der irdischen Existenz zwar mit grosser Macht ausgestattet, musste am Ende der Zeit jedoch besiegt werden. Früher, als es nur eine wirkende Macht gab, fehlte die Spannung zwischen Gut und Böse. Nun gab es aber zwei Pole, und zwischen ihnen mussten Funken sprühen. Dieses Sprühen ist das Weltgeschehen, wie es eben ist, voller Leiden, die jedes Geschlecht erbt und weitergibt. So etwas wie Messias, der wunderbare Erretter, fähig, die ganze Menschheit aus dieser hoffnungslosen Lage zu befreien, wurde einigen Erfindungsreichen zur obersten Notwendigkeit. Sie konnten einfach nicht umhin, ihn zu erschaffen. Weil nicht ein Beliebiger der Messias sein konnte, musste vieles im Zusammenhang mit ihm von ganz anderer Natur und daher der üblichen Denkweise fremd sein. Das sicherte seine Immunität gegen alle Versuche des Verstandes, seine Existenz in Frage zu stellen. Ein Detail von grösster Bedeutung war, dass man schier unmöglich wissen konnte, wann er kommen und das Himmelreich errichten würde. Die Früchte seiner Ankunft warteten nur auf jene, die im Glauben an seine Ankunft bis zum Schluss ausharrten. Wer an seiner Ankunft zweifelte, war des ewigen Lebens unwürdig und vom Himmelsreich ausgeschlossen, selbst dann, wenn der Zweifel nur den letzten Augenblick eines sonst tiefgläubigen Lebens ausfüllte.

*

Der Teufel als der aktive Widersacher Gottes erwies dem himmlischen König der Welt grossartige Dienste, denn als Lügner und Verführer des Menschen war er allein die Ursache von all dem Bösen in der Welt. Der Glaube, dass der Teufel alles Böse verursachte und in sich vereinigte, sprach den himmlischen König von jeglicher Verantwortung für das Leiden des Menschen frei. Dank des Teufels konnte die unendliche Güte des himmlischen Königs niemals in Frage gestellt werden. Ausserdem lag nun dank des Widersachers die ganze Verantwortung nur und ausschliesslich beim Menschen, da er seinen freien Willen missbrauchte und sich von dem Widersacher Gottes verführen liess", überlegte sich Saul, wie man den Glauben seiner Vorväter weiterentwickeln und vervollkommnen könnte.

*

Die Ansätze dessen, was seine Vorväter geleistet hatten, waren gut, aber es fehlte in ihrer Lehre etwas Entscheidendes – eine Belohnung nach dem Tod, die durch ihren unschätzbaren Wert eine jegliche Qual und ein jegliches Unrecht im irdischen Dasein als unbedeutend erscheinen lassen musste. Es musste eine Belohnung sein, für die es sich eben lohnte, immer zu kämpfen und alles andere gern zu opfern, falls erforderlich, auch das eigene Leben. Als solche Belohnung kam nur eines in Frage – die ewige Seligkeit im Himmelreich.

*

„Was mir vorschwebt, erfordert eine klare und überzeugende Antwort auf die Frage, wer eine solche Belohnung verdient und ob sie überhaupt verdient werden kann. Die Nazarener hier in Damaskus haben mir erzählt, dass ihre Ältesten in Jerusalem, jene ersten Jünger des Rabbi Joschua – allen voran Petrus – die Ansicht vertreten, gute Werke seien der richtige Weg, der zum Himmelreich führe. Die Meinung ist für mein Anliegen völlig unbrauchbar, denn ich glaube zu wissen, warum Leute die so genannten guten Werke tun. Alle guten Werke – besonders jene, die am meisten gelobt werden – geschehen immer aus purer Berechnung. In irgendeiner Hinsicht erhoffen sich die Wohltäter von solchen Werken immer einen persönlichen Nutzen. Sie handeln immer so, einerlei ob man sie dazu auffordert oder ob man ihnen davon abrät.

Das römische Imperium ist riesig, umfasst viele verschiedene Völker und Völkerschaften, Religionen, Interessengruppen und Rassen. Jede Gruppe und jeder Einzelne in jeder Gruppe hält sich für besser als die anderen und daher für berechtigt, die anderen auszubeuten und auf Kosten anderer zu leben. Von ihnen zu verlangen, dass sie ihre jetzige Denkweise aufgeben und versuchen, einander zu helfen, ohne dafür eine Belohnung zu erwarten, wäre völlig sinnlos, denn ihr ganzes Leben ist bis in die kleinste

Einzelheit so organisiert, dass jeder versucht, versuchen muss, auf Kosten anderer zu leben. Wenn es mir irgendwie gelänge, die Bevölkerung des Reiches für die Idee zu gewinnen, dass sie alle gleich viel Menschen sind und daher füreinander statt gegen einander leben sollten, somit aus der jetzigen wilden Gesellschaft, die sich von einem Wolfsrudel kaum unterscheidet, eine menschliche Gemeinschaft zu machen, wäre ich der Schöpfer einer neuen Welt. Das kann aber unmöglich geschehen. Alles wird so bleiben, wie es ist.

*

Nachkommenschaft werde ich keine haben, das weiss ich bestimmt. Ein begnadeter Poet oder Musiker oder Bildhauer bin ich auch nicht; so werden keine Kunstwerke den künftigen Geschlechtern von mir erzählen. Von der Zahlenkunst verstehe ich nichts, noch bin ich erfindungsreich wie Archimedes; daher wird man auch in dem Sinn nie meiner gedenken. Erst recht bin ich nicht fähig, Städte zu gründen und Heere wie der grosse Alexander zu führen.

Gibt es irgendetwas, was ich tun könnte, um nicht in Vergessenheit zu geraten? Mit dem Gedanken, dass es für mich keine erfolgversprechende Möglichkeit gibt, kann ich mich nicht abfinden.

Im ersten Augenblick sieht es aber genau so aus. Wenn ich mir aber alles etwas genauer überlege, stelle ich fest, dass gerade die grösste und delikateste aller Taten mir vorbehalten bleibt. Auch die grossartigsten Bauwerke verfallen mit der Zeit und werden zu Schutthaufen; mit den gelungensten Kunstwerken wird der grösste Unfug getrieben; Musik und Poesie einer Zeit sagen den Menschen einer anderen Zeit oft gar nichts; Städte und Reiche kommen und gehen wie Schatten; wenn sie nicht mehr da sind, werden sie von Interesse nur für jene, die die Antwort im Staub und Scherben suchen, jedoch den Blick nach oben nicht richten können; was die grössten Heerführer und ihre mächtigen Armeen erobern, geht letzten Endes wieder verloren. Ja, ja, so läuft das.

Für die Art von Erfolg und Eroberung bin ich nicht geboren. Ich muss jenes erobern, was nicht verloren gehen kann. Ich muss bei den leidenden Massen den unwiderstehlichen Wunsch wecken, als Belohnung für ihre Leiden im irdischen Leben die ewige Seligkeit im Himmelreich zu erlangen, und ihnen einen einfachen Schlüssel in die Hand geben, wie dieses höchste Gut erlangt werden soll. Sollte mir das gelingen, werde ich der eigentliche Schöpfer und Steuermann der Weltreligion sein, die für jedermann geeignet ist, für die Treuherzigsten wie für die Schlausten; der hingerichtete Rabbi Joschua kann als ausgezeichnete Galionsfigur dienen. Es ist nicht bekannt, dass er eine einzige Zeile selbst geschrieben hat; seine Lehre ist niemandem bekannt; was ich schreibe, wird die erste und einzig zuverlässige Informationsquelle über ihn sein. Somit wird auch er selbst eigentlich meine eigene Kreation sein. Petrus und alle seine ersten Jünger sind unwissende Leute ohne irgendwelche Bildung; ihre Schriften – falls sie beschliessen sollten, über ihn etwas zu schreiben –, können kein Gewicht haben. Und was vielleicht später einmal über ihn geschrieben werden soll, wird wohl Geschwätz und Gefasel sein, denn die Autoren von solchen Schriften werden nur auf jenes angewiesen sein, was sie irgendwo von irgendjemandem gehört haben. Daher werden sie Verwirrendes und Widersprüchliches über ihn verbreiten. Ihre Geschichten werden einerseits eine störende Last für meine Schriften sein; anderseits werden sie aber auch geeignet sein, jene mit bescheidener Intelligenz und spärlicher Bildung zufriedenzustellen. Solche werden sich natürlich von schlauen und raffinierten Hirten weiden lassen, und diese werden aus meinen Schriften lernen.

*

Über den Anfang kann ich mich nicht beschweren; meine Visionsgeschichte haben sie mir ohne irgendwelche Widerrede abgenommen; das ist auch gar nicht überraschend, denn sie werden von allen Seiten bedroht. Ausserdem waren sie auch nicht ganz sicher, dass ihr Meister auch wirklich der Sohn Gottes und der Messias war, den sie erwartet hatten. Sie wussten, dass der von Gott gesandte Messias auf keinerlei Art verletzt, geschweige denn getötet werden kann. Wenn in ihrer tragischen Lage ihr unbarmherziger Verfolger seinen Auftrag aufgibt, sie reumütig anspricht, ihnen die Geschichte erzählt, die ich ihnen erzählt habe, einen Sack voll Geld überreicht, das für ihre Vernichtung bestimmt worden war, und den Wunsch äussert, von ihnen getauft zu werden, dann müssen treuherzige, unschuldige Menschen – das sind sie alle – von unbeschreiblicher Freude erfüllt sein, denn einen besseren Beweis kann es kaum geben, dass ihr Meister wahrlich der versprochene Messias war und ist, auf den alle Unterdrückten und Leidenden warten.

*

Ihr treuherziges, unschuldiges Wesen ist genau das, was ich brauche. Es ist das festeste Fundament, auf dem eine immerwährende Religion errichtet werden kann. Ich bin auch zutiefst überzeugt, dass die gewaltige Mehrheit der Bevölkerung im ganzen Kaiserreich von dem Schlag ist und das die meisten früher oder später anbeissen würden. Sie sind naiv und hilflos, wie eine verlassene Schafherde sind sie. Was sie alle brauchen, ist ein Lehrer, der alle drei Hauptsprachen im Kaiserreich beherrscht, der weiss, was Moses gesagt hat und ebenso gleich gut den Glauben der Hellenen und der Römer kennt, der das eine mit dem anderen vergleichen, auf die Nachteile hinweisen und die Vorteile hervorheben kann. Nun bin ich nach vielen langen Gesprächen mit Barnabas auch mit der Lehre des Nazareners vertraut. Das Himmelreich, das er ihnen versprochen hat, reicht vollkommen als Triebfeder aus. Genaue Unterweisungen, was sie tun sollen, um das Ziel der Ziele zu erreichen, hat er ihnen auch gegeben. Jene wenigen, die nach seinen Unterweisungen leben und bis zum letzten Atemzug ausharren, sind für mich nicht interessant. Sie sind für mich völlig uninteressant, wie ich für sie völlig uninteressant bin. Mich reizen die Heere von denen, die vom Himmelreich nie etwas gehört haben. Das Elysium der Hellenen wird zwar den auserlesenen Helden versprochen, also den allerwenigsten. Die vielen Gewöhnlichen müssen sich damit abfinden, unfehlbar zum Staub zu werden und im Hades zu enden. Weder das Elysium noch der Hades hat etwas mit dem Himmelreich zu tun.

Alles Erforderliche für die Verwirklichung des grössten und wichtigsten aller Pläne ist bereits gegeben. Die denkbar grösste und wichtigste Belohnung ist bereits bekannt, jedoch bloss einem sehr kleinen Kreis natürlich. Daher ist sie der gewaltigen Mehrheit der Reichsbevölkerung noch völlig unbekannt. Eben diese gewaltige Mehrheit sehnt sich in dieser wilden Zeit nach einem Lohn für die hier erlittenen Leiden. Der praktische Alltag, der ja nichts anderes ist als ein ständiger, manchmal stiller, manchmal sehr lauter Überlebenskampf, gestattet nicht, nach den Unterweisungen des Nazareners zu leben. Die gegebenen Bedingungen bilden zwar ein fast vollständiges Mosaik; es fehlt nur ein einziges, jedoch entscheidendes Steinchen, das allein imstande ist, die Massen für die neue Lehre zu gewinnen, sie jedoch von den hohen Ansprüchen, die sie an jeden Einzelnen stellt, zu befreien. Ohne dieses Steinchen ist das Mosaik nicht vollständig und jenes, was mir vorschwebt, nicht durchführbar.

Das fehlende Steinchen muss nur scheinbar zu etwas verpflichten, tatsächlich jedoch von jeglicher Verpflichtung befreien, damit jeder, aber wirklich jeder sich der Gemeinschaft der Heiligen anschliessen und mit dem höchsten Lohn rechnen kann. Schliesslich muss es jenem Bereich des göttlichen Wesens entstammen, der für den menschlichen Verstand am ehesten jenen göttlichen Zug unterstreicht, der den schwachen, leidenden Menschen am stärksten anspricht. Es muss einen solchen Charakter haben, dass es vor niemandem die Türe schliesst, sondern jeden, aber auch wirklich jeden, auch jenen, der nichts verdient hat, in den göttlichen Errettungsplan einschliesst.

*

Ich glaube, ich habe das entscheidende Element gefunden: Nur Gnade kommt in Frage, die unermessliche Gnade des Ewigen, die alles verzeihen kann und verzeiht, daher auch mit nichts, mit keinen Werken verdient werden kann. Solange der Mensch mit seinen Werken – einerlei, wie gut sie zu sein scheinen – entscheiden kann, ob er das Himmelreich verdient oder nicht, ist es ein falsches Himmelreich. Nur Gott allein soll darüber entscheiden. Wer sich am göttlichen Erlösungsplan beteiligen möchte, muss eine einzige Bedingung erfüllen: Er muss glauben, dass Gott allein in seiner unendlichen Güte seine unerschöpfliche Gnade *in jedem Fall* walten lässt. Jawohl, die unermessliche Gnade Gottes ist das Steinchen, das ich benötige, der Zauberschlüssel, der vor dem grössten Verbrecher die himmlische Pforte gleich leicht und gleich willig öffnet wie vor dem mildesten und treusten Menschen.

Mit Barnabas werde ich zuerst die Hellenen für meine Lehre gewinnen. Es wird schon viel Anstrengung kosten, aber es wird bestimmt gelingen, denn die Hellenen sind schon empfänglich für allerlei Lehren. Ausserdem scheinen sie mit ihrem äusserst düsteren Hades für alle Gewöhnlichen und dem nicht weniger verdächtigen Elysium für die wenigsten Helden nicht mehr glücklich zu sein, denn offensichtlich halten sie nicht mehr viel vom Heldentum. Das Himmelreich wird sie bestimmt ansprechen, und die unendliche Gnade Gottes wird sie von der unangenehmen Verpflichtung befreien, dies oder jenes tun zu müssen, um die ewige Seligkeit zu verdienen. Die Hellenen bilden die

Brücke zwischen Ost und West. Haben sie einmal meine Lehre angenommen, werden sie schon dafür sorgen, dass sie im ganzen Kaiserreich verbreitet wird. Hat sie sich einmal in der ganzen uns bekannten Welt verbreitet, wird sie auch jene Teile der jetzt unbekannten Welt erreichen, falls es noch welche gibt.

Jetzt habe ich alles – im Mosaik fehlt nichts mehr. Morgen werde ich Barnabas auffordern, alles für die grosse Reise vorzubereiten. Sicher werden wir viele Male aufbrechen müssen. Ich darf mir manches erlauben, bloss eines nicht – ich darf nicht aufgeben.

*

Petrus und seine Leute in Jerusalem brauche ich nicht. Ich kann sie zwar gelegentlich besuchen und ihnen in kleinen Dingen behilflich sein, sonst nichts. Von meinem Plan brauchen sie nichts zu wissen. Sie sollen weiterhin an die Errettung durch gute Werke glauben. In ihrer kleinen Welt ist das wohl die beste Denkweise.

Solange ich Barnabas brauche, soll er mich begleiten. Wenn die neue Situation einen anderen Begleiter erforderlich macht, werde ich einen anderen nehmen.

Jetzt kann ich ruhig schlafen, denn ich habe den Schlüssel gefunden, der jedermann trotz begangener Ungerechtigkeit, trotz allem den Schlaf des Gerechten schenkt", sprach Saul die letzten Worte halblaut und öffnete die Augen.

*

Dulos, sein treuer Diener, stand neben dem Bett.

„Das Essen ist fertig, Magister. Du kannst gleich essen. Während du schliefst, habe ich alles erledigt. Auch gegessen habe ich schon. Ein Grab für dich wurde schnell ausgehoben, und ein Toter von ähnlicher Statur darin bestattet. Einen recht grossen, groben Stein mit dem unbeholfen eingemeisselten ‚Apostolus Paulus' liess ich auf das Grab stellen. Rom brennt, die Zeit drängt. Du musst gleich entscheiden, was ich tun soll", sprach Dulos; seine Stimme zitterte vor Aufregung.

„Sattle die Pferde", sagte Paulus.

*****

www.ingramcontent.com/pod-product-compliance
Lightning Source LLC
Chambersburg PA
CBHW030932150426
42812CB00064B/2764/J